2010 — 2015
恒大大事记

每一段看似不经意的故事

最终都写进了历史的碑林

图书在版编目（ＣＩＰ）数据

恒大王朝，我们的足球我们的梦 / 潘伟力著. —北
京 : 北京联合出版公司, 2016.6
ISBN 978-7-5502-7924-7

Ⅰ.①恒… Ⅱ.①潘… Ⅲ.①足球运动—运动员—生
平事迹—世界 Ⅳ.①K815.47

中国版本图书馆CIP数据核字(2016)第125459号

恒大王朝，我们的足球我们的梦

作　　者：潘伟力
责任编辑：李　征
内文设计：南　木
封面设计：后声 HOPESOUND ・ 王国鹏
　　　　　Pankouyugu@163.com

- -

北京联合出版公司出版
（北京市西城区德外大街83号楼9层　100088）
北京盛通印刷股份有限公司 新华书店经销
字数320千字　880毫米×1230毫米 1/16　26印张
2016年7月第1版 2016年7月第1次印刷
ISBN 978-7-5502-7924-7
定价：79.80元

- -

—2015

大事记

不经意的故事

了历史的碑林

01. 2010 年 3 月 1 日，恒大集团宣布出资 1 亿元，全资收购广州足球俱乐部。恒大王朝时代拉开帷幕。

02. 2010 年 3 月 25 日，韩国铁帅李章洙上任，成为广州恒大真正意义上的第一位主帅。

03. 2010 年 4 月 3 日，广州恒大承办中甲开幕式，处子秀 3–1 击败北京理工，战舰正式起航。

04. 2010 年 6 月 28 日，恒大宣布引进两大明星国脚郑智与孙祥，此后数年里，他们成为了恒大的正副队长，引领球队走向一个个高峰。

05. 2010 年 6 月 30 日，广州恒大宣布以 350 万美元引进巴西前锋穆里奇，他在几年后一度成为了广州队史头号射手。

06. 2010 年 8 月 25 日，郑智在比赛中与成都外援布兰登激烈冲突染红，事后遭恒大俱乐部罚款 1 万元，恒大重罚由此开启。

07. 2010 年 10 月 30 日，广州恒大主场 3–1 击败湖南湘涛，夺得 2010 赛季中甲冠军。时隔一年之后，广州队重回中超舞台。

08. 2010 年 12 月 26 日，广州恒大宣布冯潇霆、张琳芃、姜宁和杨君四大国脚加盟。从此之后，每年圣诞之际，恒大宣布新援加盟成为惯例。

09. 2011 年 3 月 18 日，广州恒大通过新赛季奖金政策，单场赢球奖 500 万，输球扣罚 300 万的政策震惊整个中国足坛。

10. 2011 年 4 月 2 日，广州恒大斥资 5000 万打造史上第一豪华中超开幕式，随后在揭幕战上 1–0 击败老牌豪门大连实德，正式宣告新王当立。

11. 2011 年 7 月 2 日，广州恒大宣布以 1000 万美元转会费引进巴甲 MVP 孔卡，刷新中国足坛引援纪录。其 700 万美元年薪，更是跻身世界一流。

12. 2011 年 8 月 2 日，恒大里水训练基地揭幕，皇马主席弗洛伦蒂诺携 C 罗、卡卡等众星亲临现场捧场。

13. 2011 年 8 月 12 日，广州恒大客场 1–1 战平辽宁宏运。比赛中双方发生严重冲突，穆里奇拉拽肇俊哲头发，遭中国足协禁赛严惩。事后恒大提出“终身禁赛肇俊哲”，引发巨大争议。

14. 2011 年 9 月 28 日，广州恒大客场 4–1 大胜陕西浐灞，提前四轮问鼎中超联赛冠军。这是广州足球历史上首个顶级联赛冠军，恒大王朝正式上路。

15. 2011 年 10 月 22 日，提前夺冠后的恒大客场 2–5 爆冷不敌江苏舜天，惨败引发许家印震怒，主帅李章洙被迫检讨。

16. 2012 年 3 月 1 日，广州恒大召开新赛季动员会，确立亚冠联赛奖金政策为“6306”，中超奖金政策为“303”。

17. 2012 年 3 月 6 日，广州恒大亚冠首秀，客场 5–1 屠杀韩国劲旅全北现代，震惊亚洲足坛。许家印临时加奖“为国争光奖”后，本场比赛奖金达到 1400 万，创历史纪录。

18. 2012 年 3 月 16 日，广州城时隔十余年，再迎广州德比。恒大做客越秀山，0–2 不敌广州富力。一城两队，让广州成为中国足球的中心。

19. 2012 年 5 月 1 日，由于屡次被提前换下，头号球星孔卡微博公开炮轰主帅李章洙，引发恒大队内地震。孔卡收到禁赛 9 场，罚款 100 万的天价罚单。

20. 2012 年 5 月 2 日，恒大宣布引进多特蒙德前锋巴里奥斯，恒大时代第一次迎来欧洲五大联赛当红球星。

21. 2012 年 5 月 15 日，凭借孔卡的点球绝杀，广州恒大客场 2–1 险胜武里南联队，跻身亚冠 16 强。

22. 2012 年 5 月 17 日，恒大闪电换帅，世界冠军主帅里皮驾临中超。央视并机直播里皮上任发布会，开中国足球先河。欧美媒体前来报道，恒大知名度走向国际。

23. 2012 年 6 月 20 日，恒大提出的“亚冠参赛队外援注册名额增加至 7 人”方案获得通过，引发争议一片。十天后，恒大引进队内第七名外援——韩国后卫金英权。

24. 2012 年 10 月 2 日，恒大主场 2–1 击败沙特伊蒂哈德，但总比分 4–5 遗憾出局。在队史第一年亚冠征途中，恒大的最终成绩单是八强。

25. 2012 年 10 月 20 日，广州恒大做客挑战江苏舜天，中超争冠天王山之战引发举国关注，南京奥体上座率纪录至今无人能破。恒大 1–1 拿回 1 分，为夺冠奠定基础。

26. 2012 年 10 月 27 日，凭借郜林的绝杀，恒大主场 1–0 击败辽宁宏运，提前一轮成功卫冕中超冠军。这也是中超时代以来，第一支成功卫冕的球队。

27. 2012 年 11 月 17 日，恒大主场 4–2 击败贵州人和，夺得足协杯冠军。赛季包揽国内双冠王，里皮时代有了梦幻般的开局。

28. 2012 年 12 月 24 日，恒大引进 23 岁的巴西前锋埃尔克森，此后三年，他成为了恒大三夺中超、两捧亚冠的第一功臣。

29. 2013 年 5 月 15 日，恒大亚冠首遇澳洲球队，最终客场 2–1、主场 3–0 淘汰中央海岸水手，开启了亚冠淘汰赛的疯狂晋级之路。

30. 2013 年 7 月 11 日，恒大在与巴里奥斯的合同战役中取得胜利，最终以 700 万欧元将其出售，捍卫了中超球队的利益与尊严。

31. 2013 年 7 月 15 日，许家印亲自召开恒大足球俱乐部最高会议，出台“恒大国脚八项规定”，严令国脚球员为国奉献，并明确多项惩处条例。

32. 2013 年 10 月 6 日，恒大客场 4–2 击败山东鲁能，提前三轮完成中超三连冠伟业。

33. 2013 年 11 月 9 日，恒大坐镇天河体育场 1–1 战平首尔 FC，凭借两回合客场进球多的优势，登顶亚洲之巅。这是中超俱乐部第一次夺得亚冠冠军，“恒大王朝”的概念第一次被正式推出。

34. 2013 年 12 月 7 日，恒大在足协杯决赛以两回合总比分 2–3 不敌贵州人和，错失完成赛季三冠王的最佳机会。

35. 2013 年 12 月 15 日，广州恒大成为第一支踏上世俱杯舞台的中国球队。在处子战中，恒大 2–0 击败非洲冠军阿赫利，获得了与欧洲豪门拜仁较量的机会。

36. 2013 年 12 月 22 日，广州恒大在世俱杯三四名决赛 2–3 不敌南美冠军米涅罗竞技。这是一代巨星罗纳尔迪尼奥在世界舞台的谢幕战，也是孔卡在广州队的谢幕战。

37. 2014 年 2 月 7 日，广州恒大宣布引进意大利国脚迪亚曼蒂，标志着恒大风格由此从南美转向欧洲。

38. 2014 年 2 月 16 日，因不满超级杯赛程，恒大选择预备队出战。最终恒大预备队在贵阳 0–1 不敌贵州人和，连续第二年丢掉超级杯。

39. 2014 年 2 月 28 日，广州恒大宣布与里皮及其教练团队续约三年。许家印亲自指示，维持教练组高薪不变。

40. 2014 年 8 月 20 日，广州恒大亚冠 1/4 决赛客场 0–1 不敌西悉尼流浪者，主裁判哈桑连续罚下张琳芃、郜林和里皮，将恒大逼入绝境。一周后，恒大主场 2–1 赢球，仍以客场进球劣势含冤出局。

41. 2014 年 11 月 2 日，恒大客场 1–1 战平山东鲁能，惊险完成中超四连冠。赛后发布会上，里皮宣布不再担任主帅一职，成为中国足坛年度最大新闻。

42. 2014 年 11 月 5 日，恒大召开新闻发布会，宣布卡纳瓦罗担任 2015 赛季恒大执行主帅，里皮仍以“主帅”身份留任恒大。

43. 2015 年 1 月 13 日，恒大斥资 1500 万欧元引进巴甲 MVP 高拉特，该身价创造恒大队史引援纪录。随后一年，高拉特成为恒大勇夺双冠王的头号功臣。

44. 2015 年 2 月 27 日，恒大亚冠首战赢球后不久，里皮正式宣布辞去恒大主帅一职。卡纳瓦罗正式接手球队。

45. 2015 年 6 月 4 日，在中超 2–2 战平天津泰达当晚，卡纳瓦罗被就地解职。世界冠军主帅斯科拉里及其团队接手恒大。卡帅下课时，恒大中超排名第一，亚冠也跻身八强。

46. 2015 年 10 月 31 日，恒大客场 2–0 击败北京国安，力压上海上港，连续第五年夺得中超冠军。在伤兵满营的情况下，斯科拉里完成了不可思议的连续 17 轮不败纪录。

47. 2015 年 11 月 21 日，恒大主场 2–1 击败迪拜阿赫利，三年内第二次拿到亚冠冠军。凭借“中超五连冠，亚冠两称王”，正式确立中国足球历史第一王朝。

48. 2015 年 12 月 17 日，世俱杯首战逆转墨西哥美洲之后，广州恒大获得了挑战当世第一强队巴塞罗那的机会。尽管梅西、内马尔因伤缺席，巴萨仍以 3–0 完胜。

49. 2016 年 1 月 21 日，广州恒大官方宣布埃尔克森离队，转会加盟上海上港。至此，曾经征服亚洲的南美三叉戟孔卡、穆里奇、埃尔克森全部离开。

50. 2016 年 2 月 3 日，广州恒大宣布以 4200 万欧元天价引进哥伦比亚锋霸杰克逊 · 马丁内斯。这名年近而立的前锋将恒大队史转会纪录翻了接近三倍。

恒大王朝

EVERGRANDE DYNASTY

我们的足球
我们的梦

潘伟力　著

北京联合出版公司
Beijing United Publishing Co.,Ltd.

图书在版编目（ＣＩＰ）数据

恒大王朝，我们的足球我们的梦 / 潘伟力著. —北
京 : 北京联合出版公司, 2016.6
 ISBN 978-7-5502-7924-7

Ⅰ.①恒… Ⅱ.①潘… Ⅲ.①足球运动—运动员—生
平事迹—世界 Ⅳ.①K815.47

中国版本图书馆CIP数据核字(2016)第125459号

恒大王朝，我们的足球我们的梦

作　　者：潘伟力
责任编辑：李　征
内文设计：南　木
封面设计：后声 HOPESOUND ·王国鹏
　　　　　　　　　Pankouyugu@163.com

北京联合出版公司出版
（北京市西城区德外大街83号楼9层　100088）
北京盛通印刷股份有限公司　新华书店经销
字数320千字　880毫米×1230毫米 1/16　26印张
2016年7月第1版　2016年7月第1次印刷
ISBN 978-7-5502-7924-7
定价：79.80元

序

在路上的恒大王朝

在过去的六年里，中国职业足球的头号热词，毫无疑问是"广州恒大"。恒大的出现，不仅拯救了泥淖中的广州足球，更成为了引爆中国足球这一轮火热现状的直接力量。广州队能从假赌黑降级的阴霾下，走上亚洲之巅的王者之位，并带动整个职业联赛的繁荣发展，其中必须承认恒大的推动作用和历史功绩。

对于恒大足球，我并不陌生，尤其在前几年接触得还比较多。在我眼中，许家印是一位极具魄力、办事风格大开大阖、非常有格局的老板。他在思考问题和做决断的时候，常常能够跳出常规，下一盘出色的大棋。而且，许家印对于恒大足球的投入和付出，肯定是百分之百的。记得有一次，他在公司开会到凌晨12点多，结束后还来找我聊恒大足球，他的激情和梦想，让我非常感动。

恒大足球的成功，首先离不开许家印的高瞻远瞩和大手笔投入，其次也少不了刘永灼的强大执行力和解决问题的能力。我和刘永灼是相识多年的朋友，早在恒大集团刚刚宣布进入足球圈时，我们就在北京见面了。几年来，我们经常会就足球俱乐部的建设和足球规律的问题进行探讨，几乎每过一段时间，我就会发现他有新的认识和突破。在我看来，刘永灼是一位学习能力极强的业务型人才，能够逢山开路，遇水搭桥。在我认识的中国足坛职业经理人里，他绝对是排在第一位的。

中超五连冠，亚冠两称雄，恒大足球能有今日之功，必然是诸多因素共同促成的。他们起步很早，并且视野开阔，此后的每一步战略调整，也都进行得比较到位。但最关键的一点是，恒大一直在按照足球规律办事。仅以建队这一点来说，恒大虽屡有大手笔，但总体并不算激进，他们只是在核心班底框架不变的情况下，不断进行着优化组合，火候和节奏拿捏得极好。因此，无论孔卡、穆里奇还是埃尔克森离去，都不会让这支球队伤筋动骨。

当然，正因为有了这么多的冠军头衔和成功经验，许多人已经将广州恒大称为中国足球史上的第一王朝球队。对于这一点，我个人并不是完全认可。20世纪八九十年代，辽足也曾是独领风骚的中国足坛霸主，甚至捧回了第一个亚俱杯冠军。那时的辽足，同样在国家队占据半壁江山，即便经常被抽调走多名国脚，依然能够夺得联赛冠军。而且别忘了，那还是个没有外援的时代。所以在我看来，若仅以球队战绩而论，辽足并不逊色于今日之恒大。

其实，对于一支仅建队六年的俱乐部而言，并不急于过早去讨论、评判其历史地位。就像这一轮的中国足球热潮，究竟是虚火旺盛，还是水到渠成的爆发，也都还需要时间去观察。而即便是恒大本身，能否一直走下去，真正成为一家百年俱乐部，目前也不可能有定论。应该说，如今的恒大，在职业足球的道路上，还有很多需要探索的东西，这是一条无比漫长的道路，而恒大只不过是刚刚开始。

几年来，关于恒大足球与中国足球的关系，外界一直有着不小的争议。恒大能否拯救中国足球，这其实是个伪命题，因为中国足球不应该，也不能只依靠恒大来拯救。中国足球未来的曙光，必须建立在所有人认认真真做事的基础之上。什么时候我们能搭建好青训体系、竞赛体系，解决好教练员问题和场地问题，从那一天开始再往后十年，才有机会真正培养起一代人。我们都不要急功近利地去想，究竟是2022年还是2030年冲击世界杯，只有等到我们真正开始去做这些基础性建设了，一切才有可能水到渠成。

刘建宏

著名足球评论员，乐视体育首席内容官

一座城，一支队

世界早晚是属于你们年轻人的，比如现在还很年轻的潘伟力。

在应小潘之邀撰写此序时，我用了一天时间搜索和整理大脑中与他有关的记忆碎片，但这些搜索结果却很难被拼接到一起，可能是因为距离比较远，又或者是因为代沟吧。

初识小潘，大概是 2008 年北京奥运会前，体坛传媒旗下的体坛网疯狂扩张的那段日子，一大批怀揣着体育媒体梦想的 20 岁上下的孩子涌了进来，或是在体坛北京会所的"大网吧"实习，或是以通讯员的身份撰写稿件，小潘则两者都经历过。

记得那两年，我的那间狭小的办公室常被年轻的面孔围观或者偷窥，孩子们初见我的第一句话基本都是："我是看着您做的杂志长大的……"现在还记得当小潘第一次被小伙伴们领进来见我时，那怯生生的样子。这个年轻人留给我的第一印象，就是有点儿张震岳的范儿，也许更适合搞摇滚。

后北京奥运时代，体坛网战略转移，孩子们陆续开始了各自的闯荡，远离体育圈的很多，但真正在这个圈子里扎根下来的也有不少，并且都做出了不错的成绩。

离开体坛网的小潘去了广州，但当年的广州足球远没有今日之辉煌。那时的恒大才刚刚进入公众视野，谁也无法预计他们能走多远。小潘进入了一家移动互联网公司，他告诉我说，应聘的过程很简单，就是把大学时写下的上百万字稿件整理成册交给领导，无须多言，一切就水到渠成了。

记得小潘跟队恒大没多久，我就给了他第一次为《足球周刊》撰稿的机会，那是一次规模不小的选题策划，要完成 81 届超白金一代十年纪念的系列专访。初出茅庐的小潘很拼，一人完成了孙祥、杜威、徐亮、曲波和杨君的采访任务。随后的几年，他的稿子质量越来越高，料也越来越足，那几年的合作很是愉快。

小潘确实赶上了广州足球最好的时代，球队战绩给力，俱乐部管理规范，一个年轻人因此而顺利成长，他的文章也得到了越来越多人的认可，能在今天写成一本书，离不开他对待这份工作的细致与用心。

在球迷眼中，随队记者这份工作是令人羡慕的，能和队员与教练天天相处，能跟随球队四处奔波，感受完全不同的足球世界；但对于长年管理随队记者，或者一直和随队记者打交道的我来说，这着实是一份苦差事。也许第一年充满的是新鲜感，但随后剩下的更多是枯燥。当所追随的球队一直保持着成绩上的稳定，当身边的球员和教练已经被自己采访了一遍又一遍，甚至许多国外的城市已经造访了不下五遍的时候，他能做的只有挑战自己，比如去写一本书。

从小潘第一次给我写稿到今天，已经过去了超过五年的时间，我在这五年里，从平媒跳到了网站，小潘则一直跟随着恒大和中国队南征北战；下一个五年，他也许会继续在随队，在写作，并再写一本书吧。

因为足球，让他爱上了一支球队和一座城市，祝他好运。

刘晶捷

搜达足球总编辑，前《足球周刊》总编辑

中国职业足球当谢恒大

这是中国国字号男足最黑暗的时代，这是中国职业足球最红火的时代。

2016赛季，注定将成为中国职业足球发展史上的里程碑，5年80亿元天价版权费周期正式拉开了帷幕，而作为回应，中超16强以总计逼近百亿元的天量投入，共同托起了这一盛世。

身价5000万欧元的特谢拉、4200万欧元的J.马丁内斯，以及拉米雷斯、奥古斯托、吉尔等一批巴西国脚、名将纷至沓来，让中超之名响彻世界，也让中国球迷成为了最幸福的人。我们终于有机会在自家门口，近距离欣赏正值当打之年的国际一线球星表演，曾经只能埋藏在心中的梦想，就这样变成了现实。

如果你的记性足够好，应该不会忘记，六年前的中超联赛，是怎样的光景。2010赛季，山东鲁能以巨大优势提前夺冠，当时队中的三名非亚洲籍外援，分别是卡洛斯、拉德诺维奇和本森，他们来自克罗地亚联赛、塞尔维亚联赛和荷甲联赛。堂堂中超冠军球队，只能吸纳在欧洲二三线联赛都无法站稳脚跟的球员加盟，那便是"前恒大时代"中国职业足球顶级联赛的真实生存状态。

2010年夏天，尚处中甲的广州恒大，就凭借350万美元引进穆里奇，放出了第一颗卫星。超过2000万元人民币的引援价格，当时被视为无比疯狂，但在今天，这样的投入恐怕连仅有过国奥履历的本土小将也无法拿下。六年时光，"第一个吃螃蟹"的恒大，不仅自身豪掷数十亿真金白银，更推动了整个中超的投入量级翻了十倍有余。如果只看投资金额和关注热度的话，中超已经被推上了"世界第六联赛"的高位。

那些年，恒大如同一个孤独的剑客，站在华山之巅傲视群雄。但渐渐地，发现身边开始出现了对手。为了与恒大争辉，徐根宝卖掉了用心血打造的东亚，改弦更张的上海上港，成为了与恒大叫板的旗手；曾与恒大短暂争过高下的江苏舜天，则在过去的这个冬天更名苏宁，斥资 7 亿元引援的大鳄做派，俨然就是曾经的恒大；甚至连老牌国企北京国安，也终于无法接受被边缘化，接受新媒体巨头乐视注资之后，也一口气招来名帅和不少名将。

这些，便是恒大当年振臂一呼所带来的蝴蝶效应，只不过等待的时间漫长了一些。武装到牙齿的中超诸强，终于不再只靠恒大去外战撑门面，无论上港、鲁能还是苏宁，都有了与日韩豪强一较短长的实力和底气。抗日灭韩的快意，再也不专属于广州球迷，而成为了所有中国球迷共同的荣光。看看新赛季已经开打的这些中超和亚冠比赛吧，在南京、济南、上海、重庆、杭州和石家庄，放眼所见之处，尽是激情无限的热血球迷，和那一声声冲破云霄的呐喊。

中超火了，这是无可争议的事实，其热度甚至超越了 20 年前引发万人空巷的甲A联赛。然而，在追随、学习恒大成功模式的道路上，后来者们的确还有着太多需要摸索和实践的东西。恒大的成功，绝非只靠砸钱所得，正如刘永灼所言，一支球队的教练和球员水平，决定了这支球队的基本面水准，但要想夺得冠军，就必须有俱乐部各项细致入微的工作作为保障。而这，也正是本书所希望呈献给大家的精髓所在，力争让所有人更清晰地了解几个问题：为什么是恒大？为什么恒大能成功？我们能向恒大学习什么？

中国职业足球能有今日盛世，必须对开拓者恒大说一声谢谢，毕竟在那个众人皆退避三舍的黑暗时代，是恒大扛起了中国足球的大旗。但我们同样必须正视，在恒大统治中超的这些年里，中国男足的成绩依然没有改善，真正最能代表国家形象的国家队，依然在亚洲赛场步履维艰。当然，恒大斥资数亿打造的足球学校，即将进入青训人才的丰收时期，如果终有一天这些后来者能让中国男足扬眉吐气，那才是所有中国足球人要对恒大诚挚感谢的时候。

这是一本献给所有恒大球迷的书，你们幸运地赶上了这个时代。

这是一本献给所有中国球迷的书，让我们一同期待更好的未来。

潘伟力

目录

001

王朝之
战略崛起

恒大为何抄底广州足球？

2016 年 1 月 4 日，一个略显普通的日子，却成为了恒大集团的里程碑时刻。这一天，恒大正式对外发布公告，宣布 2015 全年销售额突破 2000 亿元大关，与多年老大万科一起傲视群雄。2015 岁末，恒大几乎抢占了地产圈头条的半壁江山，他们风头正劲，他们不可阻挡，继足球领域开创"大时代"之后，真正体量巨大，致力于多元化产业齐头并进的恒大帝国，已逐渐清晰可见。

很难有人说清楚，如果没有借力足球，是否会有今日之恒大。唯一直观的数据，是恒大接手广州足球六年来，在销售业绩上的飞速提升。2009 年的恒大，全年销售额仅为 307 亿元，排名全国第六，尚不及万科的一半。四年之后，借助首夺亚冠的春风，恒大地产销售额第一次突破了千亿元大关。而从千亿元到两千亿元的飞跃，他们只用了短短两年。"恒大"二字真正成为了疯狂的代名词，而"恒大速度"则让整个世界为之震撼。

自 1997 年成立至今，恒大内部共制订过七个"三年规划"，并将整个集团的发展划分为了四个阶段。然而，对于绝大多数人来说，认识恒大其实只有两个阶段，即以 2010 年恒大介入广州足球为分界线。在"广州恒大足球俱乐部"出现之前，恒大只是国内众多地产巨头中的普通一员；但凭借着足球领域的巨大成功，恒大已经成为"特殊的一个"。恒大掀起的壮阔波澜，为振奋低谷中的中国足球贡献良多，而具有天然热点功能的中国足球，也帮助恒大打通了帝国崛起之路。

互相成就，或许是对恒大与中国足球关系的最佳描述。但疑问也随之而来，为什么恒大要在万马齐喑时抄底广州足球？当反赌扫黑将中国足坛打击得一片狼藉时，恒大为何会在诸多企业纷纷撤退的大潮中逆势而上？恒大的介入，究竟是履行社会责任的公益援助，还是充满了诸多诉求与利益的投机行为？解读这些问题，是解析恒大足球王朝的必经之路。

许家印的体育情怀

"1978年中国女排首夺世界冠军的那一天，正在读大学的许家印，点燃了宿舍的扫帚和凉席，成为了疯狂庆祝人群中的领袖。"在许家印的公开传记里，曾有过这样一段看似不太重要的描述。那一年，许家印刚满20岁，借助刚刚恢复不久的高考，从河南周口的农村中闯了出来。在武汉钢铁学院，他进入了冶金系，因为这样"至少可以当一名炼钢工人，不用回到农村"。为女排的胜利狂欢，一方面展现了他的爱国情怀，另一方面则体现了他与体育结缘已久。

在许家印的青春岁月里，女排是国人的骄傲，乒乓球是国民运动，而足球却已经开始让人又爱又恨。1985年爆发著名的"5·19事件"时，许家印还只是河南舞阳钢铁厂的一名车间主任。或许，许家印自己也不会意识到，三十年后，他会成为与中国足球休戚相关的重要人物。从低谷中崛起，从废墟里重生，中国足球的崭新时代已然到来，而在很多人眼里，许家印就是那个乱世中的拯救者。

早在体育产业萌芽时期，许家印与他领导的恒大，就已经开始试水。2004年，是恒大地产第二阶段的开端，进入"规模＋品牌"的战略过渡阶段。当时的恒大，已经跻身广州市房地产十强之列，有能力开拓新的边界。2004年，恒大协办了广州国际龙舟赛、广州横渡珠江活动，还赞助了男子乒乓球世界巡回赛。一年之后，恒大首次尝试冠名大赛，这一次的舞台是"女子乒乓球世界杯"。

然而，恒大试水期投入的这些活动，或是地域局限性较大的小众项目，或是竞争性和商业价值不高的传统强项，无法掀起真正的波澜。2008 年初，恒大斥资 2000 万元冠名第 49 届"世乒赛"，但投资收益比依旧不高。不过，在这届世乒赛结束时，恒大官方表达的声音，已经预示了新的潮流即将到来："体育竞技的健康、拼搏、向上精神，与中华民族精神一脉相承，同时也与恒大集团的企业精神吻合，我们将长期保持对体育等社会事业的关注与热忱。"恒大集团总裁夏海钧的发言，代表了许家印与整个恒大的态度。

2008 年，对于恒大集团而言，是向死而生的一年。在追求上市的道路上，恒大也曾命悬一线。但渡尽劫波之后，许家印依旧没有放弃自己的体育梦。2008 年北京奥运会的成功召开，为中国体育市场真正打开了大门，以许家印对市场和政策的敏锐嗅觉，绝不会放过这样的历史机遇。只不过，接下来的故事，许家印决意写得更加宏大。他是个不错的乒乓球业余选手，但他意识到只有三大球项目才能带来真正的社会影响力。恒大的触角，开始伸向了更大的舞台。

拥有最大群众基础的广州足球队，是恒大的首选，但这支球队当时正由广州医药集团控股，且能打进中超中上游，并无空间给恒大介入；而主场位于东莞的广东宏远男篮，则正在经历着风光无限的王朝时代，更加无意转手。于是，排球几乎成为了恒大的唯一选择。2009 年 4 月，恒大以 2000 万元注册资金成立了全国第一家归属于企业名下的"恒大女排"，并获得代表广东省参加全国联赛的资格。四个月后，恒大女排高薪聘请郎平担任主帅，这是一次极为成功的商业化运作，同时也让许家印年轻时的体育之梦照进了现实。

造势营销，是恒大地产的惯用手段，但他们此前大获成功的推广，都是利用娱乐明星，直到女排和郎平的出现，才让恒大第一次真正尝到了体育的甜头。初试告捷，让恒大的胃口越来越大，而历史的演变，似乎也有意将恒大推上风口浪尖。2009年底，中国足坛掀起史上最大规模的反赌扫黑风暴，有打假球前科的广州队难逃降级重罚。年末最后一天，占股比例最大的广药集团宣布撤退，广州队进入政府托管模式。而恒大，终于等来了他们所期待的抄底时机。

品牌宣传最佳战场

2009年8月，恒大地产向港交所递交IPO申请前五天，中国女排最传奇的人物郎平飞抵广州，与恒大签下了一纸长约。三个月后，香港湾仔香格里拉酒店，恒大举办盛大酒会庆祝上市成功，与许家印觥筹交错的，依然有顶着"恒大女排主帅"之名的郎平。有人推算过，郎平就像一张亮丽的国际名片，为恒大至少带来了价值上亿的广告作用。在IPO及路演过程中，郎平与"恒大"二字的紧密结合，是最大的正面能量。

女排尚且如此，作为第一运动的足球，能够产生多大的爆炸性效果，自然更让人心生憧憬。反腐扫黑风暴下的中国足球，表面上看是进入了冰河期，但这毕竟只是一时之难。全国人民对反赌扫黑的积极关注，各大媒体连篇累牍的跟进报道，依然足以说明足球运动在社会民生中的重要地位。而且，在一潭死水中激发一丝涟漪的难度，远低于在波涛汹涌中抢占浪头。唯有真正敢于冒险的人，才能把握住历史的脉搏。

显然，许家印就是这样的人。在房地产界，他以勇气绝佳闻名，驰骋江湖二十年，很多次看上去的兵行险着，最后都赌赢了。选择接手广州队时，也有不少人劝许家印，说这绝不是最佳时机，但许家印都坚持了下来。一位恒大高层曾还原过许家印在决策会议上的观点："老板认为中国足球的大环境正在触底反弹，各方面政策都在逐渐完善，现在谁还敢吹黑哨、打假球？只要恒大愿意在摸索中尝试，谁敢断定就不会成功呢？"

恒大王朝

其实，谁能说清楚，中国足球历史上最好的时机是什么时候？王健林的万达赶上了最红火的甲A时代，但最终因假赌黑愤然离席；赵本山在中超时代跨界来袭，也没有逃过灰头土脸的结局。阳光下的阴影容易让人彷徨，一扫沉疴后的重生反倒前景光明。当竞争对手们都以传统打法在红海中拼杀时，许家印表面上是开启了一条前人"玩剩下"的道路，其实却走出了完全不一样的风景。

在恒大集团的六大战略中，品牌战略领先于人才、管理、文化等战略而存在。这也决定了恒大在实现品牌价值最大化的过程中，决不允许受制于人。

▼ 2010年3月，许家印高调宣布接手广州队

在恒大提出接手广州队时，广州市足协也曾担心恒大会像过往企业那样玩玩就跑，因此设置了四大条款，确保球队过渡时期决策权在广州足协。只不过，急于发力的恒大，根本不愿去理会这些掣肘，当恒大决意换帅、引进大牌名将时，谁也奈何不了他们。2010 年 3 月，只拥有一张"中甲壳"的广州恒大，却成为了中国足坛最耀眼的名字。

恒大之所以如此急切地抢班夺权，也是出于服务集团主业的内在需求。2009 年至 2011 年，是恒大第五个"三年计划"时期，恒大地产的扩张，已从三年前的 20 多个城市飞速增加到 120 个城市。仅 2010 年，恒大就完成公开发债 27.5 亿美元，创造了中国房地产企业全球发债最大规模纪录。而所有的这一切，都必须建立在恒大品牌知名度和美誉度的基础之上，才有望取得成功。在特殊的历史时期，广州队成为了恒大品牌经营的主战场，恒大努力扮演着中国足球拯救者的角色，并在抢夺大牌球星时展现出了强大的魄力与财力，这些故事经过媒体包装发酵，让上市初期的恒大受益良多。

借助女排和郎平的影响力，恒大完成了漂亮的上市，首日收盘价较发行价溢价 34.28%，创下了 705 亿港元的市值纪录，成为内地在港上市市值最大的房企，并顺带捧出了新内地首富许家印。而依托广州足球掀起的风暴，则让恒大一夜之间变得家喻户晓，品牌价值先于销售额完成翻倍。自 2010 年至今，恒大地产虽尚未将万科从王座上拉下马，但品牌价值早已弯道超车，连续六年位列全国第一的品牌价值，让恒大之名走出国门，迈向了世界。

新时代足球政治学

无论在运营恒大集团还是足球俱乐部，许家印总会把红色精神与国家情怀当作指导思想。亲历了过去半个世纪中国浮沉往事的许家印很清楚，无论任何时候，站在主旋律一边，总不会犯错。

许家印的人生之路，充分体现了他善于把握历史机遇的能力。1977 年

恒大王朝

全国恢复高考，一年后许家印就以周口县前三名的成绩考上了武汉钢铁学院；1982 年中国确立计划经济的主导地位，大学毕业的许家印选择了稳定的国企舞阳钢铁厂；1992 年市场经济大潮到来，已经 35 岁的许家印选择南下深圳冒险；1997 年许家印自立门户成立恒大地产公司，而仅仅一年之后，房地产行业的黄金年代就拉开了帷幕。

在恒大集团内部，许家印极为重视党建工作。早在 2002 年，恒大就率先成立了广州市首家民营企业党委。许家印本人在集团的头衔除了董事局主席之外，还兼任着党委书记。到了 2015 年 6 月，恒大集团各地区公司和下属集团单位，一共产生了 33 个党总支和 20 个党委直属党支部，集团在册党员人数已超过了 2000 人。

作为中国商界响当当的人物，许家印作为委员参与政协会议多年。在房价触底反弹疯狂飙升的 2009 年，许家印公开提案"房地产商利润不应超过5%"，引发舆论哗然，被誉为最有良心的开发商。一年之后的政协闭幕大会上，许家印成为了唯一拥有发言机会的民营企业家。而在 2013 年政协第十二届全国大会上，许家印更是获得了常委身份，是同届 299 名常委中经济界的仅有代表。

很多人说，是恒大足球的巨大成功，将许家印送上了政协常委的位置，这一相当于正部级的头衔，足以保证许家印与各地方政府高官并肩而坐，在政商两界得到更大的尊重。其实，恒大当年之所以在危难之际接手广州足球，也有着深厚的政府背景。广州市政府对于足球的高度重视，不允许广州队因假球降级而沉沦，恒大的及时出现，不仅是广州足球的救星，还帮了政府的大忙。几年来，每

▶ 2011赛季中超开幕式，恒大球迷展示巨幅球衣

逢恒大重要赛事，主席台上总不会缺少省市领导的身影，足以说明足球之于政治的作用之大。

至于恒大接手之初与广州市足协和体育局的矛盾，最终解决的方法看似是恒大一意孤行，但实际上他们并非无理取闹。就在恒大用李章洙换掉彭伟国前夕，国务院办公厅正好出台了《关于加快发展体育产业的指导意见》，

恒大王朝

其中第 11 条明确指出要"坚持政企分开、政事分开，充分发挥市场在体育资源配置中的基础性作用"。有这份红头文件在手，恒大才敢于对抗一切外来压力。而在达成目的之后，为了照顾"受害者"的面子，恒大也不忘为广州青年足球事业投资 500 万元，由广州市足协管理，避免了最终撕破脸皮。

政治正确，红旗不倒，恒大这艘巨舰，才能够稳健地扬帆远行。恒大足球的辉煌，极大提升了恒大集团在社会民生中的作用，而他们的示范效应，也间接推动了整个中国足球的复苏。作为大潮中的弄潮儿，许家印和他的恒大，自然显得更加光彩照人。回首望去，如果没有 2010 年初的那次果断抄底，恒大足球和背后的商业帝国，都不会有今日之风光与未来之美妙。在最关键的时刻做出最正确的选择，恒大完成了一次注定载入史册的"抄底奇迹"。

许家印的逻辑你不懂

恒大的到来，犹如一头呼啸狂奔的史前巨兽，瞬间颠覆了中国足球维系多年的丛林法则。对于所谓的中国足球经验，恒大向来不屑一顾，许家印更曾留下名言："中国足球有过什么成功经验？"这位在商战中收获了巨大成功与荣耀的传奇老板，自信"恒大模式"能够完美复制到俱乐部的运营管理之中。六年来，恒大所迈出的每一步，在外人看来步步惊心，但实质上却是步步为营。古语有云："不谋远虑，必有近忧。"恒大之所以能登上中国足球有史以来的最高峰，其过程也充满了战略思维与清晰的逻辑。无数事实证明，这绝非一家只会烧钱的俱乐部。

引援篇：按需挑选只买对的

"恒大起源于广州，发展于广州，从小到大，从弱到强，得到了广州人民的大力支持。因为有了社会的支持才有恒大，在广州足球遇到短暂困难的时候，恒大应该承担起这种复兴的责任和义务，责无旁贷。恒大更会全力以赴搞好足球俱乐部，恒大的精神就是：要做就要做到最好！"2010 年 3 月 1 日，在恒大宣布接手广州足球的发布会上，许家印给出了这样的承诺。

效仿恒大女排打造全明星阵容，是恒大足球最初的头号指导思想。从某种程度上来说，恒大玩足球是"期货模式"，先不计代价地投入抢夺资源，再通过垄断后的优势回收成本，这与恒大地产在全国疯狂圈地囤地的思路一

◄ 2010赛季中甲金靴

郜林主罚点球

脉相承。在人员流失严重的草创阶段，恒大必须以最快的速度提升实力，才有望完成一个又一个的阶段性目标。因假球降级的广州队，在恒大接手时只剩一批小将撑门面，这显然无法满足许家印的胃口。

2010 年 3 月初，恒大火线开启抢人计划，他们将目光对准了中轴线的两名大牌，中锋郜林和中卫杜威。两大国脚当时都有意逃离申花，但早在恒大之前，陕西和杭州都已无限接近签约。最终，恒大以 600 万元的标王价格和 300 万元的高额年薪抢下了郜林，杜威则在犹豫后选择了杭州绿城。当红国脚中锋加盟中甲球队，郜林的加盟极具象征意义，也让此后恒大在引援中更具底气。二次转会期，两大旅欧名将郑智和孙祥同时到来，标志着恒大成为国内最具吸引力的俱乐部之一。

当然，在足球世界里，并非有钱就能拥有一切。中国足球本就名声不佳，再加上又是次级联赛球队，恒大最初的外援选择范围很小。350 万美元拿下的穆里奇，当时在巴西国内并无名气，但在技战术素养并不高的中甲舞台，他的个人能力足够大杀四方。等到半年后恒大成功升入中超，外援标准也随之升级，效力于贝尔格莱德游击队的克莱奥以 320 万欧元身价来投，超越穆里奇成为中超历史身价第一人。在他的履历表中，最亮眼的数据是欧冠 12 战 9 球，这显然是前所未有的新高度。

在草创时期，恒大引援除了看综合实力之外，对造势作用也极为重视。巴甲 MVP 孔卡在国际足坛名声并不算响亮，但恒大为他支付的 1000 万美元转会费和高达 700 万美元的天价年薪，却震惊了中国乃至世界足坛，成为媒体连篇累牍的焦点。而当世人以为孔卡就是无法逾越的顶点时，恒大很快又带来了巴里奥斯。相比孔卡，巴里奥斯拥有更亮眼的国家队数据，以及欧洲顶级联赛的成功经历，恒大在外援引进中的"层层递进"逻辑，也得以延续。

2013 年初，恒大迎来年轻的埃尔克森，从名气上看或许稍稍倒退，但绰号"巴西杰拉德"的埃神，拥有入选过巴西国家队这一闪亮光环。一年之后到来的迪亚曼蒂和吉拉迪诺，尽管被打上了失败标签，但前者毕竟是意大利国家队常客，后者更是世界杯冠军队成员，从履历来说绝不寒酸。不过，在经历这一年的引援弯路之后，恒大矢志在 2015 赛季实现外援升级，他们不再瞄准名气响亮的老将，而是剑指正值当打之年的新生力量，于是便有了身价总和超过 2 亿元人民币的高拉特与阿兰，以及真正的天王巨星保利尼奥。最终拿到中超亚冠双料 MVP 的高拉特和世俱杯扬威的"暴力鸟"，自然是成功典范，因重伤意外赛季报销的"终结者"阿兰，同样值得全新的期待。六年来，恒大接手后引进的外援共计 16 人，其中绝大多数取得了成功，足以说明恒大引援的眼光之佳。

相比名额限制更大的外援，恒大在内援市场上的发力更加充分。中甲时期招来的三大国脚，成为了此后多年辉煌的股肱之臣。而在升入中超的处子赛季，恒大又一口气引进了杨君、冯潇霆、张琳芃、姜宁和杨昊这五大现役国脚，首发阵容实力瞬间上升一个档次。可以说，恒大接手后仅用了一年多的时间，就搭建好了王朝人员框架。此后四年，他们更多进行的是完善和补充，引援不再四处撒网，而是更具针对性。例如，2012 年恒大亚冠 4 - 5 遭伊蒂哈德淘汰，次年球队引援直指防线，曾诚、赵鹏和弋腾都是防守成员；2015 年志在增加板凳深度，邹正、张佳祺和王上源先后到来。

到了 2016 年，中超内援市场已成惨烈红海，在有钱买不到人的大背景下，部分国脚名将的身价被疯狂抬到了一个亿。而此时的恒大，则凭借过去数年积累的豪华班底，轻松自在地隔岸观火。他们再次极具前瞻性地将引援目标调整为未来之星，并很快收获了年轻的徐新与李源一，让竞争对手徒呼奈何。多年来，总有人讽刺恒大只会烧钱，但恒大打造国脚班底的净花费甚至不到当前一名国脚的价格，孰是孰非，已经高下立判。

换帅篇：长远战略高于眼前

六年征途，四次换帅，广州恒大每一次大动作的当下，其实都不是众望所归。但最终的结果，却又总能让外界竖起大拇指。恒大的战略眼光，许家印的个人魄力，一次次被事实证明了其正确性。"我们选择主教练，绝不只看眼前赢了几场、输了几场，而是要从长远战略眼光来考量。"这是许家印多年来对外的统一口径。成大事者，不拘一城一地之得失，显然许家印就是这样的人。

2009 年底，广州队因假球降级，广药集团的撤出，让球队只能临时托管给广州足协。在这样的背景下，作为南粤足球传奇人物的彭伟国被推上前台，成为了临时主帅。然而，当时的彭伟国年仅 38 岁，只有过短暂执教上海七斗星参加中甲的保级经验，显然不符合恒大眼中新时代开创者的身份。恒大接手之后，迅速做出换帅决定，用李章洙火线换掉了彭伟国。无论从履历还是从能力来看，李章洙都要明显强于彭伟国，当时之所以引发巨大争议，只因恒大的换帅动作太快太坚决，并未经过广州足协的同意。

▼ 里皮正式签约

恒大选择李章洙，显然不是看中了他手中的两座中国足协杯冠军。他们所青睐的，是李章洙公正严明的权威形象，以及认真严谨的工作态度。在恒大足球草创时期，李章洙强大的管理能力，正是打造一支铁军所必备的基础要素。许家印开出五年长约，也是寄望韩国铁帅为恒大开启一个时代。他给李章洙的要求，是两年升入中超，再过两年冲击联赛冠军。但没想到的是，李章洙只用两年就完成了四年计划，反倒为自己惹来了"杀身之祸"。

中甲元年夺冠升级，中超处子赛季上演升班马夺冠奇迹，广州恒大的崛起速度之快，震惊了中国足坛。在疯狂引进强援之后，恒大的实力已是中超翘楚，2011赛季中期，恒大就显现了一骑绝尘的势头。也正是在此时，恒大决意提前开启"亚冠攻略"，而实现这一任务的人选，已不可能是李章洙。在中甲，李章洙是超级教练；在中超，他是一流教练；但到了亚冠，他可能就是个合格教练而已。而恒大所需要的，是一名能镇住亚洲足坛任何场面的超一流名帅，他既要给球队带来成绩突破，又能让"恒大"二字响彻国际。

恒大的橄榄枝，同时伸向了三位顶级人选，两位拿过世界杯冠军的教头里皮与斯科拉里，以及曾带领韩国队创造神话的希丁克。最终，在苦等了近一年后，赋闲在家的里皮成为了恒大的真命天子。2012年5月17日，里皮的上任惊天动地，央视新闻频道与体育频道并机直播一次新帅发布会，还是开天辟地头一次，日韩欧美记者前来报道一家中超球队的盛况，同样极为罕见。那一天，功勋卓著的李章洙，带着"中超排名第一，亚冠小组出线"的成绩单黯然离去，拥有无上光环的银狐里皮，开启了新的时代。

在带队的第一个完整赛季，里皮就率恒大登上了亚洲之巅，从此再无人质疑恒大换帅对错。银狐执教两年半，恒大完成了对中超的垄断，将李章洙时代的首次夺冠延长到了四连冠。2014年底，因引援矛盾与恒大产生间隙的里皮决意隐退，并擅自做主为恒大推荐了接班人卡纳瓦罗。在恒大建队史上，这还是第一次处于被动局面。尽管刘永灼在卡纳瓦罗加盟仪式上坚称里皮仍挂名"主教练",但谁都知道银狐的时代一去不复返。作为过渡主帅,卡纳瓦罗独立执教的三个月里,恒大在各条战线如履薄冰,虽有联赛榜首和亚冠八强这样的硬指标在手,仍无法满足恒大的长远追求。

在恒大的逻辑里,2014 年因引援失败已经浪费了一年,绝不允许 2015 年遭遇进一步下滑。2015 赛季中期,许家印明确提出必须"再夺亚冠"的要求,也是整个恒大集团的需求。这一年,恒大集团多元化产业同时发力,急需作为门面招牌的恒大足球带动声势。在这样的大背景下,年轻的菜鸟教练卡纳瓦罗并不靠谱,恒大选择了又一位顶级强人来重整旗鼓。斯科拉里虽是巴西世界杯败军之帅,却无法掩盖其数十年执教生涯的成功,他经验丰富且情商极高,几乎无缝对接了恒大。长达半年保持不败并再夺中超亚冠双冠王,再次让人对恒大的果断坚决点赞。恒大的每一次换帅,都符合球队对新时期目标的追求,并最终都实现了利益最大化,这样成熟而又简单的逻辑,却是那些频繁试错的俱乐部无法学会的。

奖惩篇:无规矩不成方圆

中国社会,向来被视为人情社会,即便严苛的规章制度就在眼前,也总有人会绕道而行。作为这个社会体系中的一部分,中国足坛多年的乱象,也与所谓的人情往来逃不脱干系。反赌扫黑涤荡的是大环境,但如果没有各家俱乐部从自身小环境做起,也难有中国足球的盛世蓝图。在这方面,"闯入者"广州恒大,再次成为了标杆。

恒大集团的管理风格,有着许家印鲜明的个人色彩。早年在舞阳钢铁厂担任车间主任时,许家印就亲自摸索并起草了 300 条管理条例,用以管理手下员工;成立恒大之初,许家印更奉行从严管理的精神,参与拟订了上万条企业规章制度,几乎细化到无所不包。作为集团子公司,恒大足球俱乐部一脉相承了集团作风,绝对服从与严格管理,前所未有地被烙印在了一支中国俱乐部球队身上。而赏罚分明,便是恒大集团管理人才的头号秘诀。

　　恒大不差钱，这是公开的秘密。中甲时代，恒大就开出上百万元的单场赢球奖，超出竞争对手一大截。到了中超元年，恒大一纸"5-1-3"奖金政策（赢一场奖励500万元，平一场奖励100万元，输一场扣罚300万元），更引发业界哗然。而在随后的亚冠赛季，恒大的巨奖再创新高，"6-3-0-6"（赢一场奖励600万元，平一场奖励300万元，输球不扣罚，每晋级一轮奖励600万元）的单场奖金足够骇人听闻，在此基础上再加上每个净胜球200万元的"为国争光"奖，堪称中国足坛有史以来最疯狂的壮举。

　　有人质疑，恒大的超高投入，远远超出了中国球员自身水准所能匹配的价值。但许家印并不这样认为，在一次公开讲话中，许家印明确指出，欧洲足坛顶级球星的收入达到数亿元人民币，中国球员年入千万元也在情理之中。在前恒大时代，年薪百万元在中国足坛并不普遍，没有国脚身份很难拿到这个价码；但在恒大最风光的2013赛季，旗下七八名主力国脚的年收入都突破了千万元。建队之初，许家印曾表示希望将恒大打造为"最让人羡慕、综合实力最强、最受人尊敬"的三最俱乐部。到目前为止，前两项之最，已毫无争议。

　　当然，有奖有罚，才能打造最公平合理的氛围。2011年，恒大新赛季会议上公布了号称史上最严队规的"五必须""五不准""五开除"，对于树立主教练的权威和对球员的严格自律，都有重大影响。在严明军纪这件事上，恒大队内无论大牌球星还是无名小卒，都是一视同仁。第一个遭受处罚的是队长郑智，理由是与对方球员激烈冲突染红下场；此后郜林更是三年内三吃罚单，共计被罚了40万元；头牌外援孔卡因公开对立以李章洙为首的教练组，被处以高达百万元罚款，至今仍是中超纪录。此外，二队小将朱鹏飞因在中乙联赛里与裁判肢体冲突，直接被恒大开除出队，顺带牵连二队主帅彭伟国被降职为代理主帅。

　　对于恒大而言，无论队内罚款还是禁赛，肯定都不是目的，他们只是需要通过这样的手段来建立一套足以长治久安的管理体系。前三年的铁腕，基本让

恒大王朝

全队养成了真正的职业习惯和比赛态度，后三年间，恒大一线队基本再未出现
纰漏。恒大最近的一次队内矛盾，发生在秦升与德罗索之间，但那是属于预备
队的问题，并且秦升在公开顶撞之后不久，也很快被恒大租借出去，最终双方
选择了分手。

　　赢球重奖，成为了恒大王朝前期的焦点话题，恒大开出近乎天文数字的
奖金，无疑是最吸引眼球的新闻爆点。此外，巨额奖金的频出与快速发放，
也从侧面证明了恒大集团的现金流之充裕，为母公司形象的提升也贡献良多。
多年来，恒大地产一直被诟病负债率高，但在恒大足球的高投入，总能增添
合作伙伴和消费者对恒大的信心。这就是恒大的经济逻辑，利用足球当杠杆

▼ 2012年5月，孔卡被替换后踢飞水瓶，与李章洙矛盾爆发

产品，俱乐部账面上可以不挣钱，但实际在整体业务中得到了隐形的转移支付和交叉补贴。

而严格的队规与惩罚，则为恒大俱乐部树立了更正面的形象，这也是恒大有别于此前中国土豪俱乐部"人傻钱多"的重要部分。严格的管理保证了公平的氛围，无论俱乐部官员还是教练组成员，都不可能与球员之间存在请、吃、拿的关系。许多效力过恒大的球员都曾感慨，恒大是中国俱乐部队内氛围最简单的，在这里你只有拼尽全力才有机会出人头地，没有任何旁门左道。当一支球队人人奋勇、个个争先，并且以极高的职业素养自律地生活时，距离成功也就不远了。

▼ 许家印成为广州球迷心中的救世主

荣耀篇：永远先提为国争光

2012 年 3 月 7 日，全国两会正在北京热烈召开。作为政协委员的许家印前往参会，无法前往韩国督战恒大队史上的首场亚冠。这场在韩国全州进行的比赛，对阵双方是中韩联赛冠军球队，而坐拥主场之利的全北现代，更是一年前的亚冠亚军得主。大战在即，受许家印指示亲临现场的刘永灼，在球队酒店宣读了老板指示，总结起来就是八个字："血拼对手，为国争光。"

第一次踏上亚冠舞台的广州恒大，以不可思议的 5-1 震惊了亚洲足坛。重金打造的南美三叉戟，将韩国人的防线打得溃不成军。中国足球第一次将韩国足球真正踩在脚下，让无数国人备感自豪。胜利的喜讯很快传到了北京，次日的政协会议上，不断有人前来向许家印道贺，纷纷称赞恒大为国争光。许家印期待已久的效果，一战成为现实，他为这一场胜利掏出了 1400 万元赢球奖金，但相比于隐形收获，这些钱根本算不上什么。

在洲际赛场上取得成功，这是中国球队从未提出过甚至从不敢去想的目标。然而，早在恒大接手广州足球之初，尚未拿到中超冠军之前，他们就已经明确提出了冲击亚冠的口号。在许家印的逻辑里，凡事要做就做最好，称霸国内是前人早已完成的事，比如大连万达的三连冠和 55 场不败神话。要想超越历史，就必须在亚洲赛场称王。"五年内拿不到亚冠冠军，我们的俱乐部领导要下课，我们的李章洙指导要下课，这是肯定的。"许家印曾这样公开下令道。

2012 赛季，恒大最终倒在了八强战，一年后他们再次杀到 1/4 决赛，许家印抓住时机下达了全新的 24 字方针，再次提到了为国争光——"直面困难，坚定信心；狼性十足，血拼对手；不辱使命，为国争光。"一周后，恒大半决赛客战日本柏太阳神，许家印更是亲赴现场做动员，力助恒大在不利局面下逆转大胜。到了亚冠决赛，恒大对外宣传的口径开始统一修改，将广州恒大之名改为"中国恒大"。

当然，恒大的成功，毕竟只代表了俱乐部层面，真正意义上中国足球的突破，还是需要国家队来完成。在世界各地，国家队与俱乐部之间因抢人存在的矛盾不少，但在恒大这边，无论主帅如何抱怨，在许家印这个层面，永远都对恒大球员入选国家队充分支持。2013 年初，恒大国脚出征亚洲杯预选赛前夕，许家印特意召开全队会议，要求队员们一不怕伤，二不怕死，要带着无比强烈的责任感、使命感和民族感去战斗，三点要求里，两次提到了为国争光。

只不过，许家印的军令对于恒大征战亚冠大有裨益，但到了国家队却总无法发挥作用。恒大帮人数再多，到了国家队也只是组成部分之一，是否能取得成绩，归根结底还要看教练的排兵布阵与全队的整体发挥。恒大帮在国足占据主力阵容半壁江山的时期，正是卡马乔执教期，他带队仓促出征世预赛失败，又一手酿造了对泰国的"6·15惨案"。那场合肥之战里，恒大三将秦升、赵鹏和冯潇霆首发出场，最终都成为了替罪羊。

"6·15惨案"震惊中国，来自中央高层的旨意直接宣布了卡马乔的"死刑"，而作为国脚大户的广州恒大，也一夜之间被推上了风口浪尖。有关恒大国脚出工不出力，只在俱乐部看钱踢球的观点铺天盖地，让球员和俱乐部备感压力。关键时刻，刚刚当选政协常委不久的许家印再次站了出来，他亲自牵头，在 25 天内召开 15 次专题会议，最终在 7 月 11 日公布了《恒大国脚八项规定》，将对旗下国脚球员的各项要求清晰地写进了规定之中。这一做法虽有越位干涉国足管理之嫌，却将恒大的爱国情怀表现到了极致。由此掀起的国脚问责风暴，也迅速蔓延开来，另外两家拥有多名国脚的俱乐部鲁能和大连阿尔滨，也纷纷出台类似规定，紧跟恒大站到了同一战壕。

许家印很清楚，无论是恒大地产还是恒大足球，尽管总部和主场在广州，但归根结底还是要辐射全国，才能取得更大的发展。而要想从广州恒大变成中国恒大，从赢得广州球迷到赢得全国球迷，他们就必须在亚冠和国家队的舞台上光芒四射。普世的爱国情怀，在任何年代都不会过时，随着恒大的强势崛起，已有众多球迷将对中国足球的情感，寄托在了恒大身上。从中央到民间，从高层到百姓，所有人都乐于看到恒大足球的成功，这便是许家印屡次将"为国争光"挂在嘴边，最现实的意义。

未来篇：先上市再造全华班

在中国玩足球，从来都是一项烧钱游戏，绝大多数国企和投资人都是赔本赚吆喝。即便是战绩最辉煌、运作最成功的广州恒大，六年来也没能实现赢利。然而，恒大足球俱乐部的现代公司属性，决定了其不可能永远成为母公司的"玩具"，在度过输血期之后，势必要进入自给自足的造血期，甚至要以赢利为目标迈向未来。2013年亚冠登顶后不久，时任恒大足球俱乐部董事长的刘永灼就公开对外表示，俱乐部独立上市已经写进了发展计划。

凭借着在中超和亚冠战场上的成功，恒大一度成为了中国足坛唯一的香饽饽，各路商家和金主纷纷找上门来，让中国足球看到了许久未见的价值前景。仅2013赛季，恒大全年营收总额就达到6亿元人民币，让其他中超球队望尘莫及。不过，相比于恒大俱乐部的天量投入，收入还是显得有些杯水车薪。在2015年恒大递交的公开招股书中，详细披露了俱乐部的财务状况，从2013年至2015年5月，共计亏损超过13亿元。

显然，以这样的财务报表，即便在最宽松的新三板上市，也很难真正吸引非关联投资者的青睐。但恒大的高明之处在于，他们并未指望依靠一己之力完成这一历史突破。2014年6月，巴西世界杯开战前不久，恒大率先抢夺了世人的眼球——许家印与马云一起坐上了主席台，高调宣布阿里巴巴集团增资12亿元入股恒大足球，双方各持50%股份，打造全新的恒大淘宝足球俱乐部。对于恒大足球来说，这无疑是一次重大进展，许家印开玩笑说这只是两人在酒桌上的无心之举，但谁都看得出来，这绝对是谋划已久的历史机遇。

2014 年年中的阿里巴巴，在国内国际都处于历史最高光时刻，马云率领着这家巨无霸网络集团杀向纽交所，所有人都在关注着他的一举一动。马云的每一次出手，都被视为对所在行业的最大认可。恒大足球脱胎于恒大地产集团，在资本市场上已属于传统行业，在想上市必须"讲好故事"的年代，自身很难制造太多新意。但在搭上阿里巴巴之后，恒大足球仿佛一夜之间拥有了互联网思维，未来的可能性呈几何倍数激增。入股恒大足球三个月后，阿里巴巴成功完成纽交所上市，一跃成为全球市值第二的互联网公司，马云个人也登顶中国首富，作为他旗下子公司之一的恒大淘宝，自然与有荣焉。

▼ 2015年11月，恒大淘宝新三板敲钟，成为亚洲足球第一股

恒大王朝

　　随着马云的到来，恒大淘宝足球俱乐部的上市之路正式启动。整整一年后，经双方友好协定，恒大独立为俱乐部增资 4 亿元现金，并将足校 3000 名学员的产权资质一并注入，将股权占比提高到了 60%，成为了唯一的大股东。而此举也更符合现代企业的模式，更有利于申请上市。果然，就在官宣股权变更后一周，恒大淘宝就正式向新三板递交了挂牌申请。四个月后，恒大亚冠决赛前夕，许家印与马云便一同现身北京，完成了上市敲钟。在纷繁复杂的足球赛季里，许多俱乐部连常规事项都无暇应对，恒大淘宝却将多件大事同时推进，并取得了亮眼结果。上市当天，刘永灼感慨两夜未眠终得偿所愿，也体现了恒大集团之高效。

　　恒大淘宝，成就了亚洲职业足球俱乐部第一股，但也有人在问，为何恒大如此急于推进俱乐部独立上市？答案其实远不止于俱乐部做大做强，更深层的逻辑，依然是对母公司大有裨益。恒大足球独立上市，会让恒大集团的主营业务和投资概念更加清晰，有助于资本市场的更高估值；同时还能提升母公司的赢利能力和融资能力，并降低负债水平。此外，在恒大的分拆上市计划中，恒大健康与恒大文化几乎与恒大足球齐头并进，同时发力的结果，让整个集团受益良多。2015 年，恒大地产最终营收突破 2000 亿元创历史新高，便是最完美的回报。

　　在恒大淘宝的上市规划中，还提到了未来五年的三点目标。其中包括成为世界一流的俱乐部，并争取从 2016 年开始实现赢利，而更让国人振奋的计划，是六年后在一线队实现"全华班"。不得不说，恒大这一远景目标极为考究，在国家层面重视足球的大环境下，未来六年将是中国足球的黄金发展时期，恒大淘宝作为引路者，自然要将发展高度提升到新的层次。依靠顶级外援外教，恒大已经取得了阶段性成功，两次站上了亚洲之巅。他们要想为中国足球做出新的贡献，就必须真正将中国人推上前台。以目前中国足球现状而言，全华班与出成绩之间显然存在悖论，但六年之后呢？所有人都在期待恒大淘宝这全新而又伟大的故事。

最佳经理人：刘永灼——进退之间

如果说许家印是中国的贝卢斯科尼，那么刘永灼就是他的加利亚尼——这或许是对许刘二人关系的最佳描述。老贝与加总打造的米兰王朝光耀千古，而在许家印统领全局、刘永灼完美执行下建立起的恒大王朝，同样会成为现代足球史上的奇迹。从籍籍无名到名扬四海，刘永灼的这六年，也是一部个人传奇。

初见刘永灼，是在恒大刚升上中超后的那个初春。平头、圆脸、白皙、微胖——与黝黑的铁帅李章洙站在一起，形成了鲜明对比。那时的恒大还在使用陈旧的白云山基地，刘永灼也经常出现在训练场边。看到媒体前来，刘永灼会热情地寒暄问候，却不会回答任何实质性的问题。当我们希望了解更多时，刘永灼会笑着退到一边，将李章洙留在大家的包围圈里。当时就有人感慨，一个如此有分寸感且知进退的管理者，必有一番大作为。只是很少人敢想象，多年之后的刘永灼，已不仅是干了一番大事业，而且成为了堪称传奇的业内标杆。

他是谁？从哪来的？

中国职业足坛，人脉和经验总会被视为管理者的必备要素，但在恒大抄底接手广州足球时，推出的第一位俱乐部掌舵人，却是一名谁都不认识的"足球门外汉"。当时年仅33岁的福建泉州人刘永灼，就这样一夜之间走进了公众视野。

▲ 2012年3月，恒大亚冠首秀5-1屠杀全北现代，刘永灼致谢球迷

本科毕业于华东师范，后在武汉科技大学拿到工程管理硕士学位，在恒大集团的一众高管中，刘永灼的学历并不算惊人。在恒大集团，他也是从普通岗位做起，逐渐凭借出色的职业才能与高情商，做到了人力资源副总经理的位置。如果一切顺风顺水，他的发展前景将是成为人力资源副总裁，变身恒大集团的最大"猎头"。

只是，命运的转折，总会来得有些措手不及。2009年，许家印决定接手广东女排，时任总裁助理的杨镜光被任命为女排俱乐部董事长，刘永灼这个名字并未浮出水面。当时，恒大集团正在内部开展一次声势浩大的"整风运动"，作为人力资源高管的刘永灼，还被任命为副组长，负责"整治人事管理"工作。或许，正是凭借着在这项运动中展现出来的出色人事管理能力，让刘永灼在一帮青年才俊中脱颖而出，得到了许家印的欣赏与认可。

2009年底，随着杨镜光离开恒大集团，刘永灼开始走上前台。他接任了女排俱乐部董事长一职，并很快兼任了接下来的足球俱乐部董事长。面对媒体，他毫不掩饰地说，自己并不懂足球，但非常渴望尽快学习，进入角色。荀子《劝学》篇中有一句经典"无冥冥之志者无昭昭之明，无惛惛之事者无赫赫之功"，意指没有刻苦钻研的心志，学习上就不会有显著成绩；没有埋头苦干的实践，事业上就不会有巨大成就。这段话在随后的日子里，被刘永灼多次引用，也成为他人生的座右铭。

在足球领域，刘永灼还是门外汉，但在人力资源管理上，却是顶尖专家。职业俱乐部的管理，其实与人力资源管理的基本原则大致相当，人才招聘、签署劳动合同、绩效考核评定、薪酬福利调整，都需要面面俱到。与人打交道，正是刘永灼的特长，上任之初，他就在没有丝毫人脉协助的情况下，只身奔赴上海，从陕西队手中截胡了郜林；几个月后，又以"一周内三赴沈阳"的诚意，将海归名将郑智招来恒大。

　　郜林说，自己之所以选择屈尊加盟还在中甲的恒大，完全是被刘永灼三寸不烂之舌给说服的，因为他开出的每一个条件，刘永灼都没有拒绝；而郑智的加盟，更是谁也没有想到的经典之作，留洋多年的郑智还在计划着换支球队继续闯荡海外，却不经意间也被刘永灼迅速拿下。回首这两段故事，刘永灼也不免有些得意："当一名球员不想来你的球队时，你得迅速找到让他改变主意的 × 因素，这是最难的点。"

从门外汉到真专家

　　恒大接手时的中国足球，正值历史最黑暗时期。就像一个病入膏肓的人，靠修修补补永远也没有奇迹。作为恒大足球俱乐部的实际执行者，刘永灼极为尊崇许家印"打破行规"的理念。"中国足球的江湖气太重，我们不会走这样的路。"刘永灼很早就表明了立场，"现代足球俱乐部的管理，和现代企业是一致的，我们需要的是契约精神和人文关怀。"

　　在恒大俱乐部，董事长领导下的主教练负责制，是建队以来的第一标准。刚过而立之年的刘永灼，也是第一次担任一把手职务，他的风格是务实低调。"我们不想一开始就说要做百年俱乐部，在中国太多人说过这样的话了，但缺的是真正踏实做事的人。"刘永灼一直在用实际行动，一步步践行着自己说过的话。

　　作为人力资源专家，刘永灼比任何人都清楚，要想在恒大俱乐部乃至集团立足，需要不断地做出成绩来为自己加权。挖角郜林时，他还是连球员合同该怎么谈都不太懂的业余选手，但一年之后，他已经能以最专业的姿态出现在万里之外的孔卡面前，并最终将巴甲先生带到了中超。不按常理出牌，是恒大集团的基因，也是刘永灼的办事风格。如果他只会一根筋地不断加价挖人，是断不可能做出如此成就的。

　　刘永灼的高速进阶，一方面来自个人的勤奋用功，另一方面也源自集团

▲ 孔卡加盟恒大，中超划时代的引援

▲ 2012赛季，恒大夺取首个足协杯

的压力。恒大是一家永远不会停下乃至暂缓脚步的公司，他们永远有着极为超前的战略眼光。当刘永灼和李章洙辛辛苦苦从欧洲带回克莱奥，从巴甲挖来保隆、雷纳托时，他们想的并非是用这些人开创一个时代，而是迅速将目光对准了更响亮的名字，这才有了之后的孔卡和巴里奥斯。而在发现李章洙无力率领恒大更上一个台阶之后，换帅也早早进入了俱乐部的规划之中。里皮尽管是 2012 年 5 月才正式上任，但提前八个月就已经和刘永灼完成了接触；2015 年斯科拉里的到来看似突然，但大菲尔一句"我早在 2011 年就认识刘总了"，也暴露了当年恒大剑指两位世界冠军主帅的大计划。

当然，刘永灼的传奇之路，刚开始也是备感艰辛。在没有人脉的草创阶段，他很多时候只能只身拖着行李箱在欧洲游走，长期出差直到看见面包就想吐。但随后的几年，刘永灼却先后成为了皇马、AC 米兰和拜仁慕尼黑等欧洲顶级豪门的座上宾，除了恒大集团自身的实力支撑外，刘永灼的个人能力和魅力，也发挥了相当关键的作用。找皇马合作青训足校、找米兰取经医疗实验室、找拜仁代言恒大冰泉，刘永灼的出现，第一次让欧陆豪门与中国俱乐部，有了实质性的合作与共赢。

除了对外不断拓展恒大的高边疆，刘永灼对国内的"战场"也是愈发精通。2011 年底，恒大有意挖角成都后卫李建滨，一位中间人对刘永灼说，我们队还有一个小孩踢得不错，他叫彭欣力。刘永灼当即表示"知道这个名字，了解这个球员的特点"，让这位中间人大为震撼。当时的彭欣力刚满 20 岁，还只是国青队的一员，却已经进入刘永灼的视线，足见刘永灼对国内足坛优质资源的全面把控。尽管李建滨和彭欣力最终都未能在人才济济的恒大站稳脚跟，但这并不能否认刘永灼的功绩。

敏感者的成功之道

2011 年，恒大创造了升班马夺冠的"中国凯泽斯劳滕奇迹"，年底在御景半岛酒店宴请媒体进行答谢。酒过三巡，刘永灼也有点喝多了，在餐厅隔壁狭小的休息间里，刘永灼挨个与媒体记者拥抱致谢，甚至伴随着音乐不自觉地舞动起来。那一晚，刘永灼彻底放松了下来，平时的他严谨、务实、滴水不漏，但人性终究还是会有另一面，他毕竟不是工作机器，也会有回归本真的那一刻。

在恒大集团工作，高压是所有人每天都能感受到的氛围。这是家极为讲究赏罚分明的公司，如果业绩不佳，一名地区公司董事长能够一夜之间连降三级，变成曾经下属的下属。恒大足球俱乐部，是恒大集团众多子公司的一个，也是知名度与曝光率最高的。刘永灼的位置非常高光，也非常高危。做好了可以开创一个时代，稍有差池也很可能灰飞烟灭。

正是这样的大环境，让刘永灼不可避免地成为了一个敏感的人。许家印的话在恒大集团犹如圣旨，谁也不敢有点滴违背。2011 年 4 月，恒大出征第一个中超客场，他们在八一体育场被南昌衡源逼平，现场球迷不断辱骂挑衅，让气氛骤然紧张。比赛结束后，仍有大批球迷滞留场外叫嚣，安保与记者也发生了冲突，混乱之中，现场督战的刘永灼无处藏身，只能闪身进了球队更衣室暂避。没想到的是，这一无奈之举，还是触犯了恒大"俱乐部领导不许进入球队更衣室"的铁律，刘永灼也因此遭到许家印严厉批评。而写出这篇报道的记者，也接到了刘永灼的抱怨电话，直指其"害了自己"。

在恒大集团，独立的品牌部是集团一切声音的出口，即便是刘永灼，在前期管理俱乐部时，对外发声也要通过品牌部联系媒体完成。在 2013 年登顶亚冠之前，刘永灼都是极为谨慎且低调的，他深知，代表球队发出豪言壮语的人，只能是老板许家印。2012 年底，当恒大首次成为国内双冠王时，我曾试着帮朋友询问刘永灼是否愿意开通微博，刘永灼笑着婉拒了："让我开微博？你们是想让我下课吗？"

功高震主，是每一个职场高管都可能面临的风险，但并不是所有人都能处理妥当。作为恒大俱乐部对外发声的第一人，刘永灼出现在镜头和版面的次数，常常会多过许家印，但几乎每一次在谈到球队的成功时，刘永灼都不忘先谢老板，在 2013 年底代表恒大领取亚足联年度最佳俱乐部奖杯时，刘永灼的感谢词里，许家印排在了他自己的家人之前。在恒大御景半岛酒店里，刘永灼当家做主的发布会，永远只会选择小会议厅举行，唯有许家印亲自出马，才会换到盛大的宴会厅。

刘永灼的敏感，细化到无所不包。2014 年初，恒大引进迪亚曼蒂替代孔卡，意大利人在亚冠首秀就轰进两球，一夜之间疯狂被球迷誉为"天河之帝"。比赛结束后，换上一身便装的迪亚曼蒂没有跟随大巴离开，而是独自站在场边等候自己的专车。意外的是，这一等就是半个多小时，直到深夜才得以离开。我把这段情景和照片发上了微博，迅速被各路媒体转载出稿。没过多久，我就接到了刘永灼助理打来的电话，他说刘总对此事大为不满，并解释迪亚曼蒂是为了等待妻子来接，并非俱乐部工作人员失误，希望我能再发微博进行澄清。

那时的刘永灼，已然功成名就，却依然对一切关乎俱乐部名誉的事极为上心。他的过度敏感，的确有时会让媒体记者感到诧异甚至不可理解，但也正是这样的敏感，帮助他避开了许多不必要的麻烦，将成功之路走得更加顺畅。有人总结说，刘永灼的敏感，换种说法就是对细节的重视，而唯有做好细节的人，才能成就大事。一言以蔽之，能够成为恒大集团 22 名副总裁中年纪最轻的几人之一，绝非浪得虚名。

当然，年轻的刘永灼，也并非不会与时俱进。在婉拒微博三年之后，他最终还是主动走进了这个圈子。在开通微博的半年里，他平均三天更新一条的速度也算勤快。而从他的微博关注中，则可一窥这位超级经理人的个人喜好。被他关注的两位歌星，一位是本土选秀歌手薛之谦，另一位是以一首 *You Are Beautiful* 红遍世界的詹姆斯·布朗特，而唯一的作家则是周国平。不过，刘永灼微博的最大特点，还是他引经据典的能力，无论中国古书还是外文经典，甚至是全英文桥段，都能信手拈来，被誉为"微博学霸"。而面对抄袭质疑，知情人则为刘永灼打抱不平："刘总办公室的书籍之多超乎想象，如果你去过的话，是绝对不会怀疑他的。"

归去来，恒大不能少他

2015 年 10 月下旬，日本大阪。亚冠半决赛次回合当天中午，恒大工作人员突然通知媒体，刘永灼想跟我们见一面。大家很是诧异，毕竟自 2014

◀ 刘永灼能者多劳，一度
兼任恒大冰泉负责人

恒大王朝

年逐渐淡出俱乐部日常管理之后，已经太久没有见到刘永灼了。这一次的会面，他究竟想表达些什么呢？

在球队下榻的丽思卡尔顿顶层，一间总统套房被临时改造为球队餐厅，我们落座后不久，那个熟悉又有些陌生的身影出现了。还是一如既往的衬衣西裤打扮，一对小眼睛在镜片后满含笑意。我们突然发觉，曾经与球队形影不离的刘永灼，这两年真的渐行渐远了。亚冠登顶后不久，他就将足球和女排两大董事长职务交给副手康冰，转身投入了恒大冰泉的工作中，而从2015年底开始，他又华丽转身为恒大互联网项目的负责人。

或许是和记者们太久不见，气氛一度有些尴尬。"刘总最近都忙些什么？有看很火的《琅琊榜》吗？"我们试图以轻松的语气开场。"那是什么？电视剧吗？我不看这些东西的。"刘永灼笑着回应，总算是打开了局面。不过，尽管随后记者们的问题接连不断，却一次次无功而返，刘永灼说得最多的话，就是"一切等赛季结束后再做定论"。当时的恒大，还没有拿到中超冠军，也没有锁定亚冠决赛席位，刘永灼的确无法谈得更多。

这次意外的相聚，最终在不痛不痒中结束。没有得到任何有效信息，谁也不知道刘永灼之后的路会怎么走。在卸任恒大俱乐部董事长的这两年里，刘永灼的身份其实有些尴尬。他只有名义上"协助许家印直管俱乐部"的定位，却要操办俱乐部的几乎一切大事。两年来唯一一次不是刘永灼出面的，是2015年6月闪电解约卡纳瓦罗，当时代表恒大与之谈判的，是接任俱乐部董事长一职不久的柯鹏。直到恒大淘宝以独立公司形态完成上市，刘永灼才终以"董事"身份回到俱乐部董事会中。

第一次亚冠登顶时，刘永灼对他和时任主帅里皮的关系，曾有过一次形象的描述："我告诉里皮，他可以把我当成他的秘书，只要是他提出的任何需求，我都会不打一丝折扣地去完成。"然而，也正是由于夺冠之后的放权，间接导致了随后一年的弯路。在刘永灼逐渐淡出的一年里，俱乐部的人事大权成为了里皮的一言堂，他与经纪人儿子先后带来了迪亚曼蒂与吉拉迪诺，但都没能成为救世主。亚冠八强战出局让恒大高层震怒，而收权行动的代表便是刘永灼，他在里皮让位卡纳瓦罗的发布会上掷地有声地表示，俱乐部将收回引援大权。而三个月后，银狐正式退位告别。

经历了一整年的毁誉参半，2015 赛季的恒大，其实是在拨乱反正。刘永灼的归来，就像是 2010 年接手俱乐部那样，开启又一次创业之路。只不过，如今的刘永灼，再不是当年吴下阿蒙，他的人脉已经遍布世界各地，操作转会更是驾轻就熟。谈妥斯科拉里及其团队只用了一周，招来保利尼奥只用了三天，压哨签下罗比尼奥，则是 24 小时内的杰作。"有刘总归来坐镇，我们大家都更安心也更有信心，对球队和工作人员都是如此。"一位恒大内部人士感慨。

再夺中超与亚冠双冠，刘永灼带领恒大又一次攀上了巅峰。按照刘永灼自己的说法，他的新角色将是恒大互联网金融公司的负责人，那也是恒大集团接下来的战略重点。不过，就在外界担忧刘永灼将又一次抛下俱乐部而去时，一个振奋人心的消息很快到来——在 2016 年 2 月初的恒大淘宝足球俱乐部有限公司的董事会上，一致通过了刘永灼重回董事长之位的决议。时隔两年之后，刘永灼终于名正言顺地重新成为了这家俱乐部的最高管理者。

说再见，不说永远

如果历史的进程一直波澜不惊地发展下去，那么恒大或许也不会成为恒大了。2016 年初，重回俱乐部第一把交椅的刘永灼，又一次成为了队内事务的决策者。在转会市场上，他先是抢来了被众多中超豪强觊觎的年轻新秀徐新和李源一，随后更是砸出恒大队史第一高价，以 4200 万欧元拿下哥伦比亚锋霸杰克逊·马丁内斯。但让人没有料到的是，迎来 J 马，送走埃神，居然成为了恒大王朝的重要拐点。

恒大王朝

力压苏宁斩获超级杯冠军，恒大的赛季开局并不算糟。但随后遭遇的中超亚冠连败，却是史无前例的低谷。尤其在亚冠赛场，身为卫冕冠军的广州恒大，居然前四战难求一胜，提前淘汰已成定局。而作为"三亿先生"的J马，亚冠四战都未能打开进球账户，也遭受各方质疑无数。

谁都知道，对于广州恒大而言，亚冠永远是最重要的战场。赛季初的动员会上，许家印就曾明确下令，誓夺中超亚冠双冠王。而当这一目标早早折戟时，作为第一责任人的刘永灼，又一次被推上了风口浪尖。就在客场兵败浦和后一周，恒大集团就官方宣布刘永灼再次离开俱乐部董事长位置，而给出的理由，疑似不满刘永灼近期工作，比如引援不力、经营不善。

刘永灼再度离任，民意却仍在力挺，足见其过去六年功绩深入人心。当然，也有人从另一个角度解读，说刘永灼仍是恒大直管体育产业的副总裁，其实仍未彻底离开。那么，就让我们与刘永灼暂且说一声再见，并期待下一次的重逢。

▲ 恒大夺取中超首冠后，刘永灼被全队抛起

恒大管理之道

恒者行远，大道天成。恒大之所以能打造出中国足球有史以来的"第一王朝"，绝非一朝一夕之功。初来乍到时，恒大曾被传统世家们视为不懂规矩的"闯入者"，但六年之后的今天，恒大模式却已成为中超俱乐部争相效仿的模板。越来越多的人开始意识到，恒大之成功不仅在于球队兵强马壮，其背后的管理和运营之道，同样功不可没。

早在 2013 年首夺亚冠时，恒大俱乐部负责人刘永灼就曾表示，恒大所做的一切，只不过是按照足球规律办事，他们认为正确的事情就会去做，不去理会外界的非议。在刘永灼看来，中国足球过去的江湖气息太重，恒大也并不愿意成为新时代的"带头大哥"，他们所提倡的，只有契约精神和人文关怀。"我们的运作方式都是开诚布公的，如果能够给大家带来一些启发，就够了。"

六年时光，恒大的确探索出了一条前无古人的道路，他们运作俱乐部的方式和战略，也被冠以了"恒大模式"之名。在为中国职业足球现代化改革探索道路这件事上，恒大之功绩必将彪炳历史，成为让后来者高山仰止的学习对象。

集团直管的"小团队"

如今的恒大集团，已是拥有超过 8 万名员工的商业帝国。在这样一家以中央集权制为管理模式的企业里，清晰地分为了集团总部、集团直属、地区公司、下属单位等多个层级。广州恒大足球俱乐部，自诞生之日起就处在集团总部之中，属于集团直管的重点单位，在集团内部的地位之高可见一斑。

几年来，恒大俱乐部所做出的各种专业举措，已经被外界报道赞誉了太多。很多人以为，以恒大这样的规模，俱乐部起码要配备百人以上的超大团队，才可能同时推进如此多的繁杂事务。然而，事实却并非如此，截止到2016赛季开打，恒大俱乐部的工作人员总数也只有24人，其中还包括了两名负责恒大排球项目的员工。可以说，这是一个绝对的小团队。

▼ 恒大淘宝俱乐部工作人员的飒爽英姿

恒大王朝

作为武汉科技大学管理学教授，许家印的《企业管理之道》是恒大集团员工必学的教程。其中许家印明确提出，企业中的每个岗位、每项工作职责和每个工作环节，都必须有专管之人。他要求每个人都要有应负之责，彻底改变传统企业中落而未实、行而未果、掷地无声的现象。正因如此，恒大足球俱乐部也是麻雀虽小，五脏俱全，现代俱乐部该有的部门一个不少，该有的岗位一个不缺，每一名员工都能充分发挥主观能动性，拥有超高的执行效率。

在目前的恒大俱乐部里，除了最高阶主管的俱乐部董事长刘永灼之外，管理层还包括总经理康冰和三名副总。再往下则细分为竞赛部、销售部、市场部、队务管理等部门，其负责人大都是多年来一路追随恒大王朝崛起的老臣。他们年纪不大但经验丰富，深知俱乐部需求，办事绝不拖泥带水。最关键的是，他们都很认可恒大的企业文化，凡事都会以集团利益为出发点，绝不做出任何有损企业形象的事情。

恒大足球草创时期，俱乐部尚未来得及推出详尽的规章制度，那也是俱乐部员工最累的时期。他们经常要加班加点工作，甚至凌晨被突然叫回公司开会。几年之后，随着俱乐部制度化的完善，一切工作也步入了正轨，都在有条不紊地推进着。一名员工身兼多职，在恒大俱乐部是普遍现象，但在负责繁杂工作的过程中，个人能力也得到了极大锻炼和提升。换句话说，恒大俱乐部里都是精兵强将，每个人都能独当一面。

恒大俱乐部里，最为人称道的规则有两条。其一是失职问责制度，每个月俱乐部都会进行总结，对失职犯错的员工进行处罚，小到稿件错别字，大到任务未完成，都会遭到相应处罚。其二则是严格的保密制度，尤其是在外界最关注的引援话题上，恒大俱乐部多年来几乎从未出现过泄密事件。在内援引进方面，刘永灼和康冰大多数时候双管齐下，而在外援方面则基本是刘永灼独挑大梁，除了极个别必须经手业务的工作人员之外，任何人都无法知情。

扫除沉疴，以人为本

接手广州足球六年来，恒大自始至终都牢牢把控着俱乐部的管理大权。2010 年，他们以最快的速度摆脱了广州市足协的干预；2014 年阿里巴巴增资入股之后，也宣布不会插手俱乐部管理。尽管至今恒大与阿里之间还存在董事长轮值的协议，但在俱乐部日常管理上，依然是恒大团队全权负责。而事实也不断证明着，恒大的管理方式是合适的、正确的。

"中国足球有什么成功经验？有经验还会搞成现在这个样子？" 许家印掷地有声的两个疑问，至今仍被视为恒大对中国足球历史沉疴积弊的最大讽刺。自恒大接手之日起，他们就决意抛弃那些所谓的历史经验，取而代之的是真正适合现代化企业发展的管理模式。恒大从来没有将足球俱乐部视为玩具，而是一开始就以子公司的形式在运作管理。用现代企业管理模式来管理一家现代公司，逻辑上显然更说得过去。

董事长领导下的主教练负责制——这一略显拗口的制度，如今已经享誉中国足坛。其实，这一制度在恒大集团并非首创，而是与各大子公司一脉相承。在恒大集团的子公司，实行的都是董事长一人说了算的制度，恒大足球俱乐部唯一的例外是，由董事长和主教练进行双线管理。董事长负责后勤、生活和行政工作，主教练专注训练比赛和引援，两个人在各自负责领域中都拥有绝对权威。刘永灼曾在形容自己与里皮的关系时说道："我就像是他的秘书，球队有任何需求，都可以向我提出。"

早在十几年前恒大地产向全国扩张时，许家印就公开解释过什么叫作"恒大模式"，即集团与子公司之间，以产权为纽带，下放经营权，并强化监督机制。这样的模式，延伸到足球俱乐部里，便意味着将管理球队的权力全部交给主教练，俱乐部和集团更多只起到服务和监督的作用。在 2011 赛季中超开战前，许家印就在内部会议中明确提出，球员与俱乐部官员之间不允许互留电话，俱乐部官员也不得踏入更衣室半步。无论场内场外任何事情，球员只能先找主教练说明，如果主教练觉得有必要俱乐部出手相助，才能再次往上逐级汇报。

许家印定下的规矩，给了历任恒大主帅极大的权威。在恒大队中，永远不可能出现球员因与教练有矛盾，去找俱乐部领导说情的现象。2012 赛季，时任主帅李章洙敢于在多场比赛中让最大牌的孔卡打替补，也正是其权威的象征。而在世界冠军主帅里皮到来之后，恒大队内更是绝对的一言堂，里皮获得了在意甲时代都不曾有过的绝对权力。唯一的瑕疵是，这样的权力也需要有一定的制衡，刘永灼的存在因此显得极为关键。2014 年恒大在引援上走了些弯路，便是缺乏权力制衡的结果。待到斯科拉里时代，恒大终又恢复了更健康的双线模式。

当然，在建立"领导不干政"的模式时，许家印个人也成为了以身作则的典范。几年来，无论恒大取得多么重大的胜利，许家印本人从未踏入过更衣室半步，他与这支球队的全部交流，都仅限于开思想动员方面的全队会议，而不会进行对任何个人的细节指导。2013 赛季亚冠半决赛，许家印前往日本督战与柏太阳神之战，赛前他给全队动员之后立即离开，将技战术会议的时间完全留给了里皮；2015 年，许家印又飞赴首尔督战，这一次他甚至没有召集全队开会，只是坐在酒店大堂静候队员们出发。当队员们看到老板意外到来，无不感到震惊，而许家印则只是站在酒店门口，与所有队员一一握手鼓劲。

战略规划，超人一步

过去六年来，恒大在运作俱乐部时给外界最大的感受是，总能制造出前所未有的轰动新闻，让人不得不感慨恒大的战略规划之长远。恒大所迈出的每一步，在当时看来似乎都有些超前，甚至不被理解，但时间最终证明了一切。在谈到恒大的管理之道时，战略规划和长远眼光，绝对是一大亮点。

"企业战略是企业发展的航标，企业只有具备科学、前瞻、有效的战略，才能不断做大做强，才能一直走在正确的、科学的、可持续发展的道路上。"对于企业的战略理论，许家印有过这样的表述。在许家印看来，现代企业已经进入战略制胜的年代。没有战略的企业，就是一架在恶劣气候中盲目飞行的飞机，它始终在气流中颠簸，在暴雨中颤抖，最后很可能迷失方向。因此，对于恒大足球俱乐部，一手抓细节管理，一手必须要抓长远战略。

初入足坛时，恒大表面上看似是一掷千金的土豪形象，但实际上已经制订了明确的"五年计划"。外界所能看到的，是"三年夺中超，五年夺亚冠"的成绩口号，但为了达成这样的目标，恒大所做的更多繁杂工作，则没有多少人知晓。回首看来，恒大所走的每一步看似孤立，其实都有着极为清晰的内在逻辑联系，构成的全景，便是无所不包的恒大王朝。

球迷群体的培育，在很多俱乐部看来无足轻重，他们一贯的理念，是有了成绩自然会有球迷，并不会花工夫在处理与球迷的关系上。在这一方面，恒大显然是个异类，他们对待球迷的态度和热情，自始至终没有变过，建立起了强大的情感纽带。即便终有一日恒大不再是冠军，这些年培育的铁杆球迷，也很可能不离不弃。而抢先笼络球迷群体的效果，便是后来者的梦魇，同城对手广州富力建队四年多，各方面努力做了许多，依然无法动摇恒大球迷根基。

2011赛季，尚未拿到中超冠军的恒大，已将目光对准了海外。借皇马访华之机，抢先与这家20世纪第一豪门建立战略合作伙伴关系，并以皇马之名造势，一年后隆重推出了"恒大皇马足校"。恒大足校落成三年多来，目前已有学员近3000人，占据了中国足球人才储备力量的半壁江山。当恒大在俱乐部的第二个五年计划中提出"全华班"目标时，人们才突然发现，原来恒大已经提前这么多年做好了准备。

2012赛季和2015赛季，恒大两次强行换帅备受争议，李章洙和卡纳瓦罗的下课，让不少人在情感上无法接受。对于这两次换帅，恒大的解释都是基于长远战略考虑，而几年之后，人们终于肯定了恒大的良苦用心。里皮换掉李章洙，让恒大的国际关注度上了一个台阶，银狐为恒大带来了先进的足球理念和欧洲豪门的管理模式。而在转会市场上，银狐的吸引力也远超韩国铁帅，金英权、埃尔克森、迪亚曼蒂等人，都是冲着里皮之名而来。在 2015 年用斯科拉里换下菜鸟卡纳瓦罗，也是几乎相同的道理。

　　2014 年巴西世界杯前夕，恒大召开盛大新闻发布会，宣布阿里巴巴集团增资入股俱乐部。这一举措在当时还被看作大佬们之间的"玩笑之举"，谁也没有料到，仅仅一年之后，两大巨头就促成了全新的"恒大淘宝足球俱乐部"在新三板敲钟上市。长远的眼光，细致的准备，让恒大淘宝成为了亚洲足球的第一股，也为中国足球的发展之路探索了新模式。2016 年 1 月，恒大淘宝第一次融资就高达 8.7 亿元人民币，效果之佳已无须赘述。

▼ 2011年8月，许家印与弗洛伦蒂诺出席恒大里水基地落成典礼

恒大所带动掀起的热潮，让中国职业足球进入了黄金时代。2016赛季开始，各大国企土豪纷纷出手，将转会市场和球员待遇炒到了天价。而此时的恒大，却可以凭借过去数年的积累，抽身一旁坐山观虎斗。刘永灼表示，恒大的引援战略，已经转向收购有升值空间的潜力之星，火线抢来徐新、李源一和韩鹏飞等小将，便是恒大转变理念的代表之作。恒大提前抢占了战略高地，便不再需要与竞争对手们进行军备竞赛，看看如今动辄过亿的国脚身价，再想想当年恒大600万元拿下郜林的故事，便可高下立判。

赏罚分明，法治无情

在恒大集团内部，流传过这样一个说法：一名地区公司的董事长，有可能因未达成业绩，被连降两级，变成曾经自己下属的下属；而如果业绩出色，一次性拿到数百万元乃至上千万元奖金都不算夸张。尽管这些或许并非实例，但起码能够说明恒大集团的奖惩风格，高奖励的光鲜背面，就是处罚时毫不留情。恒大足球俱乐部诞生之日，便各种大手笔频出，让世人见识了恒大集团强大的资金实力。2011赛季，恒大首战中超，"5-3-1"的奖金政策震惊中国足坛。在那个许多中超球队赛季总投入只有几千万元的年代，恒大一场比赛的奖金就高达500万元，的确有些不可思议。而到了2012赛季，杀入亚冠的恒大更是再出重拳，单场赢球奖600万元，每个净胜球200万元的巨额奖励，带来了5-1屠杀全北现代的壮举。一战1400万元奖金的疯狂，让全世界都为之侧目。

在欧洲豪门俱乐部，普遍是采取高年薪、低奖金的方案，但在中国特色的足球环境里，显然高额奖金能带来的刺激作用更明显。据不完全统计，过去六年里，恒大仅在比赛奖金一项上，总支出就超过了7亿元人民币，这比大多数中超球队的六年投入总和还要多。作为恒大球员，也自然赚得盆满钵满，仅以2013赛季为例，在当年的中国运动员收入排行榜上，恒大就有多名收入过千万元的主力球员排名前列。

恒大王朝

在恒大踢球的明星球员，几乎都能与千万富翁画上等号。而为了持续获得这样的高回报，恒大球员们自然会更卖命地去争取好成绩。两夺亚冠的赛季，恒大的奖金支出都逼近或超过了 2 亿元，而在亚冠未能走到最后的赛季，奖金则只有 1 亿元左右，差距还是非常明显。球员们奋力拼下的冠军荣耀，则转化为了恒大集团的品牌价值，助推主营和多元化业务齐头并进。以恒大集团的规模和体量而言，几个亿的奖金支出，绝对是物有所值。

当然，与恒大集团一样，恒大俱乐部同样是有奖有罚。2011 赛季开始前，许家印在动员大会上公开了著名的"五必须""五不准""五开除"队规，对全体教练球员进行明文约束。此后几年，每个赛季前的动员会议上，都有队长郑智带领队友们向队旗宣誓的环节，以表示了解和遵守恒大队规。到了 2015 年第二个五年计划推出时，恒大又将队规升级为"六必须""六不准""六开除"，体现了新时期的新要求。

六年来，恒大执行队规时，几乎从不手软。中甲赛季，最先遭罚的是郑智和郜林，拿大牌球员立威的目的已经达到；2011 赛季，穆里奇拉拽肇俊哲头发事件，尽管恒大对外一直喊冤，但还是对穆里奇进行了内部处罚，同时主帅李章洙也因管理不严遭到牵连；2012 年初，几名南美外援集体冬训迟到，恒大一口气开出数张罚单，最严的一张是克莱奥遭罚 50 万元；而在同年 5 月，孔卡的微博事件迅速"刷新"了纪录，遭罚百万元奖金至今仍是中超纪录。

放眼几年来恒大队内各项处罚，几乎都是有章可循后做出的应有处理，受罚者也大都表示接受。这样赏罚分明的机制，也得到了外界的一致认可，许多人称赞恒大这样的私企效率高、手段严，因为同样的事情如果发生在国企俱乐部，很可能会因各种人情关系被糊弄过去。近两年来，恒大受罚的案例明显减少，便是严管带来的最直接效果。处罚不是目的而是警示，这就是恒大的办事原则。

专业的人干专业的事

中国足球之所以多年来一直被外界称为"伪职业"，很大原因在于经常出现"不专业的人"插手专业事的现象。俱乐部投资人或高管干涉主教练用人、完全不懂球的老板前往欧美选外援等乱象层出不穷。直到恒大俱乐部的出现，中国职业联赛才真正开始有了职业化的样子。

众所周知，恒大俱乐部向来奉行主教练负责制。关于球队的一切问题，主教练拥有最高裁决权力。从李章洙到里皮，从卡纳瓦罗到斯科拉里，恒大的每一任主帅，都享有队内事务的决策权。谁首发谁替补，谁能否进大名单，都由主帅一人定夺，俱乐部官员从不干涉。球队需要新增医疗康复设备、战术讲解室、教练组专用更衣室等硬件设备，也只要主教练一句话，俱乐部就会立即协助解决到位。因为在俱乐部看来，这些都是主帅专业领域的工作，既然重金请来了冠军教头，就必然要尊重他们的经验和专业。

恒大成军六年，最让外界称赞的能力是，在引援中的高成功率。在其他中超球队不断试错的过程中，恒大引进的内外援，绝大多数都能发挥出高水准，成为球队攻下一座又一座冠军奖杯的中坚力量。其实，在引援这件事上，恒大也正是在遵循足球规律办事。在每一个时期，恒大都有自己的引援原则，比如 2012 年规定内援年龄不超过 25 岁，外援不超过 28 岁；到了 2015 年又开始以"寻找 23 岁左右国际足坛潜力之星"为重点目标。

多年来，根据对国际转会市场的实践判断，恒大形成了一套严格的选援机制，即"长期数据判断、历史经验分析、国际视野评估、专业团队执行"。相比于那些频繁被经纪人忽悠的俱乐部，恒大从一开始就着手建立自己的专业球探团队，必须保证长期跟踪考察，进行详尽的数据分析，而不会仅仅看几盘录像带集锦就盲目拍板。几年来，恒大的引援一直保持着良性的递进逻辑，除了里皮时代后期稍稍放权，导致老将迪亚曼蒂和吉拉迪诺加盟之外，基本没有过差池。

除了主帅和球探团队之外，恒大近年来依靠"专业人做专业事"所取得的成果还有不少。2013 年夏天，巴里奥斯离队不归几乎撕破脸皮，甚至诋毁恒大逃税，关键时刻恒大聘请的欧洲顶级律师团队发挥了重要作用，有理有据地回击了巴里奥斯，最终告上 FIFA 要求禁赛巴拉圭人。无奈之下，巴里奥斯经纪人主动服软道歉，最终促成了其通过正当途径转会离队。恒大在国际转会市场上捍卫自身利益的方式，也给中超兄弟俱乐部上了一课。一年之后，沸沸扬扬的"刘健案"，同样是由这支专业律师团队妥当处理，保障了恒大与刘健本人的权益。

不只是在球队内部，在整个俱乐部里，恒大也向来更青睐专业的人。恒大球迷事务的负责人，便是十几年前广州球迷联盟的创始人，拥有极深的资历和威信，办事能力堪称一流；2015 年底，恒大又请回了半年前离开的技术分析师刘智宇，他处理比赛录像、进行技术分析的专业素质，让恒大上下都非常认可；此外，恒大俱乐部的官方网站，并没有让内部员工运作维护，而是外包给了专业的第三方公司，保证不会出现任何故障和纰漏。

重视细节，保障到位

十几年前，创立不久的恒大集团，就成立了企业内部的工会组织。许家印非常重视工会的作用，很快组织了工会的第一项活动——举办主题为"细节决定成败"的员工演讲大赛。在全体员工中掀起了"注重细节、锻造精品"的学习高潮。可以说，注重细节的特质，早已融入了恒大集团的基因之中，无论开展任何项目，都不会有例外。

房地产商喜欢将精装修的房屋宣传为便捷的"拎包入住"，而在恒大队中，球员们实实在在享受到的也是"拎包出征"的待遇。许多从中超其他俱乐部转会而来的球员都感慨过，在恒大踢球是最简单也是最幸福的。在这里，你不用考虑任何与训练比赛无关的事情，所有的琐碎细节，都会有人为你服务到位。而在排除一切干扰之后，成绩也就水到渠成了。

每逢主场比赛前，恒大都会进行短暂的封闭训练，赛前一天队员们都要在酒店里集中度过。而在赛前最后一天训练结束后，恒大的队务人员，便会挨个前往队员房间，替他们收拾比赛装备，将球衣和球鞋收拾妥当，封包保管。到了赛前出发时，队员们只需要拿上自己的手机、耳机、钥匙等随身物品，简单背个小包就能登上大巴前往球场。到了更衣室，球员会发现自己的装备已经整整齐齐地摆放在了更衣柜前，即便是一些个人习惯的特殊要求，也会被队务们牢牢记住，保证到位。

相比于主场的准备工作，恒大俱乐部出征客场，尤其是亚冠客场时，其工作量更是堪称巨大。刘永灼曾经透露，有关亚冠客场打前站订酒店这一项，他就亲自拟订了 300 条细则，工作人员必须落实到位。比如酒店到球场的距离、交通状况如何、酒店设施是否齐全，甚至连床的大小和舒适度都要考虑周全。2015 赛季亚冠半决赛，恒大客战大阪钢巴时，对方提供的四星级酒店完全无法满足需求，恒大立即着手更换到了市中心最豪华的丽思卡尔顿酒店，确保教练和队员们能得到最好的休息。

比赛越是关键，恒大的配套服务就越是巨细靡遗。到了亚冠半决赛和决赛级别，恒大甚至会在客场比赛时，安排工作人员 24 小时轮岗，在球员住宿的楼层值班，确保没有任何闲杂人等的打扰。而在球队大巴出发前往比赛场地的路上，恒大会要求再准备两辆备用大巴跟在车后，同时预设出三条以上的候选路线。每隔几百米的交通岗亭，都会安排工作人员驻守，随时人工通报交通状况。这些让人觉得有些匪夷所思的工作，自然会让那些带上两名随队厨师就对外宣传"注重细节"的球队无比汗颜。

球队训练和比赛之外，俱乐部在对外形象的宣传中，同样对细节有着无以复加的重视。例如，恒大率先发起的海报文化，如今在国内成了风潮，而对于海报创意和内容的把控，直接是由俱乐部负责人刘永灼亲自监督。大到海报的创意设计，小到具体的用字、色调，都要经过反复沟通审核才能通过。由于负责制作海报的员工并非粤籍，每当遇到需要体现广州传统文化的素材时，也会多次请教本地同事，力求在细节上准确无误。

人文关怀，温暖人心

或许，在两次轰动的换帅事件上，恒大给世人留下了"不讲情面"的印象。但事实上，在恒大建队这六年来，俱乐部在更多时候，还是展现出了浓厚的人情味，不少球员都曾被恒大的"人文关怀"感动过。在立志打造"最令人羡慕、综合实力最强、最受人尊敬"的三最俱乐部道路上，恒大也在践行着许多承诺。

2010 赛季，刚刚接手广州队的恒大，进行了第一拨国脚搜罗计划。在门将位置上，他们瞄准了天津泰达的国门杨君。当时的杨君，因与泰达俱乐部的矛盾而被封杀，近一年的时间无球可踢。然而，即便在这样的情况下，恒大俱乐部依旧诚意满满，刘永灼亲自飞赴天津找到杨君，明确表示"即便最后不能自由转会，泰达开价多少我们也要定你"，让杨君深受感动。最终他放弃陕西加盟恒大，很大因素是情分所致。

一年之后，中途取代李帅成为主力门将的杨君，成为恒大首夺中超冠军的功臣之一。而这个赛季结束时，又有一名初来乍到的球员，感受到了恒大俱乐部的温暖，这个人就是荣昊。身价 1200 万元，是荣昊的光环，也是压力，此前两年他一直带伤作战，没想到加盟恒大后彻底爆发。关键时刻，恒大不仅不离不弃，还表现出了极大的耐心，安排荣昊前往德国根治伤病。恒大最终等了足足十个月，才盼来荣昊的首秀，对此荣昊也心怀感恩："恒大真是非常难得的俱乐部，说明了他们充分为球员着想，绝不急功近利。"

伤愈之后的荣昊，在 2013 赛季光芒四射，他成为了里皮手下最重要的"第 12 人"，全年各项赛事出战 43 场，打进 2 球助攻 7 次，为恒大捧起亚冠奖杯立下汗马功劳。遗憾的是，随着里皮的离去，荣昊最终没能成为孙祥接班人，取代"二哥"成为主力左后卫的，是 2014 年底加盟的青岛人邹正。或许是某种巧合，一年之后的世俱杯上，邹正惨遭腓骨骨折、脚踝移位之重伤。这一次，恒大俱乐部又一次向全世界展现了他们对球员的关怀之情。

邹正受伤后第一时间被送往医院，亲临日本督战的刘永灼，也火线赶往医院探视。在他的授意下，恒大俱乐部一边联系邹正父母，一边联系大使馆，短短一天就为邹正父母办好了日本签证，让他们以最快的速度来到了邹正身边。此外，恒大俱乐部的工作人员，还在那个周末遍地寻找印制 T 恤的工厂，只为在最后一场比赛中让全队穿上印有"邹正加油"的特制衣服。最终，工作人员驱车两个多小时找到了一家私人工厂，赶印出了这批"爱的 T 恤"。

除了对内援关怀备至之外，恒大俱乐部对外援的帮助，同样是细致入微，温暖人心。每当有新外援加盟恒大，俱乐部都会提前找好至少三处高级公寓任其挑选，保证他们拥有最舒适的落脚点。在生活上，俱乐部也会为外援配备私人翻译，解决衣食住行等主要问题。多年来，恒大外援最严重的一次事故是，2011 赛季穆里奇因被足协禁赛要求离队，关键时刻恒大并未选择强硬压制，而是特许了一周假期给穆里奇返回巴西，调整心情之后再重新投入战斗。这样的做法，显然更能让球员死心塌地。

恒大俱乐部人文关怀的另一面，还体现在对传统的尊重上。作为根正苗红的"广州队"，恒大即便走到了世界舞台中央，也从不会忘记自己从哪里来。在恒大俱乐部官网，就有专门的版块用来介绍广州队的历史荣耀，和在这里留下过功绩的名宿。2015 年 3 月，著名"矮脚虎"赵达裕先生病逝，恒大在亚冠与鹿岛鹿角一战赛后，在天河体育场的大屏幕上打出了大幅照片，写道"用胜利缅怀南粤足球名宿赵达裕"，让在场之人无不动容，为恒大尊重传统的做法点赞。

恒大经营之道

　　2016 年 1 月中旬，一场盛大的体育产业圈聚会，在深圳蛇口希尔顿酒店拉开帷幕。这次盛会云集了中国体育当下的多位大佬，共同回顾盘点他们眼中的"中国体育产业元年"。这一夜，最后压轴的大奖"年度体育产业事件"，毫无悬念地被体奥动力总经理赵军捧走，而她在 2015 年做出的最大壮举，便是以 80 亿元人民币的巨款，签下了未来五年中超联赛的转播权益。

　　一个显而易见的事实，体育产业即将在中国大陆实现爆发，而作为受众人数最多的中国足球，则成为了新时期改革的排头兵。有人说，中国社会经济的发展走势，本质上是由国家层面所决定的，是国务院在下发的《中国足球改革发展总体方案》，带来了此后中国职业足球圈内的资本疯狂。十年后实现体育产业 5 万亿元的远景目标，将吸引越来越多的投资人参与到这场盛宴之中。

　　然而，《总体方案》的下发时间，已经是 2015 年 3 月，它起到了推波助澜的重要作用，却并非最初掀起浪花的角色。真正推动中国足球从假赌黑的历史低谷中缓慢爬升的力量，来自于 2010 年接手广州足球的恒大集团。在人人对足球避而远之的年代，是恒大以不计代价的重金投入，重新唤起了民众对于中国足球的热情与关注。而六年之后，当各方资本纷纷涌入，中国足球进入最好时代之际，恒大依然是站在风口浪尖的领导力量。

过去的六年，广州恒大足球俱乐部为中国职业足球蹚出了一条条全新的发展道路。他们用无数事实证明，恒大玩足球绝非短期投机，也不是毫无头脑的土豪砸钱。巨额资本涌入后的中国足坛，诞生了各种天价故事，而此时的恒大则安然抽身事外，继续稳健地走在自身规划好的发展道路上。2016年初，新三板上市后仅两个月的恒大淘宝，就完成了第一次成功融资，8.7亿元的金额在新三板市场上堪称天量。而那些还在重金引援，以出成绩为首要目标的俱乐部，只能带着敬佩和艳羡的目光，注视着恒大越跑越远的背影。

草创时期——试水已惊人

如今的中国足坛，无论是哪一级别联赛的球队，只要愿意巨额投入，就会被冠以"××恒大"之名。由此可见，如今的他们都在重复着当年恒大的故事，而恒大当年做出的种种惊人之举，已然成为了历史模板。

2010年3月，恒大集团斥资1亿元人民币，全资收购了被广州市足协托管的广州足球俱乐部。尽管错过冬季转会期让恒大的投资受到了一定限制，但在有限的大半年时间里，恒大还是贡献了多次大手笔。600万元身价的郜林，在当时已接近标王地位；350万美元的穆里奇，更是创造了中国足坛引援纪录。此外，在百万元年薪都并不多见的时代，恒大一口气给国脚级明星开出了数百万元薪资，新帅李章洙更拿着500万元高薪，这些新闻的频繁出现，让恒大之名迅速传播开来。

虽然只是身处中甲，但恒大的赢球奖金，却超过了绝大多数的中超球队。主场赢球100万元，打平奖励50万元；客场赢球120万元，打平奖励60万元；若是能斩获三连胜，则还有150万元的额外嘉奖。更重要的是，恒大还宣布这些奖金全部都是税后数目，含金量极高。这一赛季，恒大在26轮联赛里豪取17场胜利，其中还包括最后六轮的六连胜收官，最终奖金总额逼近3000万元。而仅奖金这一数字，就足够当时许多中超球队的整赛季预算了。

进入足坛之前，恒大虽也曾连续几年入围中国房企十强，但他们的楼盘大多在二三线城市，名气并不算大。为了迅速利用足球打响品牌，恒大的投入几乎没有任何限制。中甲赛季一年，恒大就曾先后三次包机邀请球迷前往客场观战，每一次的投入都达到数百万。而距离稍近的主场比赛，恒大就会组织大巴接送球迷。"做恒大球迷，几乎不用花钱"是那一年被传开的评价。

此外，在中甲揭幕战、李章洙上任和最后的冲超庆功宴上，恒大还广邀全国媒体前来捧场，这同样是一笔不菲的开销。而为了让恒大足球得到更多的曝光，许家印要求每一场比赛都必须有电视直播，为此他们每一场比赛都要付费4万元给广东电视台体育频道，保证广东省内都能收看到恒大的比赛。

算上收购俱乐部的1亿元人民币，恒大在2010赛季的总投入超过了1.7亿元，这是任何一家中超俱乐部都无法比肩的数字。这一时期的恒大，几乎没有太大的造血能力，他们的球票极为廉价，也没有电视版权费用，所有的赞助商都来自恒大集团内部或是关联企业。2011年中期，许家印曾公开宣称恒大在2010赛季赢利77万元，但这显然是将媒体曝光折算成广告费之后的数字，并不能证明恒大足球已经取得了商业成功。不过，相比于此后几年恒大的疯狂投入，2010年的1.7亿元，只能算是初步试水。

开疆拓土——投入无上限

恒大集团对于俱乐部运营，就像是开发商盖房子，在买地和施工阶段，都必须进行先期的天量投入，等待落成之后发售再回笼资金。因此，在度过了草创时期之后，恒大依然没有将"赚钱"当作短期目标。2011年至2012年，是恒大足球开疆拓土最重要的两年，他们在这两年间砸出了近20亿元，才换来了一个庞大帝国的根基。

2011 年初，恒大先是斥资近 4000 万元转会费，拿下了冯潇霆、张琳芃和姜宁等五大国脚；而在外援转会市场上，恒大更是一掷千金，总计砸下近 7000 万元，迎来了克莱奥、雷纳托和保隆等悍将。真正的爆炸性转会则在二次转会期到来，身价 1000 万美元的孔卡，让中国足坛为之一振，他高达 700 万美元的年薪，同样达到了世界顶级标准。仅为孔卡一人，恒大在这一年就付出了超过 1 个亿的真金白银。

与引进孔卡同样轰动的消息，是恒大在中超处子赛季的奖金设置。"赢球 500 万元、打平 100 万元、输球扣罚 300 万元"的标准一出，立即引发全民大讨论。很多人质疑，尽管恒大众星云集，但毕竟是一支升班马球队，输球罚钱的措施是否会让球员背负压力？不过，随后发生的一切，证明外界的担心都是多余的，恒大这一年刷新了多项中超纪录，连续不败一直保持到了 9 月中旬，最终赛季总奖金突破 1 亿元人民币，让世人瞠目结舌。

仅引援和奖金费用，恒大这一年的开支就接近 3 亿元，再算上球员们的基本工资，至少达到了 3.5 亿元之巨。更重要的是，应时任主帅李章洙要求，恒大还在佛山里水修建了全新的训练基地，并在赛季中期从陈旧的白云山搬走。为了这一基地，恒大同样花费了超过 3 亿元的巨资。再加上斥资 5000 万元打造的史上最贵中超开幕式，这一年恒大的总投入接近 7 亿元人民币，刷新了许多竞争对手的世界观。

这一年，恒大的各项收入都有所提升，但相比于天量的投入资金，还是有些杯水车薪。2011 赛季，恒大的套票价格涨到了 358 元，但总收入不过 600 万元。容量 5 万人的天河体育场几乎场场爆满，所带来的球票净收入超过千万元。恒大开始引入了一些赞助商，但最值钱的胸前广告位依然属于自留地。在恒大足球的发展规划中，这一赛季依然属于打牢根基的时期，他们的球迷群体迅速扩大，在粉丝经济盛行的时代，这无疑是未来最大的利好消息。

恒大王朝

如果你以为 2011 年的恒大已经达到极限，那显然低估了这家公司和许家印个人的魄力。通过两年时间，恒大集团已经明显感受到了足球所带来的好处，他们的地产销售额从 300 亿元规模激增到了 800 亿元，这就是品牌价值的力量。2012 年，是恒大开疆拓土动作最大的一年，他们实现了软件和硬件的同时升级——斥资 7 亿元打造全球最大的足球学校，同时以惊人的 1000 万欧元年薪签下了世界冠军主帅里皮。

除了这两项天价投入，恒大这一赛季的其他支出同样不少。转会市场上，巴里奥斯让恒大掏出了超过 7000 万元人民币的转会费，荣昊和冯仁亮的身价也都超过千万元。在奖金方面，虽然联赛标准被降为"3-0-3"，但队史第一次的亚冠之旅，却是"6-3-0-6"的最高配置，此外还有每个净胜球 200 万元的额外奖励。虽然里皮的球队最终折戟 1/4 决赛，但单是亚冠奖金就达到 6300 万元，赛季总奖金突破 1.2 亿元，超越了 2011 年 1.04 亿元的历史纪录。

最终，恒大的年度投入超过了 11 亿元，这一数字即便放到欧洲足坛，也是豪门级别的水准。由于有了亚冠资格，恒大的收入终于有了质的提升，仅门票销售收入一项，就翻了不止一倍。天河体育场边的 LED 广告，也出现了更多非恒大关联企业的身影，为恒大带来了不小利润。尽管这一年的转播费依旧低廉，但央视开始以恒大比赛为主进行转播的效果，间接带动了恒大在广告上的收益。

短短两年时间，恒大新建了基地和足校两大硬件，名帅和名将的引进也花费巨大，再加上高额的工资和奖金，近 20 亿元的投入堪称疯狂。当时很多人无法理解，许家印这样做究竟是为了什么，以当时的中国足球市场，要想赚回 20 亿元几乎是不可能完成的任务。但在恒大看来，这两年打下的牢固根基，将为未来带来足够的长远价值。回首过去，如果没有当年斥巨资建足校招学员，恒大如何能在 2015 年将足校资产注入俱乐部，并实现估值百亿的神话？

步入正轨——高投入高产出

三年积淀，恒大足球俱乐部已经打牢了根基。从 2013 赛季开始，真正开始进入收获期。以总体投入而言，恒大依然是中超翘楚，但他们的营收能力却得到了长足进步。凭借着连冠中超和扬威亚冠的壮举，恒大几乎成为了中超的代名词，谈及中超必谈恒大，让这家俱乐部成为了各路商家的唯一宠儿。

凭借着此前三年的人员储备，2013 赛季的恒大已经不需要频出大手笔。赛季初以 570 万欧元引进埃尔克森，便是这一年最大的转会开支，再算上郑龙、赵鹏和弋腾，总投入刚过 1 亿元。反倒是在这一年中期，恒大以 700 万

▼ 2011年中超首冠庆功宴

欧元卖掉了巴里奥斯，年度转会成本就收回了一大半。而巴里奥斯的离开，还意味着恒大减轻了一位高薪球员的负担。

这一赛季的恒大，完全沿用了 2012 赛季的奖金政策，继续朝着未竟的亚冠巅峰迈进。只不过，或许连许家印本人都没有料到，三军用命的恒大能够在这一年打出如此完美的成绩单。在重奖的刺激下，恒大成为了亚冠有史以来优势最大的冠军得主，几场淘汰赛都打出了具有统治力的大比分，让奖金额度不断创造新高。最终，恒大只差一座足协杯就能完成三冠王伟业，而赛季总奖金突破了 2 亿元大关，超过了此前两个赛季的总和。

在 2015 年恒大淘宝足球俱乐部公布的招股书中，清晰记录了 2013 年之后俱乐部的财务情况。数据显示 2013 年度恒大俱乐部净亏损达到了 5.76 亿元。不过，在 2013 年亚冠夺冠之后，俱乐部负责人刘永灼和康冰在接受采访时都提到，恒大 2013 年度的总收入大约在 5 亿元～6 亿元之间。据此推算，恒大俱乐部 2013 年的投入也超过了 10 亿元。显然，这意味着恒大基地或足校的投入，被分摊到了此后多个财年之中。

作为一家中超俱乐部，一年收入能够超过 5 亿元，在恒大之前也是无人敢想的。凭借着亚冠决赛票房的大爆发，恒大 2013 年度门票收入超过 1.2 亿元，创造历史新高。此外，俱乐部还吸引了近 20 家企业的广告投资，从几百万到千万元不等，总额也达到了亿元级别。而且，恒大俱乐部的官方商店销售业绩，也借势亚冠飞速上涨，淘宝和实体店双管齐下，也贡献了不少纯利润。加上中超公司的 570 万元分红之后，恒大终于开始换了一种活法。

2013 年亚冠后，刘永灼就明确表示，俱乐部的下一步规划就是独立上市，逐渐摆脱集团输血的运作方式，成为真正自负盈亏的现代企业。在这样的指导思想下，恒大 2014 年初的各项投入都有所下降，花钱也开始有所顾忌。年初引进迪亚曼蒂时，刘永灼就暗示"有点儿贵"，他表示如果等到夏天欧洲赛季结束，可用更低的价格引进这位意大利老将。但里皮坚持要人，恒大只能掏出近 6000 万元人民币予以满足。这一事件，可以看出恒大俱乐部经营理念的转变。

比转会市场更节省的，是恒大全新的奖金政策。在度过一年超过 2 亿元奖金的红利期后，恒大选择回归理性，将亚冠奖金缩水一半，中超奖金更是砍到了仅剩 1/3。最终球队中超实现了四连冠，但亚冠止步八强，总奖金 8740 万元也创造了四年新低。更重要的是，这一年恒大送走了两大功臣，孔卡的离去意味着减少了 5000 万元的工资支出；穆里奇则为恒大换回了 5000 万元转会费。因此，尽管恒大在二次转会期再砸重金拿下吉拉迪诺、于汉超和李学鹏，也没有让整体成本上升太多。

2014 年度，恒大最大的新收益是，终于下定决心出售胸前广告，以 1.1 亿元的价格卖给了东风日产；而最大的损失，则是亚冠提前出局，导致全年票房收入严重缩水，仅是 2013 年的一半稍多。不过，由于拥有了亚洲冠军光环，恒大招商时的底气也更足，对赞助商的门槛基本都提高到了千万元级别。这一年恒大的亏损降低到了 4.8 亿元，反倒比称雄亚冠的赛季取得了更漂亮的成绩单。

当然，对于恒大而言，2014 年更重要的事件，并非各项商业收入的提升，而是在 6 月引进了另一家资本大鳄阿里巴巴。马云以 12 亿元增资扩股进入恒大足球俱乐部，虽然没有被算作收益，但显然对这家俱乐部的长远规划大有裨益。许家印和马云都不讳言，全新的恒大淘宝足球俱乐部的目标直指上市，而拥有两家或以上股东的公司，也符合了上市的基本条件。一幅美好的蓝图，已经徐徐展开在两位大佬面前。

未来之路——接轨世界豪门

2015 年初，许家印召集恒大全队，召开了新赛季工作会议。席间明确

▲ 2014年6月，许马结合，助推中国第一豪门俱乐部

提出了这次会议的重要意义，那就是开启俱乐部的"第二个五年规划"。在这份"二五计划"的要求中，外界更关注的是"世界前20"和"必夺2015亚冠"的数字指标，却忽视了"全面接轨世界顶级俱乐部"这样的方向指引。

何为"全面接轨"？除了保证一线队成绩过硬、青训体系完善之外，还需要在俱乐部管理与财政营收能力上齐头并进。当今足坛最成功的豪门俱乐部，除了曼城、巴黎和切尔西这样极少数依赖金主输血的特例，更多都是建立了成熟的商业体系，能够源源不断获得收益的现代化俱乐部。常年霸占营收榜前两名的皇马与曼联，便给恒大的发展指出了两条不同的道路。

与恒大建立长期合作伙伴关系的皇马，其主席弗洛伦蒂诺并非财富榜上靠前的大鳄，皇马本质上还是一家会员制的俱乐部，由众多股东与会员共享利益、分担风险。相比之下，恒大的道路与红魔曼联更有相似性，作为全球唯一一家在纽交所上市的足球俱乐部，曼联多年来的发展离不开资本市场的支持。而恒大则力争在中国的资本市场写下又一个"曼联神话"。

整个2015年，恒大足球的头号任务就是促成俱乐部上市。年初会议上明确提出必须重夺亚冠冠军，就是为上市摇旗呐喊的必要条件。为了确保这一目标达成，恒大再现当年一掷千金的豪爽作风，高拉特、阿兰和保利尼奥三人，就花费了4000万欧元的转会费；邹正和张佳祺两大悍将，也都是身价上千万元的名角。再加上赛季中期超过500万欧元的年薪请来斯科拉里，恒大在引援换帅上的花费就逼近了4亿元人民币。

2015年6月，恒大增资4亿元现金，另加足校全部学生资源，全部注入了恒大淘宝足球俱乐部，将占股比例从五五开变更为了六四开。此举在当时就被视为在为上市铺路。果然，不久之后恒大淘宝就正式提请上市，并公开了招股书。在这份招股书上，明确显示了恒大连续三年亏损的财务状况，其中2015年1～5月的亏损就达2.6亿元。由于主板要求必须连续三年赢利的企业才有资格申请，因此恒大淘宝只能退而求其次，先以新三板作为跳板。

在恒大淘宝上市的关键阶段，俱乐部不辱使命再次杀进亚冠决赛。在决赛首回合前夜，许家印与马云双双现身北京，共同完成了恒大淘宝足球俱乐部挂牌新三板的上市敲钟。然而，尽管恒大足球依旧战绩彪炳，但俱乐部距离赢利仍有较远距离。2015赛季恒大双冠之路的总奖金再次突破2亿元大关，再加上多位明星球员的天价工资，这一年恒大淘宝的亏损总额依然没有明显减少。而想从负5亿元变为正赢利，谈何容易？

从亚冠决赛到世俱杯，恒大凭借着骄人战绩，依然把持着国内第一的曝光率。但随着2016赛季的脚步日益临近，整个中国足球的江湖，也发生了翻天覆地的变化。上海上港、华夏幸福、天津权健等国企和土豪俱乐部纷纷崛起，让身为多年老大的恒大也如芒在背。尽管恒大以最快的速度先后完成7大主力续约，但依然被挖走了李帅和赵旭日等重要板凳力量，而最轰动的一笔交易，则是1850万欧元出售队史第一射手埃尔克森。

如果只看竞技层面，恒大将埃神卖给争冠对手上港，是不可理喻的行为。但从经济层面来看，这一切又显得无比正确。从570万欧元到1850万欧元，三年时间埃神溢价三倍有余，恒大在他身上取得了竞技收益和经济收益的双丰收。仅以这三单卖人来看，恒大已然进账2亿元，为新财年开了个好头。尽管此后恒大又砸下创俱乐部纪录的4200万欧元招来西甲锋霸J.马丁内斯，但此人的到来，无论对恒大赛场战绩还是商业价值，都必将贡献良多。

2016年，是恒大"二五计划"的第二年，他们提出了力争赢利的目标，但这并非硬性要求。以恒大的投入成本来看，要想实现赢利，至少营收要做到10亿元规模。与往年相比，恒大在2016赛季的几大主要营收板块，都会有着不少提高。比如，转播权收入，随着5年80亿元大单开始实行，中超公司的年度分红至少将突破6000万元，提升幅度极大；在胸前广告上，尽管与东风日产的合同到期，但恒大找来的新金主，其赞助费用只会更高；球迷商品销售这一块，恒大的天猫官方商店已进入快速扩张阶段，产品线也进一步完善，这同样会是一项重要收入。

当然，恒大淘宝要想真正做到接轨世界，最需要提升的一项收入，其实是来自比赛日。虽然恒大的门票销售在国内遥遥领先，但由于天河体育场并非自有场地，因此在比赛日不仅没有额外收益进账，反倒要掏出高额的场租和安保费用。在欧洲豪门俱乐部里，收入主要分为三块，比赛日收入与转播权收入、商业收入一样重要。尤其是在英超联赛，球场越大基本就意味着比赛日收益越大，除了能卖更多球票之外，高价的贵宾包厢、场内餐饮与球迷商品消费，也都有着巨大贡献。恒大一直梦想着拥有独立产权的专业球场，也就不难理解其缘由了。

从长远来看，俱乐部的运营成本已基本形成"恒量"，即便中超转会市场风起云涌，薪资待遇水涨船高，对于已经手握全国脚阵容的恒大而言，影响也不会太大。而恒大淘宝的商业价值，则是充满无限潜力的"变量"，在"互联网+"的时代，恒大足球还能与更多的故事结合起来，带来全新的营收模块。上市敲钟时，恒大淘宝曾提出六年后全华班的终极目标，这也意味着一线队成本至少减半，到那时恒大淘宝要考虑的，恐怕不再是是否能够赢利，而是赢利多少的问题了。

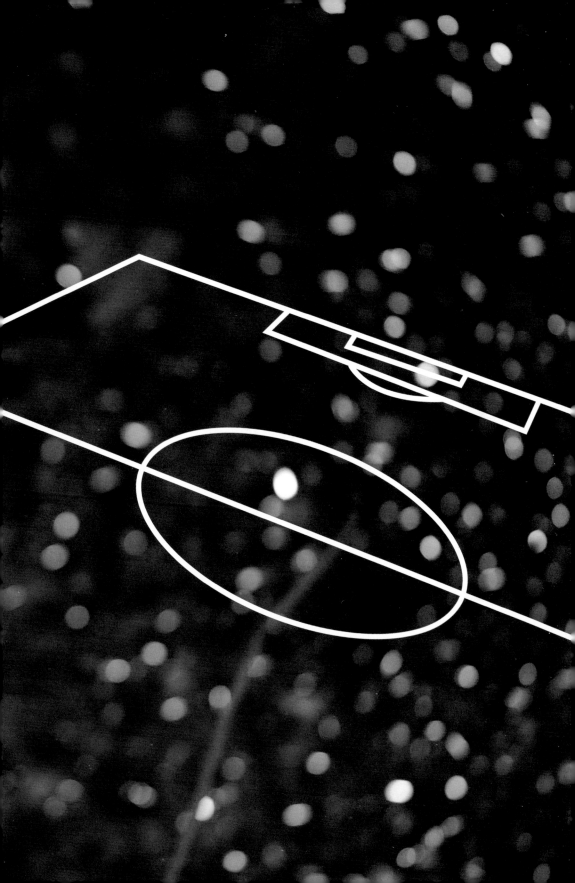

002

王朝之
荣誉功勋

主帅篇

李章洙——多情自古空余恨

恒大御景半岛酒店的 542 房间，每天人来人往，这些匆匆过客并不会知道，这间房曾经的主人是谁。随着日历翻进 2016 年，李章洙告别广州、告别中国已经进入了第四个年头。如今的广州队，全称叫作广州恒大淘宝足球俱乐部，他们头顶的光环，是中超五连冠和亚冠两称王。几年来，无数名帅名将们在这里登台又散场，里皮、卡纳瓦罗和斯科拉里等闪耀的名字，在羊城上空交相辉映。而李章洙呢？他的背影早已渐行渐远，对于资历稍浅的球迷来说，他的名字逐渐退化成了一个简单的符号——前广州队主帅。

生于 1956 年的李章洙，终于走进了花甲之年。如果不算在成都天诚的四个月救火经历，过去的这四年，他基本处于赋闲状态。在中国执教的那些年，他总说自己亏欠家人很多，这四年的陪伴，或许也是一种补偿。离开广州的日子，李章洙的家庭发生了很多大事，他的儿子留学归来进入 LG 集团开始工作，女儿也完成了结婚生子的人生大事，而他的高龄老母亲，则在 2013 年告别了这个世界。而老李本人，也在这段时间里，完成了亚足联职业教练证书的三期学习与考试，像 2011 赛季由于没有资格证无法参与最佳主帅评选的尴尬，再也不会出现。

最近一次见到李章洙，是在 2015 年 5 月的城南，那是亚冠 1/8 决赛恒大客战的首回合，李章洙驱车前往现场观战。那场比赛，卡纳瓦罗的球队 1-2 输球，在赛后赶往新闻发布厅的路上，我们碰到了老李。他比以往更加清瘦，没有常年的风吹日晒，皮肤似乎也好了不少。他热情地跟大家打着招呼，却并不愿意对比赛做出任何点评。他说，尽管早已不再是恒大主帅，但每逢恒大来韩国打亚冠，只要有空他肯定会亲临现场。比赛前一天，他还特地去酒店探望了郑智和郜林，哪怕只是简单的几句叙旧寒暄，也让他感觉尽了地主之谊。当年在曼谷机场宣布下课时，李章洙曾经承诺，以后你们有机会去韩国，有任何事一定给我打电话。

从 1998 年第一次踏上中国土地，18 年岁月转瞬即逝，曾经的"铁帅"李章洙，若是再执教鞭，恐怕称号也要改成"老帅"了。中韩两国建交 24 年，李章洙无疑是一位具有标志性意义的代表，他在韩国足坛起步壮大，最终却将执教生涯最好年华里的绝大部分，献给了中国足球。从重庆到青岛，从北京到广州，中国大陆的东西南北，都留下了李章洙强烈的印记。李章洙不在中国很多年，但中国依旧有着他的传说，他从最黑暗的年代一路走来，这位韩国硬汉，配得上所有人的尊重。

中国足球，伤了他的心

李章洙的中国故事，始于 1998 年的夏天。法兰西之夏，韩国队成为了亚洲代表，中国足坛也开始掀起了第一波韩流。1998 赛季甲 A 联赛，一度出现了五名韩国主帅，其中既有名满天下的车范根，也有名不见经传的李章洙。时年 42 岁的李章洙，刚刚结束了在城南一和天马的 8 年时光，他想换个环境寻求新的挑战，但来中国却是从未想过的事情。"我的朋友都跟我说，中国足球环境不好，劝我不要去，但我还是决定冒险。"每逢回忆起初来中国的决定，李章洙都坚称是一次冒险。

◀ 李章洙在中国的故事，
始于20世纪90年代的重庆

　　那时，中韩两国建交不久，人才交往并不频繁。而李章洙本人，也只听说过北京、上海，根本不知道他的下一站重庆在哪里。或许是年轻气盛，少帅李章洙还是独自一人飞赴重庆，开始了自己的中国之路。他的球队叫作前卫寰岛，在那一年一掷千金，引进了高峰、姜峰和彭伟国等国脚名将。但用李章洙自己的话来说，他刚来一周就想到了离开，因为他发现中国球员在突然多金之后，变得极为不职业，抽烟、喝酒、打麻将，各种恶习无一不沾。愤怒的李章洙决定铁腕对待，"铁帅"称号也由此而来。

▶ 最像中国人的韩国人，李章
洙向中国球迷恭贺新春

　　为了监督球员休息，李章洙将自己的房间安排在了楼梯口，所有队员只
要进出，就必须经过他的门口。每天吃早餐时，李章洙永远第一个到位，他
能清楚地记得哪些人没下楼吃饭。任何迟到早退、彻夜不归或是抽烟、喝酒，
都会遭到李章洙毫不留情的惩罚，最多的一年罚了 30 万元。尽管与最大的
刺头高峰矛盾重重，但李章洙从未失去对更衣室的控制。在重庆四年，李章
洙率队两次拿到联赛第四，另有一次足协杯夺冠，这是重庆乃至整个西南地
区历史上的第一座全国冠军奖杯。

恒大王朝

李章洙之所以传奇，是因为他经历了中国职业足球的多个历史时刻。他带领前卫寰岛完成过"重庆保卫战"的胜利，也亲历了重庆隆鑫与沈阳海狮著名的"渝沈之战"，在中国足球最黑暗的岁月里，他罕见地出淤泥而不染。只不过，李章洙归根结底只是一个来华打工的外国人，他再怎样铁腕铁面，无法控制的事情依然太多。他在重庆队易帜力帆后不久选择离去，理由是尹明善承诺的条件全部没有兑现；此后他在青岛再次成为了城市英雄，但最终还是敌不过猖獗的假赌黑。2003 年底，被伤透心的李章洙选择返回韩国，他的第一段中国生涯持续 6 年，收获了两座足协杯和两座城市的荣誉市民奖章。

离开中国时，李章洙曾说，有一天我还会回来。在经历了全南天龙和首尔 FC 的两段短暂执教后，李章洙在 2006 年岁末重回中国，这一次他的落脚点是北京国安。在带队的第一堂训练课上，李章洙的开场白是"现在我们一起做好吃苦的准备"。老李很清楚，国安邀他加盟，目标只有一个，那就是中超冠军。李章洙很努力，他治下的国安的确掀起了一股风暴，在 2007 赛季只差一分登顶；2008 年他们又收获季军，与冠军鲁能的差距是 5 分。到了2009 年，适逢新中国成立六十周年，投资 1.5 亿元的国安喊出了"必须夺冠"的口号，李章洙也被推到了不成功便成仁的悬崖边。

2009 赛季，最终成为了中超历史上的"弱冠之年"，前六名球队的分差只有 6 分。李章洙的国安一路保持在第一集团，却始终无法突围而出，连续的平局和失利，让老李逐渐失去对更衣室的控制，几位老臣与他的矛盾，几乎不可调和。关键时刻，国安高层选择站在球员一边，9 月 15 日，国安主场 0-2 不敌争冠对手长春亚泰，赛后李章洙表示对输球负责。而在短短几个小时后，他就接到了国安高层的电话——在联赛只剩 7 轮的情况下，宣布李章洙下课。

那一夜，久未沾酒的李章洙，终于大醉一场，他甚至与同桌的球迷抱头痛哭。为中国足球流泪，李章洙不是第一次了，在重庆捧起足协杯时，他就泪洒衣襟，但那是喜悦的眼泪；告别重庆和青岛时，他也曾泪别痴心球迷，那是不舍的眼泪；但这一次因球队内斗而下课，并且是在距离冠军如此之近的时刻，年过半百的老李，真的想不通了，他流下的泪水，带着不甘与愤怒。他喝到了凌晨 4 点，醉得不省人事，却无法改变一个残酷的事实——他的第二段中国之旅，结束了。

恒大王朝奠基人

连续十余年的执教生涯，让李章洙有些身心俱疲，离开北京后，他的本意是休息一段时间。但就像当年突然收到前卫寰岛邀约一样，广州恒大的横空出世，让李章洙的人生进入了又一个十字路口。2010 年 3 月 1 日，恒大斥资 1 亿元，全资收购广州队，随即开始了连续的疯狂动作。他们很快抢下了国脚郜林，而下一步就是升级主帅。他们原想掏出 4000 万元一步到位签下世界名帅，但最终选择了退而求其次。初入足坛的恒大并不专业，他们四处打听谁是合适人选，最终一位北京知名媒体人向他们推荐了李章洙。

对于中国足球，李章洙太了解了，恒大的前身广药，因打假球降到中甲，这也是老李最嗤之以鼻的。李章洙此前从未执教过次级联赛球队，再加上又有假球丑闻，他的第一反应就是拒绝。但他最终拗不过朋友的盛情好意，勉强答应来中国见上一面。他先飞去了北京，并未跟家人说去商谈工作，而是说去打一场高尔夫，当个休闲度假很快回来。然而，在听取了刘永灼对恒大长远规划的详细描绘之后，李章洙开始动了心，他跟着刘永灼一起飞到了广州，直接面见恒大老板许家印。

3 月 24 日的那个晚上，必将成为李章洙一生最难忘的回忆之一。他面前的许家印显得那样深具宏图大略，他的每一步规划，都足以让职业教练心潮澎湃。即便是久经沙场的李章洙，在这一刻也有些恍惚，他甚至来不及思考，就在一份五年长约上签下了自己的名字，年薪 500 万元也创造了他个人新高。这一夜，李章洙就住在了恒大御景半岛酒店，他即将成为恒大的新任主帅，但他的前任彭伟国甚至还毫不知情。一觉醒来，李章洙来到当时恒大总部的办公地点天伦大厦，彭伟国被闪电解约后不到两小时，李章洙的上任发布会就地召开。

　　这一天，是 3 月 25 日，距离新赛季中甲开幕，只剩下 8 天时间。由于行程仓促，李章洙甚至没来得及携带换洗衣物，他不得不火速返回首尔，重新收拾行囊，开始新的征途。执教一支球队，光杆司令不行，李章洙一声召唤，旧部金龙甲、姜峰和王维满等人纷纷来投，再加上恒大早已联系好的领队兼翻译秋鸣，老李的班子总算勉强搭好。4 月 3 日，是广州恒大的首秀日，他们打造了一场完美的场外秀，而李章洙的球队则在场内 3-1 击败北京理工，

▼ 曾经简陋的白云山基地

取得了开门红。李章洙的恒大时代，就这样拉开帷幕。

恒大很有钱，但毕竟接手仓促，无论软件（球员）还是硬件（基地）的升级，都需要时间。李章洙初来乍到时，与队员们一样住在白云山基地的宿舍，那里的条件一般，整体不到三星级酒店水平，而老李最看重的训练基地，则只有一块完整的足球草皮，更衣室更是无比简陋，指挥训练时，他甚至要站到场边水泥平房的屋顶上。李章洙说，我们要想完成老板提出的目标，必须软硬件一块儿升级。恒大满足了他的需求，二次转会带来了郑智、孙祥和穆里奇，而全新的佛山里水基地，也在那时开始破土动工。有人开玩笑说，这是李指导要来的基地，怎样他都算是广州恒大的奠基人了。对此，李章洙非常满足，也非常珍惜，在他内心深处觉得，只要打出了好的成绩，自己的五年长约就能在广州履行到底，甚至继续下去开创一个伟大时代。

2010 赛季中甲，恒大起步略显磕绊，但当李章洙进入角色后，恒大开始变得不可阻挡。穆里奇的到来，让郜林身边又多了一位绝对杀器，郑智的存在，则让球队的中场上了一个档次。而李章洙本人，原本就是距离中超冠军仅一步之遥的"亚洲名帅"，在中甲的舞台，他的名字堪称顶级。恒大最终提前实现冲超目标，并力压成都捧起冠军奖杯。李章洙已经可以清晰地看到，一支超级球队即将崛起，他不敢有丝毫懈怠。庆功宴当晚，李章洙并未喝醉，他说教练组不会放假，第二天就要开始工作，而此时距离新赛季中超开幕，还有小半年时间。

敬业铁帅的致命短板

"三年平中超，五年夺亚冠"，这是恒大接手广州足球时，许家印公开对外放出的豪言壮语。在地产界，恒大速度让人瞠目结舌，换到足球领域，他们同样追求极致。李章洙在极为仓促接手的情况下，一年内完成了冲超大任，已算是提前完成指标。而在中超第一年，恒大提出的目标只是"打进前四，获得亚冠资格"，但李章洙又一次超额完成了任务，他的球队最终以领先第

▲ 曾经的白云山基地，李章洙总喜欢站在屋顶看训练

二名 15 分的巨大优势，提前 4 轮问鼎联赛冠军。若只看结果不计过程的话，李章洙的工作，甚至配得上满分。

2011 赛季，广州恒大重装升级，广药时代的老臣们几乎全部沦为替补，取而代之的，是冯潇霆、杨君等五大国脚，以及克莱奥、穆里奇和保隆领衔的外援帮。在每一个位置上，恒大都补强了短板，只看牌面水准，已是中超第一。球员水准的大幅提升，自然让李章洙非常开心，但另一方面，对他本人水平不高的质疑，也纷至沓来。曾经交恶的弟子高峰，公开打赌"李章洙五轮内下课"，虽然最终沦为笑柄，但也多少反映了外界的心态——疯狂砸钱的恒大已经打造了超级阵容，韩国人李章洙配得上这样的阵容吗？

熟读《三国演义》的李章洙，开始意识到处境之高危。经过一年相处，他能明显感觉到，恒大办事风格之雷厉风行，不讲情面。虽然他签下了五年长约，但稍有行差踏错，也随时可能粉身碎骨。那时的李章洙，经历着执教生涯中最辛苦的一段日子，他上要讨好老板，下要管理球队，更关键的是，还要保证成绩稳定不出差池。这一切，跟随老李多年的门将教练王维满都看在眼里，他说："李导这么多年就两个爱好，抽烟和打高尔夫球，在恒大他完全没时间去打了，他恨不得 24 小时都投入到球队的事情上。"

李章洙的敬业，向来毋庸置疑，刘永灼当年在谈到邀其执教恒大原因时，就明确点出了李章洙身上的优秀素质，那就是"公平公正、为人正派、敬业奉献、管理优秀"。然而，李章洙最欠缺的一点，或许就是与时俱进。在恒大这样拥有众多国脚和知名外援的球队里，李章洙依然沿用 12 年前在重庆时的治队之法，显然就不合适了。他深夜查房的习惯，不仅让球员感觉失去隐私和自由，连队内工作人员也颇有怨言；而他在训练场上用"打骂"提醒球员的方式，也让一些队员心生反感。在李章洙的成长环境里，韩国前辈对晚辈的动手习惯，都被他保留了下来，看不顺眼骂上两句，顺手给一拳或是踢一脚，在老李看来很正常，但到了中国人或是外援身上，有时却会起到相反效果。

恒大王朝

▲ 恒大中甲夺冠，李章洙被抛起

▲ 2011年9月，恒大提前四轮加冕中超冠军，全队在西安酒店欢庆

有些中国球员的性格，经得起李章洙敲打，因为他们知道李章洙向来对事不对人，只要知错能改，便不再斤斤计较。而在韩国人赵源熙眼中，李章洙更是神一般的存在，甚至公开表示"里皮不如李章洙"。可是，老李的方式，并不对头号外援孔卡的胃口。孔卡很清楚，在自己加盟恒大的过程中，李章洙是投了反对票的，因为他担心孔卡的超高薪水会引发队内矛盾。因此，当恒大顺风顺水时，两人尚可和睦相处，在通往广州足球职业联赛第一冠的道路上，孔卡也贡献良多。但在2012赛季，随着球队战绩起伏不定，主帅与头号球星之间的矛盾，也迅速被扩大。

亚冠5-1屠杀全北现代，是李章洙恒大生涯的巅峰，那一夜他的感觉就像高中状元之后衣锦还乡。然而，亚冠小组赛次战，恒大就意外在家门口不敌武里南，爆出大冷。此战之后，孔卡成为了替罪羊，他被排除在了随后一轮与河南建业的联赛名单之外，之后的一个月里，孔卡6场比赛只有2场打满全场，李章洙对他的使用，要么是首发被早早换下，要么就是替补出场。作为球队招牌球星，孔卡自然无法服气，两人的矛盾最终在5月1日晚彻底爆发。再遭提前换下的孔卡，愤怒踢开了场边的水瓶，让所有人看到了自己的愤怒。返回家中后，怨气难消的孔卡打电话找李章洙面谈，在被拒绝后，他在凌晨发出了那条炮轰李章洙为首教练组的著名微博。尽管在发生微博事件之前，恒大已经确定了要换掉李章洙，但在孔卡犯上这件事上，恒大还是就事论事做出严厉处罚。禁赛9场罚款100万元的重磅罚单，至今仍是中国足坛的处罚纪录。

若是老李帅位稳固，或许还有与孔卡决裂到底的资本，但当时的情况，实际上是在逼迫着李章洙妥协。在4月初客场战平柏太阳神赛后，李章洙接到了韩国记者的电话，对方告诉他，有关里皮将在赛季中期接替他的消息，已经在中国传得满城风雨。老李对此大为震惊，他马上找到翻译秋鸣，才知道教练组一直将这些传闻瞒着他。李章洙很清楚，自己要想做最后一搏，亚冠小组出线是唯一的机会。如果出线了，老板或许还会念及旧情，让他带队

▲ 大破全北现代，是李章洙执教恒大时期的巅峰之作

▲ 2012年5月，孔卡绝杀了武里南，却没能为李章洙续命

打完这个赛季。只可惜，这是李章洙的逻辑，不是恒大的逻辑。

为了生死战，李章洙将禁赛的孔卡带到了泰国，甚至在赛前三天，还和全队一起为孔卡庆祝了生日。李章洙主动伸出双手握住了孔卡，而孔卡也将切下的第一块蛋糕递给了老李。赛前一天，李章洙向许家印申请提前解禁孔卡，得到允许之后，他将阿根廷人写进了首发名单。后面的故事，世人都已耳熟能详，孔卡终场前点球绝杀，恒大小组第一成功出线。李章洙兴奋地从教练席飞奔进了球场，那一刻，他还以为完成了自救。

半个小时后，冰火两重天。结束发布会回到酒店，一身大汗的李章洙来不及洗个澡，就被刘永灼叫去面谈。时隔多年，老李依然清晰记得那一晚的画面："刘总在我面前不知道怎么开口，脸上的表情非常不好意思。"但有些话终究是要说出口，刘永灼代表许家印、代表恒大集团，通知李章洙解约。两年前的那次盛情邀请仿佛还在眼前，转眼就变成了关门送客，对于刘永灼和李章洙二人来说，都是一种折磨。两年来，他们将相和睦，为恒大带来三座冠军奖杯的同时，也结下了深厚的友谊。遗憾的是，在恒大集团的战略面前，任何私人感情，都不值一提。

何日君再来？

中超排名第一，亚冠小组第一出线，是李章洙离任时，留给恒大的成绩单。而这也成为了外界质疑恒大换帅的最大不解。恒大的解释也很干脆，那就是不拘泥于眼前赢球输球，而要看长远战略。以恒大的建队规划，需要引进更多的顶级球员，开创更大的盛世图景，而生于首尔郊区农村的李章洙，在他们眼中，已经配不上这艘巨舰。顶替老李的，是世界冠军主帅、拥有极高国际声誉的里皮。仅凭这一点，老李就输了。

在曼谷机场的贵宾室，李章洙强颜欢笑，跟队员们发表了离别宣言。话音刚落，队长郑智站了起来，号召队友向老李鞠躬致意。走出那间房的瞬间，

◀ 2012年5月，李章洙在
曼谷机场火线下课

老李已经泪流满面，而他最亲密的助手金龙甲，更是在一旁号啕大哭。从下课那一刻起，直到离开中国之前，李章洙说得最多的话，就是"为什么"和"不明白"。在重庆和青岛，都是他主动离职；在北京国安，是因球队内斗和战绩不佳而走人；但在恒大，他一路战绩彪炳，成为了队史功勋主帅，这样的教练也要下课，已经超出了他对职业足球的认知。

离开广州前的那段日子，李章洙是凄凉的。里皮和他的教练组，很快住进了恒大酒店，与李章洙就在同一屋檐下。里皮上任的发布会，被恒大打造成了世界级秀场，不仅央视直播，欧美也有不少记者前来捧场，这都被楼上的李章洙看在眼里。那段日子，除了外出办事，李章洙几乎不出房门，他不会去餐厅用餐，而是叫餐送到房间。他害怕一切尴尬的场景，尽管里皮在发布会上感谢了他的贡献，但就像女友突然成了别人的新娘，老李需要更多的时间来接受。

14年来，李章洙第三次结束中国之旅。和前两次一样，依然有热情球

▲ 2012年5月，李章洙抵达广州，面容严峻

▲ 2012年5月，广州球迷设宴送别李章洙

恒大王朝

迷追着他送到了机场。只不过，这一次的李章洙，没有在告别时流泪。许家印对他道了歉，两人也喝了交杯酒，但被背叛的愤怒，不会那么快消除。在广州这座城市，他终于圆了联赛夺冠之梦，但梦醒时分，却是无比失落的剧终。有人统计了李章洙的恒大生涯，783 天执教，75 场比赛赢下 50 场，胜率超过 66%，广州队史第一；此外，他执教中国顶级联赛球队的总积分，也达到了 438 分，同样是历史第一人。

是的，相比于里皮的高高在上，李章洙显得更接地气。在中国这些年，他早已熟练地掌握中文，正常对话能听懂 80%，中文签名更是潇洒漂亮。有人说，李章洙根本不像个外教，他从来都把自己当作所在城市的一分子。他所到之处，总能备受球迷爱戴，和媒体的关系也不错，有些时候，他甚至会不自觉地把自己当成了中国人。亚冠 5-1 横扫全北赛后，李章洙用"我们国家"形容恒大的成功，让在场中韩记者都大为震惊。之于我个人，老李的感觉也更为亲切，同样是那次全北之行，赛前球队踩场时，他看见我在寒风中穿着单薄，主动走过来问候："你冷吗？"这样的对话，恐怕永远不会发生在此后的世界冠军主帅们身上。

老李走了，一去四年，但他与中国足球，从来不会断了联系。2013 年初，离开刚半年的李章洙还斗志昂扬，他飞往大连见了赵明阳，有意在"新土豪"阿尔滨东山再起对抗恒大，但这次原本无比顺畅的谈判，还是无疾而终。此后几年，李章洙与国内俱乐部依旧故事不断，武汉卓尔、江苏舜天、广州富力和山东鲁能都曾与他爆出过传闻，最近的一次，是他与杭州绿城帅位擦肩而过。随着时间的流逝，老李对重新出山变得更加审慎，但却有些高不成低不就。2014 年短期救火成足失败，只是他还姚夏人情的义举，他真正需要的平台，是能与恒大一争高下的中超劲旅。然而，如今的中超，不再是当年的草莽时代，各路国企土豪纷纷崛起，选帅目标一致指向欧美大牌洋帅。李章洙的境遇，像极了冯小刚在《老炮儿》里演绎的六爷，他依然能够赢得尊重和爱戴，但属于他的时代，一去不复返了。

▲ 广州球迷难舍铁帅李章洙

里皮——王朝的背影

维亚雷焦的海风，依旧温暖如昔。不经意间，里皮此去，已经一年有余。

这里是他的家乡，有最熟悉的亲朋，在中国的每一天，他都梦想着回到这里。

只不过，即将 68 岁高龄的里皮，并不认为自己走到了暮年。与足球交织一生的血液，仍旧沸腾如昨。他曾说过，青草混合着水滴的气味，是最美妙的。于是，他回来了。

在三亚出席海天盛筵，在北京宣传自己的著作，里皮所到之处，依旧追捧者众。他是前世界冠军主帅，更是与中国足球共同度过近三年时光的"自己人"，而广州恒大，注定将成为他心头抹不掉的朱砂痣，一同走向终老。

里皮的到来，曾如齐天大圣驾着七彩祥云，拯救了中国足球；而他的离去，则留下了一个王朝的背影，纵使名满天下，也有阴晴圆缺。

不可思议的人，来了

2012 年 5 月 15 日，深夜，泰国边境小城武里南。

凭借孔卡的点球绝杀，广州恒大刚刚逃出鬼门关，最后时刻守住了小组出线名额。我们兴奋地敲开了一个又一个球员的房门，完成了多个采访。球员们的喜悦同样溢于言表，他们也不知道发生了什么。

在球队酒店大堂，领队秋鸣独自一人坐在了公用电脑前，他神情严肃，像是在上网。我叫了声秋导，开心地说着"恭喜"，秋鸣脸色有些尴尬，客气地回了声"谢谢"。

盛夏的泰国炎热难耐，但李章洙却站在了酒店大门外，他来回踱着脚步，不停地抽烟。我们没有上前闲聊，而是快步转身回去赶稿。我们想着，对李章洙的采访，随时都能进行，这一晚大家都累了，还是回国再聊吧。

没有人想到，这一夜，竟是李章洙身为广州恒大主帅的最后一夜。

从武里南到曼谷国际机场，车程近七个小时，恒大没有专机回国，而是和我们同一航班。在候机楼里，我找到了李章洙的第一助教金龙甲，他的中文不如老李出色，但看得出他心中的悲愤。"没有道理是不是？太意外了！"他说着说着，泪水已在眼眶打转。

李章洙尚未回国，但全世界都已经知道，广州恒大的下一任主帅，将是银狐里皮。

飞机抵达广州白云机场，刘永灼没有与李章洙同行，他们都知道，出关口会有多少恒大球迷在等待着老李，希望跟他说一声再见。拿到行李后，李章洙并没有赶紧离开，他显得有些犹豫，或许是想平复内心的情绪。我走了过去，说："李指导，我们拍个照留念吧。"他点了点头，秋鸣接过了我的手机，留下了最后的合影。

国际出口外，人声鼎沸，所有人都在呼喊着李章洙的名字。铁帅终于缓过了神，勉强在嘴角挤出一丝微笑。站在球队大巴旁边，李章洙被媒体围堵，秋鸣声嘶力竭地帮助他翻译了每一句告别。他低着头走上了这辆熟悉的大巴，也是最后一次。

几个小时后，同样的出口，再一次地骚动，世界冠军，优雅的银狐里皮，乘专机抵达。

在御景半岛酒店，许家印夜宴了李章洙，他诚恳地向韩国人说了句抱歉，就像两年前用李章洙火线换掉彭伟国时，一模一样。里皮的到来，是不可更改的历史进程，李章洙得到了丰厚的赔偿金，他没有任何挣扎，甚至还与许家印喝了交杯酒。

恒大王朝的分界线，就此划下。李章洙的功绩成为历史，里皮的时代拉开序幕。这一夜，球员、记者和球迷都在感慨，曾经遥不可及的里皮，居然真的来了，不可思议。

来中国？想都没想过

恒大办事之雷厉风行，让初来乍到的里皮，都有些震撼。

银狐抵达恒大酒店，已是深夜时分，但许家印还在等他。顾不上旅途劳顿，里皮立即前往许家印的房间，完成了两人的第一次见面。从 2011 年 7 月第一次接触，到 2012 年 5 月落笔签约，一直是刘永灼负责恒大与里皮的对接，这一次，里皮总算见到了老板。

里皮说，对于许家印，他其实并不陌生。从刘永灼的转述中，他已经对这位中国商界强人，有了自己的判断与认知。许家印邀他出山的诚意，以及拍板千万欧元薪酬的气度，都是成功打动里皮的关键要素。"很大程度上，许家印先生这样的人，能够增强我对广州恒大、对中国足球的信心。他从自

▲ 许家印与里皮，恒大队史上最完美的组合

▲ 里皮团队，世界冠军级教练组

己成功的商业经营和管理中，给足球俱乐部的发展带来了很多额外的营养。"
在自己的著作中，里皮对许家印有过这样的描述。

　　邀银狐出山，是恒大的荣耀时刻。他曾是那样地成功，以世界冠军成为
了意大利全民偶像。他被邀请前往许多著名大学与跨国企业演讲，所有人都
想从他那里吸取宝贵经验。即便兵败南非，依然上门者众。在恒大之前，来
自欧美国家队、俱乐部的邀约不断抛向里皮，但他最终选择了中国。对此，
里皮甚至有些惊讶自己的决定："三十年前我从桑普多利亚青年队开始执教
生涯时，中国对我们来说还是个巨大的问号，我根本无法想象，自己终有一

▼ 刘永灼追逐里皮近一年，终使世界冠军名帅加盟

天会来到这里工作。"

是的，里皮没有想到，而中国足球界的任何一个人，甚至都不敢想。里皮亮相签约的发布会，得到了央视双频道全程直播的待遇，里皮不免得意："可能我的到来，是今天全中国最重要的事情。"他说得没错，正因为他的到来，中国足球第一次享受到了世界中心的感觉，欧美媒体的大篇幅报道，将广州恒大之名打向了全世界。

从性格上来看，里皮并不算是工作狂人，他一以贯之的原则，是工作与生活必须保持平衡。世纪之交，他在尤文图斯与国际米兰执掌八年，荣誉等身光环无数，直到 2004 年疲惫离开。但当他还在游艇上度假时，就接到了时任意大利足协主席卡拉罗的电话，于是便有了此后六年的蓝色传奇。2010 年兵败南非，是里皮执教生涯的滑铁卢，但 62 岁的他还远未到退休的年纪。他在等一个机会，一个足以说服自己出山的机会，最终他等来了恒大。

里皮的到来，是一次预谋已久的大动作。银狐关注恒大的比赛，已经超过半年，他自信地说，对这支球队里几乎所有核心球员的号码与特点，都已了然于胸。他唯一无法做到的，是迅速叫出球员的名字。见面仪式后，恒大安排了里皮的首次公开训练，工作人员按照他的要求，印制了加大号码的训练背心。在里水基地的细雨中，里皮开启了自己的中国冒险之路。

三根肋骨，一处脚踝

常年关注意甲的球迷，对里皮毫不陌生，但谁都想看看，当传奇出现在眼前，会是什么模样。

5 月 20 日，恒大对阵中能，里皮的处子秀。湿热的广州室外超过 30 摄氏度，但里皮依旧西装革履。他的举手投足，都有些欧洲老派绅士的风骨，包括脱下西装外套后，一定要用大拇指紧扣着领口搭在肩膀上。

1-0，里皮取得了艰难的开门红。孙祥助攻郜林的头球绝杀，发生在比赛最后 15 分钟。这场比赛，更多人记住了中场休息时，天河大屏幕对李章洙的告别。而里皮，只是板着面孔，机械地鼓了鼓掌。他很清楚，自己来恒大的使命是什么。这场比赛的另一大焦点，是银狐在战局最胶着的时候，用只有四场中超经验的肖开提，换下了孔卡。他在用这种方式向全队表态，在这里，只有我说了算。

▼ 型男翻译马杰修（右），仅三天就被里皮撤换

三天后，里皮换掉了无法满足他要求的贴身翻译，他迫切地需要尽快将自己的理念注入到这支球队中。一周后，他们客场 1-1 战平了劲敌山东鲁能，而更加重要的考验，是与东京 FC 的亚冠 1/8 决赛，单场分胜负，非生即死。

这是亚冠初哥恒大的第一场淘汰赛，对里皮而言同样重要。如果出局，对恒大临阵换帅的质疑会铺天盖地袭来，他将背负更加沉重的枷锁。里皮派上了所能派出的最强阵容，包括孔卡、穆里奇与克莱奥这强势的三叉戟。最终，韩国人赵源熙成为了最大英雄，他助攻克莱奥完成了致命一击，还在终场前救险时被撞伤下场，急救车送到南方医院确诊，断了三根肋骨。

拼命三郎般的赵源熙，如同李章洙时代恒大的缩影，他们铆足了劲冲击一个又一个纪录，火力全开毫不留情。然而，大开大阖的风格，却并不像一支真正的常胜之师，在南京 2-5 遭舜天吊打的惨状，也曾让许家印震怒。在寻找世界顶级名帅时，恒大圈定的人选除了里皮，还有斯科拉里与希丁克，都是以务实打法取得过辉煌战绩的大帅。在恒大看来，靠猛冲猛打或许能拼出冠军，但唯有稳健的长远谋略，才能开创一个时代。

淘汰东京 FC 次日，里皮亲赴医院探望赵源熙，他安慰韩国人好好养伤，并承诺"全队等着你回来"。然而，就在赵源熙养伤之时，恒大火线签下了又一个韩国人金英权，22 岁的他更年轻、更出色，也更符合里皮要求的风格。当赵源熙两个月后伤愈归来，不仅失去了绝对主力的位置，也丢掉了亚冠报名资格。在随恒大捧起又一座中超奖杯后，黯然离去。

失去赵源熙，不足以让恒大伤筋动骨。但如果少了穆里奇，攻击力至少损失三成。不幸的是，在最关键的亚冠 1/4 决赛，穆里奇惨遭黑脚重创，含泪被抬出了球场。那场赛后的发布会，是印象中里皮的第一次暴怒，他抨击了裁判执法不公，也对穆里奇的伤情极为悲观。球队伤病成灾的窘境，成为了那段时间里皮一直挂在嘴边的说辞。穆里奇的脚踝伤势最终没能痊愈，恒大也在主场止步亚冠八强。这一次里皮没有愤怒，他只是无尽地失望，他依旧念叨着的，是"如果穆里奇没有受伤的话"。

里皮曾说过，在中超联赛，必须以中国本土球员为基石打造球队，外援只能扮演锦上添花的角色。如果说中国球员是块大蛋糕，那么外援就是蛋糕上的樱桃。但在执教恒大的前半年，里皮却败在了"樱桃"上。最关键的时刻，最好的攻击手无法上阵，是里皮最大的遗憾。唯一幸运的是，他才刚来半年，还处在观察和适应阶段，还有大把的时间，留给他书写辉煌。

"恒大为中国足球争光了"

里皮最爱的书，是德国军事理论家克劳塞维茨的名作《战争论》，这本书他已记不清翻阅过多少遍，但每一次都受益匪浅。里皮说，自己多年以来的座右铭，也是从中衍化而来——没有任何一个个人，能像我们这个集体般强大。

半年摸索考察，里皮对中国足球乃至亚洲足球的大环境，都有了更切身的体会与认知。2013年元旦刚过，恒大就开始了新赛季的征途。里皮将球队集合日期定在了1月5日，这一次，孔卡和穆里奇再不敢像一年前那样故意迟到。而年轻的埃尔克森，成为了里皮时代的第一块重要拼图，他是里皮的儿子一手引进的未来之星，银狐对他期待甚高。

里皮开始逐渐褪下神秘光环，他与这家俱乐部，与广州这座城市，有了更好的融合。他开始接受一些中国媒体的专访，虽然他的耐心一般不太够，经常没聊多久就想起身离开，但这总算是可喜的进步。在清远基地，一次训练后里皮接受大家的群访，他突然对我没有镜片的镜框产生了浓厚兴趣，伸出两只手指插了过来，现场笑声一片。而在另一次采访中，有记者问及里皮喜欢什么样的中国女性，银狐指着酒店墙上的范冰冰照片说，她就挺美的。

▲ 里皮在处子赛季就问鼎国内双冠王

恒大王朝

　　2013 年的广州恒大，是带着无比的自信，开启新赛季征途的。这是穆里奇的第四年，是埃尔克森的第一年，也是孔卡的最后一年，赛季前两战，他们就狂轰 8 球，让整个亚洲为之颤抖。这支球队的任何人，在谈到赛季目标时，都会提到四个字——亚洲冠军。

　　这就是里皮的魔力，他的不怒自威，让所有人都不敢懈怠。在里皮的认知里，一支球队的主帅，通常需要有三种角色，既是一支军队的将军，也是一家企业的首席执行官，还需要是一个家庭的父亲。里皮从来不是咆哮愤

▼ 里皮风雨无阻地指挥训练

怒型的主帅，他本身也极为排斥暴君式的独裁者，他曾对一支团队的凝聚力有过这样的描述："下属的服从，绝不是建立在无条件的奴性之上。"

在恒大队中，里皮建立了很好的沟通机制，球员有任何疑惑不解，都可以通过翻译对里皮进行询问，寻求解答。此外，在建立球队的横向与纵向连接上，里皮也从来不是一个人在战斗，他选择了两名德高望重的老队员来帮助自己，那就是郑智和孙祥。对于这两位有过留洋经历的老将，银狐充满了信任，领袖型的郑智是他的左膀右臂，而孙祥则总会在队里扮演知心大哥的角色，他们的存在，让恒大的更衣室取得了更好的平衡。

数十年的执教生涯，里皮习惯将优秀的球员分为两种：一种是郑智、孙祥这样的"冠军球员"，他们水准出色，又极为稳定，是冠军球队里不可或缺的基石；另一种被里皮称为"第一名球员"，特指天赋卓绝的明星球员，比如孔卡、穆里奇和埃尔克森。"冠军球员"决定了球队的基础水准，而"第一名球员"则决定了球队所能达到的高度。整个2013赛季，广州恒大打出神佛难挡的巅峰状态，正是因为这两种球员取得了完美融合。当头号核心孔卡的脸上逐渐出现笑容时，成就大业也像是水到渠成。

2006年世界杯夺冠后，里皮曾和朋友参观过著名的玛莎拉蒂公司，他发现这家公司的所有雇员，无论岗位级别，都充满了热情与主人翁心态，每个人都觉得自己是创造奇迹的一分子，这让银狐深受震动。作为职业教练，里皮渴望自己的团队也能呈现这样的状态，而他也的确在一步步践行着。已经离世的前恒大队医刘大夫，就对里皮到来后的改变深有感触："他给了我们更多的尊重与自由，不仅工作负担减轻了，也会更觉得自己是重要的。"

2013赛季的广州恒大，不仅主力阵容所向披靡，角色球员往往也能挺身而出。多面手荣昊成为了球队的万金油，除了中卫和门将，他几乎补漏了所有位置；而脾气火暴的秦升，更是在里皮手下人尽其才，非但没有坏事，反而成为了某些层面的精神领袖。里皮也曾私下透露，自己这样做也是有意为之，银狐在执教意大利队时，就曾将加图索和德罗西这样的火药桶引导向了胜利，在恒大不过是故技重施。

整个 2013 年，恒大刷新了几乎所有的中超纪录，亚冠同样是一路横扫通关。直到决赛遇上崔龙洙的首尔 FC，才算是碰到了真对手。中韩足球的宿怨，让这两场亚冠决赛上升到了国家荣誉的高度。如何能让球员们戒骄戒躁，里皮也是煞费苦心。对外，他不断炮轰首尔的盘外招，将压力扔给对手；对内，他重复最多的言论，正是国家荣耀。德国世界杯半决赛前，里皮曾用"如果输球就将是家族的葬礼"来勉励意大利队员；在凡事讲究吉利的中国，里皮则换了一种方式："这可能是你们这辈子当亚洲冠军的最好机会，你们代表的是中国足球的形象，我相信你们可以做到。"

天河之夜，梦想终于照进了现实。里皮被全队高高抛起，他成为了史上第一位手握世界杯冠军、欧冠冠军和亚冠冠军的主帅。在巡游的花车上，里皮点燃了一根雪茄，就像他在德国世界杯夺冠后所做的一样。里皮说，亚洲冠军的成就感，尽管比不上至高无上的世界杯冠军，但和欧冠冠军的感受是一样的。在亚洲之巅，里皮被顶礼膜拜，他终于可以发自内心地感慨："选择来中国，是正确的。"

光环之下的阴影

亚冠捧杯的那一晚，66 岁的里皮累坏了。在出席完赛后发布会，看完夺冠庆典，又乘花车绕场巡游之后，离开球场已经快凌晨 1 点。疯狂的欢庆过后，饥饿与失落一同袭来。里皮说，亚冠夺冠，但我们的赛季还没结束，之后还有足协杯，还有世俱杯，无法停歇。

是的，对于职业足球的每一个人来说，永远不会有可以真正停下脚步的时刻。哪怕你刚刚成为亚洲之王，后面还是会有许多任务与目标在等着你，

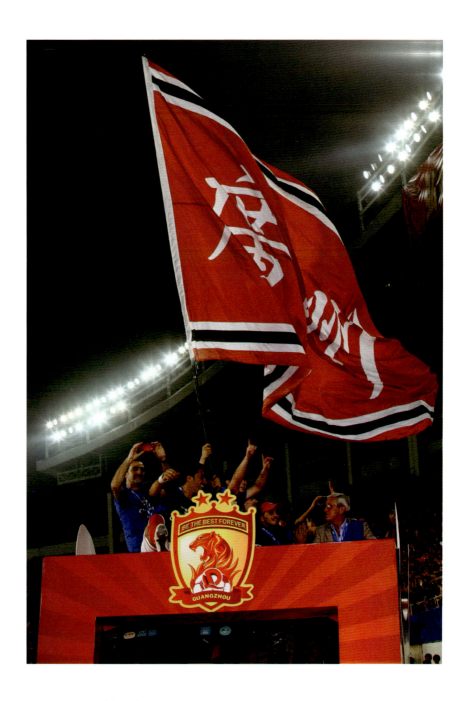

▲ 2012年，恒大欢庆中超足协杯双冠王

恒大王朝

那一刻的无力与沮丧，冷暖自知。即便是里皮，也无法改变夺冠之后的全队精神的松懈，他们在足协杯决赛败给了贵州人和——那支必须靠足协杯冠军来拿亚冠参赛名额的球队。接着，便是万里之外的世俱杯。

这是中国球队第一次代表亚洲出征这项赛事，广州恒大变成了亚洲恒大。这是里皮远离世界足球舞台中心三年后的又一次回归，他打心底希望恒大为自己长脸。从未在世界级舞台表演的恒大众将，终于找回了些许亚冠时期的状态，首战拿下了非洲冠军阿赫利。他们将站在当世第一强队拜仁慕尼黑的面前，这已经是极致的荣耀。里皮与瓜迪奥拉的对决，是两代传奇的较量，他们的球队不在同一水准，却依然有些史诗的味道。

恒大毫无悬念地输掉了与拜仁的对决，尽管接下来还有与米涅罗竞技的三四名比赛，但恒大的赛季，在心理上已经结束了。在世纪古城马拉喀什的酒店，里皮坐在泳池旁的靠椅上，轻松地接受了来自世界各地媒体的采访。老外记者们依旧在追问他"为何选择去中国执教"，里皮的答案也很直接："我觉得我做出了正确的选择，我的球队打到了世俱杯四强。"

是的，世俱杯四强，这是中国球队从未有过的成就，是梦幻般的赏赐。从 1 月 5 日开启冬训，到临近圣诞节才结束战斗，恒大的超长赛季，终于走到了尾声。球队在摩洛哥就地解散，里皮和他的团队就近返回意大利，而队员们有的选择回国，有的则直接去欧洲旅行。里皮说，在经历了这样漫长的赛季后，我们每个人都需要一个月的假期。他完全没有意识到，会因为这段延后的假期，给 2014 年的恒大，带来多少影响。

当其他的中超球队已完成冬训体能储备时，恒大新赛季的集结号才刚刚吹响。里皮将球队带到了西班牙拉练，而此时距离新赛季第一战超级杯已无比临近。在里皮的要求下，恒大向中国足协提出了将超级杯延后三天举办的申请，但遭到拒绝。盛怒之下，里皮选择了最极端的方式——派出预备队出

▲ 天河球迷送别功勋主帅里皮：常回家看看

战超级杯，本人则称病没有出席。尽管银狐的说法情有可原，但舆论更多的声音，是质疑里皮不够尊重中国足球，中国足协对此的回应也很强势，坚持处罚里皮，并且反问道："如果是意大利超级杯，他还会这样做吗？"

正如阳光下必有阴影，里皮和他的恒大在史无前例地照耀了中国足球之后，也必然有一段漫长的回落期。而在这段过程中，则充满了里皮与中国足协、亚冠裁判和恒大俱乐部之间的种种矛盾。2014年初，里皮曾说自己"带着无比新鲜的感觉"回到中国，并与恒大续约三年准备再创伟业。谁也不会料到，仅仅一年之后，他就选择了转身离去。

爱恨交织的中国足球

里皮的中国冒险生涯，可以清晰地分为三个阶段。2012 年的半个赛季，是他摸索考察的半年，他逐渐认识和了解了中国足球和亚洲足球的环境。2013 年，是里皮军团强势崛起直达巅峰的一年，他的个人声誉也达到了顶峰。2014 年，则显得有些挣扎，疲惫的恒大有些无以为继，愤怒的里皮也总被妖魔化。他逐渐失去了耐心与激情，告别开始浮现在他的脑海。

20 世纪 80 年代率意大利捧起世界杯的冠军教头贝阿尔佐特，曾用"永远在路上"形容自己的足球人生，但他同时也强调，每隔一段时间就需要假期，让彻底的放松来平衡生活。这段话被里皮多次引用，也成为了他的原则。只不过，国土面积接近整块欧洲大陆的中国，消耗了里皮太多的时间与精力在路上。里皮曾说，我们在中国有两个家，一处是天河体育场，一处是佛山里水基地，但我们却很少待在家里，更多都在奔波。

长时间的旅途劳顿，若有成绩相伴，还不显得那么辛苦。一旦比赛结果不如预期，疲惫感就会翻倍增加。2014 赛季，恒大队中两位最好的"第一名"球员都出了状况，孔卡早早离开，穆里奇则在长期养伤后也在赛季中期告别。顶替他们前来的迪亚曼蒂高开低走，吉拉迪诺则自始至终没有证明自己的能力。更为重要的是，这两个人都是里皮力主引进的，而非俱乐部所选。在执教恒大的前期，里皮更多的工作集中在纯足球的执教领域，但随着亚冠冠军到手，银狐的权限全面扩大，他的儿子大卫·里皮的经纪公司垄断了恒大的外援引进，一切都不再那么清晰透明。

2014 年 8 月 21 日，亚冠 1/4 决赛，在悉尼郊外的寒风中，里皮的球队 0-1 倒在西悉尼脚下，昏庸的主裁更是连续罚下了张琳芃和郜林。里皮的愤怒达到顶点，他冲进了草皮，几乎就要与裁判正面冲突；而在赛后发布会上，涨红了脸的银狐，更是一口气完成了将近 10 分钟的发言，将自己的不满毫无保留地发泄出来。炮轰一番之后，里皮起身就走，没有给现场任何人提问的机会，甚至不等翻译完成工作。这是里皮恒大生涯中，最严重的一次失态。

　　显然，在里皮看来，没有客场进球的同时又损失两大主力，意味着恒大翻盘晋级难度陡增，更重要的是他力主引进的意大利二老毫无表现，争议和质疑铺天盖地袭来。一周后，恒大没能在天河上演奇迹，卫冕之路戛然而止。不久后，里皮收到了亚足联禁赛四场的重罚，而这已经是他该赛季第三次收到罚单了，此前两次都来自中国足协，分别是因为超级杯缺席和在中超炮轰裁判。

▼ 中超三连冠庆功会，刘永灼和里皮合影

恒大王朝

对于已经中超三连冠的恒大而言，亚冠出局，基本意味着赛季无法打上成功的烙印。与西悉尼的天河决战之夜，看台上坐着许家印和新老板马云，他们最终扫兴而归。这一次，里皮没有喊出明年卷土重来的口号，或许他是真的累了。两个月后，里皮在济南夺冠之后，公开说出"不再担任恒大主帅"的话。在外人看来，这是毫无征兆的意外事件，但其实是里皮遵从内心的选择。他厌倦了长期高负荷的工作与旅途奔波，希望换一种方式留在恒大，比如技术总监。

在与恒大续约时，里皮提出了马达洛尼作为执行主帅的方案，并未得到恒大的认可；2014 年底，他推荐了更有名气的卡纳瓦罗，依然没有得到自己想要的结果。恒大不可能以 1000 万欧元的天价，与里皮履行完所谓的"总监合约"，他们需要的是里皮的管理和执教，而不是象征性的遥控指挥。缺乏成绩的里皮，也不再有与俱乐部叫板的底气，刘永灼当着全国媒体的面放言"收回引援大权"，代表了恒大集团对里皮的态度。

里皮尴尬地笑了，在那僵硬的笑容背后，他或许已经意识到，如果不做出一些妥协，自己的恒大之路，已经走到了尽头。新赛季的备战期，里皮依旧来到了西班牙，陪伴了恒大的冬训，他也又一次回到中国，坐在看台上督战了恒大的亚冠首战。当看到卡纳瓦罗带着球队 1-0 拿下首尔 FC，恒大终于同意接受了里皮的辞呈。两年零九个月，将恒大推上王朝顶峰的里皮，就此谢幕。

有人说，里皮的成就，很大程度上是建立在恒大自身实力强大，且重金购买球星的基础上。对于这种说法，里皮并不苟同，在他看来，顶级名帅选择顶级球队，本就是天经地义的事情。"你不能要求穆里尼奥和瓜迪奥拉这样的教练，选择实力弱小、管理架构也缺乏长远发展的俱乐部，这样才能证明教练的能力吗？这是不合人情的要求。"而这也解释了，里皮为何表示自己再也不会重回中超执教，如果留在中超，他完全可以留在恒大，而不用换一支球队。

　　当然，在华执教的三年中，里皮也多次被舆论推上中国男足主帅的位置。无论卡马乔还是傅博时代，外界最大的希冀，就是里皮坐上这个位置。只不过，银狐绝不会拿自己的名誉冒险，中国男足的长期低迷，让他也看不到成功的希望。他愿意给中国足球分享自己的经验与建议，却始终不愿接受这个高危的角色。中国男足宣布与佩兰签约当天，恒大几乎同时宣布续约里皮，这也意味着银狐彻底缘尽国足。

　　三年时光，对于中国足球，里皮肯定是有感情的。他说，自己心底也觉得中国球员应该追求前往欧洲效力的机会，但在身为恒大主帅时，他却拒绝

▼ 里皮和蔡振华

放走任何一位核心主力。20 年前，日本球员中田英寿去意大利的第一站，就是在尤文图斯试训，时任主帅里皮为他的能力所震惊。里皮坦言，中国本土球员的能力，与日韩顶级还有着较大差距，迎头赶上尚需时日。

在中国，里皮也留下过并不光彩的时刻，比如主场输给国安后著名的"爆粗门"。在公开场合对媒体爆粗，自然是无法接受的行径，但在日常执教工作中，里皮也承认爆粗是时常会发生的事。他认为适当的粗口也是一种"语言通行证"，在某些时候会产生正面作用，并不一定代表掉价或者缺乏涵养。只不过，在中国执教毕竟语言不通，而翻译会帮他过滤掉所有的粗口。

中国足球的怪现状，也曾让里皮惊诧不已。2013 年 9 月他曾前往西安观战国足比赛，他被陕西省体的狂热气氛所震撼，但他同时也充满疑惑，为何这里曾经拥有的陕西浐灞会远走他乡，变成了贵州人和。里皮说，我很难想象国际米兰有一天会搬离米兰城，这是不可思议的事情。或许，这是里皮留给中国足球，最后的启示与忠告。

卡纳瓦罗——212 天的传奇

11 月初的济南，已是入冬时节，夜幕下寒风吹过，会让人瑟瑟发抖。走进鲁能大球场的新闻发布厅，总算有了些暖意，但谁也没有料到，更大的震颤，会这样突如其来。

在一墙之隔的草皮上，广州恒大刚刚 1–1 战平了鲁能，完成了中超四连冠伟业。里皮与教练组和球员们激情相拥，狂欢庆祝。但转眼，他就收拾好了情绪，端坐在了发布会上。银狐开口的第一句话，瞬间引爆了中国足坛，他说："这是我以主教练身份，带领广州恒大队完成的最后一场比赛。"

震惊、沮丧、不解，写在了现场每一个人的脸上。各路媒体纷纷用最快捷的方式，将这一爆炸性消息传至千家万户。中国职业足球史上最大牌的主帅，亲手结束了自己的时代。

我们迅速赶到了混合采访区，率先出来的是里皮第一助手马达洛尼，连他也是赛后在更衣室，才得知了里皮的这一决定，同时他否认自己将会成为银狐接班人。而随后走出的球员们，更是尚未从惊讶中缓解过来，他们说，原以为银狐会在新赛季带着球队再次冲击亚洲之巅，没想到，一切都结束了。

◀ 卡纳瓦罗正式加盟
广州恒大

几个小时后，里皮真正的接班人浮出水面，42 岁的前金球奖得主，从未有过独立执教经验的卡纳瓦罗，成为了真命天子。

里皮在，我永远第二帅

在换帅这件事上，向来是恒大让教练措手不及，但这一次，里皮抢占了先机。

来华执教的消息确认之后，卡纳瓦罗敞开心扉，他毫不掩饰地说，早在半年前就接到了里皮的邀请电话。而那时，距离里皮与恒大续约三年，才刚过去了几个月。

对于里皮的邀约，卡纳瓦罗永远不会拒绝，他称呼里皮的方式，不仅有"师傅"，甚至还包括"父亲"。2006 年世界杯登顶时，他们一个是主帅，一个是队长，一生之缘就此结下。卡纳瓦罗迅速在自己那不勒斯海边的家中安置了一块战术板，上面标注着所有恒大球员的名字。

▶ 卡纳瓦罗训练时
大秀球技

　　半年的观察，卡纳瓦罗对恒大不再陌生，他甚至能比里皮当初更快地叫出队员名字。这将是他的第一份正式执教工作，他无比珍惜。自 2011 年黯然退役，卡纳瓦罗的从教之路并不顺畅，安切洛蒂曾有意将他招入皇马教练组，却被弗洛伦蒂诺否决，老弗爷的重点培养对象是齐达内。无奈之下，卡纳瓦罗唯有退而求其次，加入了迪拜阿赫利教练组，成为了罗马尼亚人奥拉罗尤的助手。直到恒大邀约的到来，他的足球人生，才重现光彩。

　　里皮宣告退位后仅仅两天，卡纳瓦罗就在深夜飞抵广州。恒大没有派出专机接他，甚至连上任的发布会，都选在御景半岛的小会议室里进行。没有许家印亲授聘书，更没有全国媒体共襄盛举，卡纳瓦罗坐在台上的一侧，怎么看都不像是个主角。

　　这是一场不太正常的发布会，人们甚至不太记得卡纳瓦罗都说过些什么。真正的焦点，在恒大与里皮的博弈之间。刘永灼坚称，里皮仍是恒大的主教练，而卡纳瓦罗只是执行主帅；而这场发布会最大的爆点，则是刘永灼公开表态，恒大将全面收回引援大权。一旁的里皮，尽管还在礼节性地微笑，但在他的心底，或许已经能明显地感觉到，缘分逐渐走向尽头。

发布会结束前，一名女记者终于忍不住向卡纳瓦罗发问："有人说你是中超颜值最高的主教练，你觉得呢？"总算化解了现场有些尴尬的气氛。卡帅扭头看了看身边的里皮，依旧保持着自己招牌式的微笑，说："有里皮在，我永远只能是第二帅。"

"第二帅"的卡纳瓦罗，就这样仓促上路了，但谁都看得出来，他还离不开里皮的庇护。

扶上马，送一程

卡纳瓦罗，拥有一段无比辉煌的球员生涯。

他生于那不勒斯，儿时的偶像是城市英雄马拉多纳，在他 16 岁那年，便在训练中与球王同场竞技。十余载意甲生涯，他辗转帕尔马、国际米兰和尤文图斯，逐渐成为亚平宁第一中卫；2006 年以队长身份捧起世界杯，并在年底夺得金球奖，这是他荣耀的顶点。同年夏天，他完成了第一次留洋，加盟皇马，接过了齐达内留下的 5 号战袍。

如果说里皮的教练履历，是当之无愧的中超主帅第一人，那么卡帅的球员生涯，同样是高山仰止。只不过，有过太多历史证明，顶级球员与顶级教练之间，无法画上等号。

球员时代的卡纳瓦罗，亲历过特拉帕托尼、里皮、萨基和卡佩罗等名人堂级主帅，作为领袖球员，卡纳瓦罗自信积累了足够丰富的知识与经验。他曾说，里皮阅读比赛的视野、深度和勇气让他着迷，而卡佩罗管理大牌球员的能力同样独树一帜，这些都成为了他成长道路上的宝贵养分。

可真正需要独当一面时，年轻的卡纳瓦罗，还是会有些怯场。在完成亮相发布会后，卡纳瓦罗走进了酒店的自助餐厅，他安静地坐在了一角，并没有急着取用食物，而是等着里皮的到来。一些球迷走了过来，希望找里皮签名合影，银狐摆了摆手，将卡纳瓦罗推到了他们面前。

恒大的假期开始了，三年来里皮终于可以享受一个心无旁骛的假期，所有的琐碎工作，都交给了初来乍到的卡纳瓦罗。尽管距离新赛季还有三个月，但他一刻也不敢放松。他非常清楚，师父领进门，修行在个人。

2014年冬天，是恒大王朝历程中拨乱反正的日子。他们毫不犹豫地送走了两位难堪大用的意大利前国脚，回到南美外援打天下的日子。里皮失去了引援大权，更不用说卡纳瓦罗，但恒大给他送上了两份大礼，1500万欧元的高拉特和1100万欧元的阿兰。

新赛季的恒大，看上去是要重装上阵了。在西班牙的冬训，基本是卡纳瓦罗一手经营，里皮赶到了现场，只是做些宏观指挥。很快，卡纳瓦罗迎来了自己的处子秀，巧合的是，卡帅的揭幕战对手，与里皮的谢幕战对手完全一样，都是山东鲁能。

2月14日，情人节，杭州黄龙体育场，中国超级杯。恒大0-0战平鲁能，点球大战败北，卡纳瓦罗没能取得开门红，也没能兑现"把奖杯送给妻子"的情人节承诺。兵败瞬间，卡纳瓦罗快步走进球场，逐个安慰沮丧的球员。卡纳瓦罗说，我现在是主教练了，我必须成为球员的榜样，不管任何时候，我都不能先倒下。

银狐离去，独自上路

天下没有不散的筵席，该来的总会来，该走的总会走。

▲ 面色从容、镇定自若的卡纳瓦罗

亚冠揭幕战前夜，里皮正式向恒大提出了辞呈，他的理由很简单，常年奔波在外，亏欠家人太多，在逼近古稀的年纪，是时候颐养天年了。恒大坚持挽留，最后双方达成一致，看看首战结果再做定论。

这又是一场轮回之战。银狐曾踩着首尔 FC 登上亚洲之巅，前度牛郎今又来，成为了卡纳瓦罗的试金石。三年来，除了禁赛，里皮从未缺席过主场比赛，但这一次，他坐上了距离教练席最近的看台，将指挥者的位置留给了卡纳瓦罗。

首发的制定，是卡纳瓦罗全权负责，两大新援高拉特与阿兰，和埃尔克森一起组成了三叉戟，唯一的本土攻击手，他选择了于汉超。这是一场艰苦的战斗，阿兰助攻高拉特打进了唯一进球，总价值 2600 万欧元的豪华搭档，一战证明了实力。比赛最后十分钟，首尔反扑势头凶猛，卡帅令旗一挥，悍将张佳祺换下高拉特，守住了三分。赛后传闻，这一换人来自里皮的遥控指挥。

首战告捷，卡纳瓦罗通过小考，辅导老师里皮露出了微笑。恒大宣布接受里皮辞呈，并在御景半岛酒店，安排了一次媒体与里皮的欢送会。里皮很快收拾行囊踏上了回国的班机，他最大的遗憾延续至今——没能在天河体育场，与追随热爱他的球迷们，好好说一声再见。

一周后，悉尼郊区帕拉马塔，是卡纳瓦罗真正意义上的第一次"独自上路"。面对半年前将里皮挡在四强门外的冤家对头，卡纳瓦罗展现了成熟的一面，他没有提出任何复仇的概念，而是强调"足球比赛不是打架斗殴"，希望球员们以平常心去赢得胜利。在这场比赛里，卡纳瓦罗又一次经历了严峻考验，当对方掀起疯狂反扑时，曾诚与金英权同时因伤离场。尽管最终恒大 3-2 惊险过关，但卡纳瓦罗仍显得心有余悸。

新一季中超终于拉开帷幕，卡纳瓦罗却只能步步为营。恒大接受了他接班里皮的事实，但却明确告诉他，上半程将是对他的考察期。唯有通过这段考察，才有望获得新约，进行更长期的合作。卡纳瓦罗相信了，他充满自信地说，等度过了这段时期，我希望能在广州待得更久，一年内我会把妻子接过来，在这边开始新的生活。

"李章洙"悲剧重现

卡纳瓦罗很努力，他每天将绝大部分时间都花在了工作上，几乎没有任何娱乐活动。他曾在迪拜有过旅居国外的经验，适应中国的生活不成问题，他甚至一度尝试着学习中文。

恒大王朝

然而，正如新手上路必须要度过一段磨合期，卡纳瓦罗的起步，多少显得有些踉跄。中超前五轮，广州恒大场场丢球，4月初就遭遇了赛季第一败。卡纳瓦罗曾说，别看我是踢中卫的，又是意大利人，就以为我的风格很保守，其实我更倾向攻势足球。但问题是，他的执教功力，还远未达到可以用攻势足球取悦球迷的程度。中超亚冠连遭两场败仗后，对卡纳瓦罗的质疑铺天盖地袭来，招牌微笑逐渐在他脸上消失，更多时候变成了眉头紧锁。

金球中卫练不好球队防守？面对指责，卡纳瓦罗也解释过："恒大是中超冠军，不可能以收缩防守的方式来面对比赛。我承认有我的问题，但这不是一时所能解决的，如果我每场都派上五后卫，那么他们永远没机会成为马尔蒂尼、内斯塔和卡纳瓦罗。"只不过，在唯成绩论的广州恒大，只看到问题却无法解决问题的卡帅，再多解释也是苍白。

关键时刻，上帝并没有站在卡帅一边。史无前例的伤病潮，几乎将原本兵强马壮的恒大彻底吞噬，极端情况下，他们在替补席上写下了两名门将，也无法填满18人大名单。每轮比赛过后，就有媒体总结，恒大又创了同期历史最差成绩。卡帅的头顶阴云密布，但他也找不出任何办法。5月中旬，恒大联赛连平上港与富力，亚冠更是一波史无前例的四场不胜，卡纳瓦罗已经渐渐预感到，恒大即将举起换帅铡刀。兵败城南之后的回程，卡纳瓦罗在机场就迫不及待打开电脑研究录像，他还想与命运做最后一搏。

5月27日，恒大2-0逆转城南FC，连续第四年跻身亚冠八强。这场比赛的主席台上，出现了里皮的身影。他说自己只为商业代言而来，但谁都知道，他要在这生死时刻，为情同父子的卡纳瓦罗，助上一臂之力。赢下这场比赛后，里皮与卡纳瓦罗都长吁了一口气，他们都认为，亚冠八强的成绩单，足够成为续命仙丹。他们没有料到，全程接待陪同里皮的刘永灼，会在送走银狐的次日，就登上前往巴西的航班，他的目标无比清晰明确，那就是用一位真正的冠军主帅，换掉菜鸟教练。

▲ 逆转城南FC后，卡纳瓦罗振臂庆祝

▲ 郑龙世界波扳平和泰达的比分，与卡纳瓦罗激情庆祝

　　5 月底的最后一战，恒大 3-0 完胜贵州人和，外界纷纷感慨，卡纳瓦罗摇摇欲坠的帅位，终于又坐稳了。四天之后，是中超上半程的收官战，恒大主场迎战天津泰达。刘健首开纪录，但泰达不可思议地逆转了比分，第 80 分钟，郑龙一脚世界波任意球扳平比分，他推开了队友的庆祝，径直冲向场边的卡纳瓦罗——那个给他机会，让他重生的恩师。卡帅同样激动不已，他张开双臂放声高呼，甚至跪在地上迎接郑龙的拥抱。

这一幕，无比经典，也无比讽刺。短短十分钟后，卡纳瓦罗经历了悲喜两重天。在走回更衣室的路上，他被俱乐部工作人员叫住，带上了二楼的会议室。在那里，刚刚被任命为俱乐部董事长的柯鹏在等着他。柯鹏代表恒大集团，向卡纳瓦罗发出了解约通知，同时离开的，还包括里皮留下的教练团队。据在场人士说，卡纳瓦罗并没有太过震惊，而是非常平静地接受了这一切，双方很快达成了赔偿条款，在还剩一年半的合同里，卡纳瓦罗只拿走了不到一半的薪水。

发布厅里的记者，没有等来卡纳瓦罗，他作为恒大主帅的历史使命，已经就此终结。他离开时，恒大的成绩是中超第一，亚冠八强，很多人说，这像极了当年的李章洙。卡纳瓦罗挤出笑容，走回了刚刚熟悉的更衣室，他与球员们拍下了一张合影，算是最后的纪念。于汉超哭了，郑龙哭了，更衣室里眼泪在飞，卡帅拥抱了每一个人，互相祝福未来好运。转身走出球场的瞬间，卡纳瓦罗看到为他守候的球迷，终于无法抑制情绪，他高举双臂竖起了大拇指，热泪在眼眶打转。

这一夜，整座广州城都为卡纳瓦罗动容。许多球员发微博表达不舍，他们无法说得更多，只能感慨一句，这就是残酷的职业足球。此刻，距离卡纳瓦罗接手恒大帅位，只过了 212 天。

最盛大的告别式

卡纳瓦罗不是没有失败过，2000 年欧洲杯决赛，意法大战到了最后时刻，正是他的头球失误，乌龙助攻了维尔托德的压哨扳平；他同时也是个硬汉，1998 年世界杯，初登大赛舞台的卡纳瓦罗，被吉瓦什肘击得鲜血直流，但他戴上面具又杀回了比赛。然而，即便亲历过再多大风大浪，再怎样的铁骨铮铮，也无法消弭这一刻的苦涩。

显然，对于卡纳瓦罗来说，这是个不眠之夜。他在自己的推特上连发三

恒大王朝

条告别，向球员、球迷诉说着别离，他同时不忘强调，自己的成绩单是堪称出色的。而在随后的十几个小时里，卡纳瓦罗不断转发着网友留言，那些对他的称赞与留恋，都成为了抚平伤口的良药，被他一口口地吞下。里皮很快接到了他的电话，就像个受伤的孩子，寻找父亲的庇护。一天后，银狐公开对外表态，表示难以理解恒大的决定："他的球队还在第一集团，其实干得不错，但中国人的做法，总是不可预知的，就像当年突然请我过来一样。"

无论外界如何评说，卡纳瓦罗的离开，都成为了不可避免的事实。处理完私事后，卡纳瓦罗预订了 6 月 8 日深夜离开的航班。而整座广州城，都希望给他一次完美的告别。从傍晚开始，就不断有球迷和媒体聚集在广州白云机场国际登机口，等到卡纳瓦罗乘车前来，现场云集了近 2000 名球迷，这是史无前例的一次盛大告别，超越了孔卡也超越了里皮。

人潮围堵着卡纳瓦罗的车子，他从副驾挪到了后座，打开天窗站了起来。他接过球迷递上的恒大围巾，最后一次将它举了起来。由于球迷过多，车门一直无法打开，司机只能围着航站楼绕了一整圈，卡纳瓦罗才能挤下车来。他被人流推动着走进了出发大厅，眼见实在无路可去，他索性爬上了办票柜台。现场所有人一起高唱着《讲不出再见》，很多人已经泣不成声，卡纳瓦罗站在高处，拿出手机拍下了这一切，他说，这些镜头会成为他永生难忘的回忆，广州球迷送给他的告别礼物，太重、太深沉。

疯狂的告别仪式，持续了近一个小时，当终于闪身进入候机区的瞬间，卡纳瓦罗也流泪了。初来乍到时，他凭借曾经的名声与俊朗的外型，征服了这里的球迷；但临别之际，大家为他打抱不平的，则是他取得的不俗成绩。在中国的第一个三八妇女节，卡帅曾在发布会上向现场女记者道歉，他说"我本应该为你们送上鲜花致意的"，他承诺下一次绝不会忘记，但遗憾的是，他没有坚持到下一个妇女节到来。

▶ 卡纳瓦罗起飞的机场
被围得水泄不通

▶ 送别卡纳瓦罗的场面盛况空前

　　莫愁前路无知己，天下谁人不识君。告别恒大帅位，卡纳瓦罗依然是国际足坛耀眼的明星，他很快以嘉宾身份出席了世预赛抽签仪式，也同时张罗着重回中国的行程。8 月 18 日，卡纳瓦罗重回天河，他以队长身份参加了一场中欧明星赛，向来对走穴赛事不感冒的广州球迷，这一夜涌入了两万多人，绝大多数都是为了再看卡纳瓦罗一眼。

　　一眼万年，这就是卡纳瓦罗与广州足球之间，专属的独家记忆。而更多的人，期待的是未完待续。

斯科拉里——失败者的救赎

刺骨的寒风中，时间一分一秒流逝着，斯科拉里不再狰狞着面孔咆哮指挥，而是紧了紧衣领，将手插进了兜里。他很清楚，奇迹之所以称之为奇迹，正因为难以复制。他不再奢求弟子们重演逆转墨西哥美洲队的好戏，而是心平气和地接受了被逆转的结果。这一夜，横滨国际综合竞技场，不再是斯科拉里的福地，他挂帅的广州恒大，以和两年前完全一致的 1 胜 2 负，结束了又一次的世俱杯征途。而他，斯科拉里本人，终究还是没能超越里皮。

遗憾，却并不恼怒，斯科拉里转身朝着替补席鼓了鼓掌，向辛勤工作了大半年的教练组致意。他甚至等到球员们谢场完毕，并挨个击掌拥抱后，才一同回到更衣室。在这样的时刻，再去苛责任何人已经没有意义，很多人都清楚地意识到，这支历经磨难的队伍，早已在与巴萨一战后，就用尽了最后一丝力气。斯科拉里定了定神，开腔说了第一句话："感谢你们，这美妙的一年，结束了。"

硝烟散尽，卸下戎装，拼杀了一整年的队伍，终于能在再上征途之前，稍作停歇。斯科拉里宣布球队就地解散，并承诺了一个月的假期，而他本人，则迫不及待地返回了巴西。对于一位 67 岁高龄的老人而言，这样的工作节奏，的确是个不小的考验。尽管他早已习惯了浪迹江湖，但总还会有些心头牵挂，他很快就会飞往葡萄牙里斯本，他的儿孙们早已定居于此。或许，在含饴弄孙之际，斯科拉里会好好给他们讲讲，自己与中国足球的故事。

大菲尔的中国往事

20 世纪 90 年代中期，职业化改革将中国足球的热潮推上了历史顶点。作为首都球队的北京国安，也成为了世界豪门访华比赛的首选对象。在北京工体，无论是中国男足还是北京国安，都爆发过强大的战斗力，将 AC 米兰、阿森纳和桑普多利亚等欧洲名门，写进了失败者名单。1996 年 4 月，新科南美解放者杯冠军，斯科拉里治下的格雷米奥队，正是在这样的时代背景下，不远万里来到了北京。

那一年，斯科拉里 48 岁，正值职业教练最风华正茂的年纪。他并非顶级球员出身，球员时代甚至被讥讽为"木腿"。他 33 岁就退而从教，并与那个年代的许多同胞一样，走上了"巴西足球支援世界"的道路。执教生涯的前十年，斯科拉里超过 10 次改换门庭，沙特和科威特都留下过他的足迹。直到 1993 年接过格雷米奥教鞭，斯科拉里才算走上正轨，开始在主流舞台上登堂入室。三年里，他率格雷米奥豪夺 7 座奖杯，其中就包括了最重要的南美解放者杯。一时间，斯科拉里声名大噪，成为美洲知名教头。

正因有过亚洲经历，斯科拉里对中国足球的水准不屑一顾，他坚信自己的球队能够横扫北京国安。但这场工体之战中，吹着"爱国哨"的主裁判黄钢，却成为了焦点人物。他判给了国安一个莫须有的点球，罚下了格雷米奥一名球员，同时放了了邓乐军在门线上的明显手球。最终国安 3-2 延续了工体神话，而远道而来的斯科拉里，却怒不可遏。终场哨响，斯科拉里铁青着脸，快步走到了球场中圈安抚球员，年轻的央视记者黄健翔赶紧跟了上去，他举着话筒问斯科拉里"你能说英语吗"，斯帅说"没问题"，于是，便有了这段震惊中国足坛的对话。

"你是否对这样的比赛结果不够满意？"

"是的，我终于知道你们是怎样赢下那么多强队了，如果你们一直以这样的方式赢球，那么中国队永远进不了世界杯，永远！"

"你觉得主裁判成为了我们的第 12 人？"

"不只是主裁判，两名边裁还是你们的第 13 人和第 14 人。我们不可能赢得这样的比赛。"

斯科拉里的铁面炮轰，通过央视镜头传到了千家万户，让许多沉浸在中国足球巅峰幻梦中的国人，开始清醒过来。两个月后，中国男足在工体迎来了为欧洲杯备战的英格兰队，0-3 的脆败，让工体不败成为了历史，火热的商业赛也就此由盛转衰。而斯科拉里的诅咒，却还在延续，号称史上最强国足的"97 届"，最终倒在了通往法国世界杯的征途上。直到四年后，凭借张吉龙的上帝之手和神奇的米卢，中国队才首次杀进世界杯决赛圈。但这一次，斯科拉里挂帅的巴西队，则用一场兵不血刃的 4-0，完成了复仇。

事不过三，缘定广州

2008 年 7 月 21 日上午，新科欧冠亚军得主，当时的世界第一土豪俱乐部切尔西，乘马航包机飞抵广州。这是切尔西俱乐部百年历史上的第一次亚洲之行，羊城广州是他们的第一站。这是一支星光熠熠的球队，拥有特里、兰帕德、巴拉克、德罗巴和舍甫琴科，而他们的新任主帅更加如雷贯耳——世界冠军斯科拉里。

此时，距离斯科拉里首次来华，已过去了整整 12 年，年近花甲的大菲尔，也经历了一个梦幻般的轮回。这 12 年间，他除了没能在日本磐田喜悦善始善终，在帕尔梅拉斯和克鲁塞罗，都收获了不少奖杯；而在巴西与葡萄牙两支国家队的七年时光，更是斯科拉里一生的巅峰。他先是率并不被看好的巴西队七战七捷，书写了五星神话；后又在葡萄牙历时六年打造一代王朝，世界杯四强和欧洲杯亚军的成就，都是葡国历史顶峰。2008 年夏天，曼城和切尔西都向斯科拉里抛来了橄榄枝，最终他选择了后者。

那个夏天的广州很热，但中国足球却处于历史冰点。杜伊与福拉多双头制的中国队，连续两届倒在十强赛门外，早早断送了世界杯之梦。纵使切尔西巨星云集，也没能引发太大大热潮，只有十几人的接机队伍，显得无比寒碜。接待切尔西的酒店，也不在市区，而是位于郊区番禺的星河湾。与皇马曼联等老牌豪门不同，还属于新贵的切尔西，并未将亚洲行变成疯狂走穴，初来乍到的斯科拉里，更是在绝大多数时候处于"隐身"状态，他没有出席商业活动，也没有出席慈善晚宴。

切尔西与广州医药之战，是斯科拉里挂帅蓝军后的处子秀，也是他执教欧洲豪门俱乐部的首秀，他肯定无法想象，自己终有一天，会成为广州队的主帅。当时的广药，在中超不过中游球队，在时任主帅沈祥福眼中，与曼联拼到点球大战才惜败的欧洲亚军，完全是另一个层级的对手，他在赛前强调最多的目标，就是尽可能地少丢球。而当时广药的核心主将徐亮，更是在赛前就成了追星族，他在慈善晚宴上花了 3.5 万元人民币，拍下了切尔西全队签名的足球。

斯科拉里没有任何怠慢，在巴拉克与德罗巴没有来华的情况下，他派上了手中的最强阵容。广州队同样尽遣主力出战，其中就包括了门将李帅，他肯定也不会料到，七年后会成为斯科拉里的弟子，并在世俱杯上闪耀世界。面对切尔西的狂轰滥炸，上半场李帅只被卡劳洞穿了一次球门，他早已知道沈祥福会在下半场换上另一套阵容，于是在中场哨响后，李帅立即找到了被誉为当时世界第一门将的切赫交换球衣。下半场双方均做出多次换人调整，最终广州队 0-4 主场惨败。

只不过，大胜开门红，并未让斯科拉里的好心情持续太久。随后的发布会上，记者们的两次提问，显然惹恼了大菲尔。有人说，弗格森质疑切尔西主力太老，竞争力不足，你对此如何回应？斯帅沉默一阵，强硬说道："对我来说，这不是问题。"又有人问，你有信心超越穆里尼奥吗？斯帅再次翻了白眼："这个问题，我不予置评，没什么好说的。"现场一片尴尬，发布会也有些不欢而散。

足球世界的兜兜转转，总会伴随神奇的巧合。斯科拉里最终在切尔西遭遇了滑铁卢，次年 2 月就因战绩不佳而被解职，接替他的救火队员，是荷兰名帅希丁克；六年多后，当斯科拉里率恒大征战世俱杯期间，切尔西又一次发生了换帅，他们送走了二进宫的穆里尼奥，接班人居然又是希丁克。有英媒请斯帅做出评论，他只是简单一句"这就是足球世界，什么都可能发生"。

斯科拉里与广州城的第一次缘分，伴随着切尔西的离开，匆匆而过。双方的第二次结缘，则是三年后的 2011 年。那时的恒大，已是震惊中国足坛的"闯入者"，李章洙的球队正朝着队史第一座中超冠军奖杯飞奔而去，但恒大集团却已经开始筹划更远大的未来。他们坚信，只有世界级名帅才能驾驭这艘巨舰前行，于是斯科拉里和里皮、希丁克等伟大的名字，进入了恒大的候选名单。刘永灼亲赴巴西拜访了斯科拉里，几乎与里皮同时，向他发出了邀约。

只不过，相比于里皮的自由身，当时的斯科拉里还在与帕尔梅拉斯的合约之中，而且他刚刚在乌兹别克斯坦结束一段并不算成功的亚洲冒险，对于恒大的前景也并没有十足把握。双方在这一年缔下了友谊，尽管没能更进一步，却也给未来留下了想象空间。如果没有这些铺垫在前，很难想象在 2015 赛季关键时期，斯科拉里会在一周之内答应前来广州执教。正所谓事不过三，当斯科拉里与广州城的第三次缘分出现，彼此都没有再错过。

争议上路的"赏金猎人"

斯科拉里的到来，绝不是众望所归。许多人将对卡纳瓦罗的同情与留恋，转化成了对斯科拉里的仇恨与敌视，仿佛正是这个形似老农的巴西老头，逼走了俊朗无双的意大利型男。卡纳瓦罗不断通过各种渠道表达不满，直指"中

▲ 斯科拉里正式签约，恒大再迎世界冠军主帅

超第一、亚冠八强"的成绩单，原本配得上更多尊重。而斯科拉里则避开了一切口舌之争，他深知只有成绩才是最好的武器。作为集团掌舵人，许家印最终为这场风波做出了最后注解："卡纳瓦罗是一名好教练，他未来有机会成为伟大的教练，而斯科拉里，就是一名伟大教练。"

在恒大队史上，这是争议最大的一次换帅，此前无论是用李章洙换掉彭伟国，或是里皮闪电取代李章洙，都符合"更高更快更强"的追求，代表着本质的进步。但这一次，斯科拉里虽占据经验和过往荣誉的优势，却仍旧无法服众。对于绝大多数球迷而言，斯科拉里距离世人更近的记忆，早已不再是五星巴西的领军人物，而是那场堪称惨案的 1-7。而更多的专业人士则在感慨，斯科拉里的时代早已过去，他所倡导的足球背离了现代足球的发展趋势，换句话说，67 岁的大菲尔，已经过时了。

谁也无法判断，当恒大做出换帅决定时，他们究竟有多少把握能够成功。但当时的情况，也的确在把恒大一步步逼上了换帅之路。在恒大最重视的亚冠赛场，卡纳瓦罗自开局三连胜后，一度遭遇连续四场不胜，1/8 决赛首回合兵败城南，更将恒大置于前所未有的险恶境地。2014 赛季，恒大就曾因里皮的独断专权，吃了引援的亏，并最终在亚冠早早出局，"浪费"了一个赛季；到了 2015 年，若是再重蹈覆辙，谁也无法跟老板交差。尽管卡纳瓦罗完成了主场翻盘晋级，但他已然用完了恒大给予的信任票。为了 2015 年集团整体战略突破，恒大俱乐部必须拿到亚冠以壮声威，许家印明确提出"今年必夺亚冠"的口号，意味着改变不可避免，卡纳瓦罗尚未来得及打造的时代，也走到了尽头。

然而，卡纳瓦罗不行，斯科拉里就一定行吗？显然，历史数据也站不住脚。过去 20 年间，斯科拉里共有三段海外俱乐部执教经历，几乎都以失败告终。1997 年，他在 J 联赛磐田喜悦带队打了 11 场比赛就选择离开，并抨击日本球员"笨拙且水平低"，但他的继任者却率队夺得了联赛冠军；2008 年，斯科拉里结束七年国家队教练生涯，再次试水俱乐部球队，但在切尔西只待了半年多，就以 20 胜 11 平 5 负、总胜率勉强过 50% 的成绩单被解雇；但仅仅几个月后，斯科拉里就再度出山，接过了乌兹别克斯坦本尤德科的教鞭，在这里他率队以不败战绩夺得联赛冠军，但亚冠赛场却早早折戟，不得不再次提前离开，返回巴西。

从切尔西到本尤德科再到广州恒大，很多人质疑斯科拉里是足坛的"赏金猎人"，因为他选择的球队，都是以大手笔投入著称的土豪，在乌兹别克斯坦他甚至一度拿到 1300 万欧元的世界第一高薪。即便在恒大他的薪水只有里皮一半，但超过 500 万美元的薪资，已经比他在巴西国家队执教时高出了一倍。否认为钱而来，是全世界任何教练都会挂在嘴边的说辞，斯科拉里显然不会例外。但对于他而言，除了在生涯暮年赚取高薪之外，还有另一项任务在驱动着他的内心——那就是借助恒大重登巅峰，让世人忘却 1-7 惨案。

为了给予斯科拉里信心，恒大完全按照里皮规格，迎来了巴西老帅。大菲尔和他的教练团队，乘许家印专机飞抵广州，而见面发布会的场面，也向里皮靠拢。只不过，这一次不再有央视并机直播，发布会全程也只持续了 45 分钟，刚好是里皮那次的一半。主席台上，许家印与刘永灼不断赞美着斯科拉里，特邀前来的广州市体育局局长罗京军也帮腔了几句。然而，在真正的实战成绩到来之前，绝大多数人对斯科拉里的评判，都要打上一个问号。

重塑铁军，双冠功成

"满目疮痍"，是斯科拉里接手恒大时，对这支球队最准确的描述。赛季尚未过半，恒大主力球员的伤停已突破 20 人次，许多场次只有高拉特一名外援带着全华班在拼。极端情况下，恒大甚至要在替补席放上两名门将，可即便这样也凑不满 18 人大名单。许家印给斯科拉里下达的第一条军令，就是必须改变球队伤兵满营的窘境，尽快让球队达到本应具备的战斗力。而为了给予新帅支持，恒大临时修改了奖金政策，将中超单场赢球奖提高到 300 万元。但这一政策只适用两场，即接下来与鲁能和国安的焦点大战。

对于斯科拉里和他的教练团队来说，这无疑是个艰难的挑战。带队仅一周，他就要相继迎来两大强敌，若无法交出满意答卷，他在恒大的路会愈发艰难。6 月 20 日，恒大北上济南挑战鲁能，郑智、张琳芃、金英权和埃尔克森等主将均高挂免战牌，斯科拉里不得已在首发里写下了两名"93 后"小将的名字——王上源和王军辉。开场仅 14 分钟，刘彬彬就凭借他风驰电掣般的速度首开纪录，斯式恒大遭遇危局。这一战，济南奥体涌入了超过 4 万名现场观众，所有人都想看鲁能复仇恒大。

恒大王朝

斯科拉里很焦虑，从他不断的起身咆哮和夸张的指挥动作，就能看出他是多么紧张。但这一天，幸运女神站在了他这一边，许久没进过球的邹正扳平了比分，而用一脚直接任意球破门送别卡帅的郑龙，又用一脚相似的破门，当作了斯科拉里的见面礼。恒大 2-1 逆转鲁能，斯科拉里首战开门红，但他并未显得过于兴奋。赛后发布会上，我问他整场都在怒吼些什么，他毫不隐瞒地表示："后防线站成一条直线，是卡纳瓦罗时代的风格，而我要求是前后站位，所以一直要纠正他们。"

卡纳瓦罗虽贵为金球中卫，但作为教坛菜鸟，风格并不保守，恒大连续失球的纪录，也划在了他的名下。而老江湖斯科拉里，行走世界三十年的安身立命之本，就是先稳防守再图进攻。即便是 2002 年拥有 3R 的巴西队，也是建立在吉尔伯托和克莱伯森这对铁血双后腰的防守之上。面对巨大的成绩压力，斯科拉里选择双管齐下，他一边凭借私人关系挖来了顶级后腰保利尼奥，一边招来队医古斯塔沃完善医疗系统。来之能战的"暴力鸟"让恒大逐渐挺起腰板，而随着伤员们陆续归来，恒大也开始重新吹响冲锋号。

在斯科拉里治下，恒大一改卡纳瓦罗时代大运动量的训练方式，球员们不再叫苦不迭，而是将更多的能量投入到比赛之中。可以说，是斯科拉里的到来，重新将因大量伤停而显得有些松散的球队，再度凝聚了起来。斯科拉里很清楚，2015 赛季的中超竞争极为激烈，必须每分必争步步为营。7 月 15 日，恒大主场迎战河南建业，开场不久郑智就染红下场，最终恒大在扳平之后不敢冒险，最后 15 分钟几乎以默契球耗完。斯帅这一做法，引发媒体与球迷强烈不满。然而，从赛季最终积分榜来看，恒大若是没拿到这一分，联赛五连冠大业恐怕会完成得更加惊心动魄。

"足球比赛就像是场战争，我要做的就是杀死对手，而不是被杀。"早在执教葡萄牙国家队时，斯科拉里曾对自己理解的足球，有过这样的阐述。当他咬紧牙关开始战役时，任何对手都会胆寒。7 月初，恒大以一场 7-0 屠杀了重庆力帆，也标志着赛季冲刺正式打响。他会力争消灭面前的每一个敌人，拿到自己需要的结果。在展望下半赛季时，不少专家都直指恒大客场过多，或是冲刺冠军的一大隐患。但最终的故事却让人瞠目结舌，除了没能征服石家庄的魔鬼主场之外，斯科拉里的恒大赢下了剩下的全部 11 个客场，创造了前无古人的纪录。

2015 赛季，恒大最终的争冠对手，只剩下了上海上港，这支拥有孔卡、吉安和武磊的球队，直到最后关头依旧穷追不舍。但在 9 月中旬的天王山战役中，恒大却以干净利落的 3-0，再次证明自己才是当之无愧的王者，而斯科拉里也延续了自己对埃里克森的统治级胜率，依旧是瑞典人心头难以逾越

▼ 斯科拉里在场边激情地指挥队员

的天堑。尽管山东鲁能以一粒越位进球毁了恒大主场夺冠的庆典,但并不妨碍斯科拉里和他的弟子们三天后笑傲京城。斯帅接手征战 17 轮,恒大 12 胜 5 平保持不败,超过 70% 的胜率,连里皮处子赛季的成绩也轻易秒杀。

而在亚冠赛场上,斯科拉里更是谨慎有加。两回合总比分 4-2 淘汰柏太阳神,两粒失球让大菲尔非常不满;到了半决赛面对大阪钢巴,他们 180 分钟只让对手攻破了一次球门;而在决赛对手阿赫利面前,恒大众将更是化身铁壁铜墙,客场 0-0 战平之后,回到天河又以 1-0 捍卫了胜果。很多人说,2013 年里皮的球队是靠进攻打下了亚冠冠军,而这一次斯科拉里则是靠防守站上了亚洲之巅。无论方式如何,冠军奖杯都是最好的褒奖。当斯科拉里被队员们抛起欢庆时,所有人都会认同恒大做出了一次正确的换帅。

▲ 亚冠决赛赛场,斯科拉里振臂欢呼

▼ 赛前新闻发布会上卖萌的老头

从咆哮帝到情商帝

"如果你们想让我留下,那就跪下来求我;如果你们不喜欢我的执教风格,那就见鬼去吧!"这是巴西本土世界杯上,斯科拉里与媒体的公开交火。一场 1-7 的世纪惨案,将斯科拉里钉上了巴西足球的耻辱柱,也让他的姓氏"菲利佩"成为"搞

砸了"的代名词。然而，惨败能够打碎斯科拉里的名望，却打不垮他坚强的神经。他一如既往地从不屈服，继续与一切质疑自己的声音开战——教坛沉浮三十载，他吹胡子瞪眼的"咆哮帝"形象，早已深入人心。

斯科拉里从来不是善茬，被他炮火洗礼过的人遍地都是。球王贝利对他的排兵布阵有过质疑，大菲尔立即还击说"他根本狗屁不懂"。而对于麾下那些喜欢花天酒地的球员，斯科拉里更是直接斥责"不自律的人，只能算是有理性的畜生"。对将他罚上看台的裁判，斯科拉里撂下狠话"赛后别走，我在门外等你"。而对有意偷拍他隐私的媒体，更是毫不留情地恐吓道："我不喜欢打官司，我会给他一拳，这是我的方式。"

这就是曾经的斯科拉里，脾气火暴，容不得丝毫侵犯。但在来到中国之后，他却仿佛换了个人，成为了球员眼中的大家长，媒体笔下的高情商主帅，球迷心中和蔼可亲的老头子。来华半年，斯科拉里只受到过一次公开质问，在 7 月 15 日主场与河南建业的比赛中，恒大在少打一人的情况下，最后 15 分钟放弃进攻"耗完"了比赛，如此保守做派让广州媒体和球迷无法接受。赛后发布会上，一名广州记者要斯帅做出解释，这一问却激怒了巴西人，他愤怒回击道："你踢过足球吗？少打一人还能压上进攻？这就是我的解释。"这是斯科拉里与中国媒体之间，唯一勉强称得上交火的一次，也是唯一的一次。

在漫长的执教生涯里，斯科拉里与媒体从来都不是朋友。他比任何人都清楚，唯有成绩才能让底气十足，其余都是靠不住的。赛季尚未结束时，斯科拉里拒绝了一切采访请求，无论来自欧美还是中国。但在完成中超亚冠双冠王成就后，斯科拉里却主动向媒体打开了家门。显然，这并不意味着他想和中国记者成为朋友，他唯一的目标，是利用媒体的力量，在最荣耀的时刻，为自己唱唱赞歌。这就是久经沙场的斯科拉里，所展现出来的高招，并且还真的成功了。

恒大王朝

当然，斯科拉里能够无缝衔接，成为恒大这艘巨舰的新舵手，绝不仅仅是依靠八面玲珑的为人。他真正征服恒大这支球队的，是他重点强调的"尊重"与"公平"。因为尊重，斯科拉里与自己的教练组，经常放弃舒适的专机待遇，将最好的行程让给球员，宁可自己去挤普通民航航班；因为公平，斯科拉里从来不会任人唯亲，他亲手选来的救火队员罗比尼奥，只要状态无法达到要求，绝对不可能进入球队名单，这与里皮当年任性使用迪亚曼蒂和吉拉迪诺，形成了鲜明对比。

"里皮时代，我们是一个共同战斗的集体；但在斯科拉里手下，球队变成了一个大家庭。"在谈到斯科拉里带来的变化时，亲历了两代名帅的张琳芃有过这样的描述。与球队第一次见面那天，斯科拉里走到会议室，绕了一圈就闪身走人，全程一直板着面孔，让队员们惶惶不安。但后来他们才知道，这只不过是斯科拉里的下马威，此后的训练和生活中，再未有过这样的场景。斯科拉里极少在训练中发火，他做得最多的工作，就是鼓励。他会鼓励任何一个球员，让所有人意识到自己的重要性。他还善于描绘梦想，让所有人充满动力。陪同斯科拉里出席发布会最多的郑智，也是被他夸赞最多的人，每一次谈到队长，大菲尔都会竖起大拇指，丝毫不吝赞美之词，能让郑智感觉自己是他执教过最完美的球员。

是的，斯科拉里很清楚，在外援名额有严格限制的中国足坛，本土球员才是他最需要倚重的力量。职业化二十年来，来华执教的外教如过江之鲫，但从未有人像斯科拉里这样，将中国球员捧到如此高的位置。"中国球员的能力非常出色，同时还很虚心好学，我为拥有这样一群中国球员而感到骄傲。"在赞美起中国球员时，斯科拉里简直充满天赋，"如果谁说中国球员不行，那他们肯定是错了。我们恒大能够打到今天的成绩，完全是靠中国人打出来的，是他们带领着外援打出来的。"不得不说，斯科拉里的几番话，足以令所有球员乃至球迷都热血沸腾。而作为回报，这批中国球员毫无保留地奉献了一切，将斯科拉里送上了亚洲之巅。

▲ 斯科拉里和郑智参加亚冠决赛的新闻发布会

漂泊者的最终归宿？

"您知道我们国家现在的最高领导人是谁吗？"

"我知道，是习近平主席。他非常喜欢足球，也正在为中国足球做出贡献，我们都要感谢他做的一切。"

"看来您对中国的国情非常了解？"

"是的，之前我还在电视上看到了你们的大阅兵，太震撼了，非常了不起。"

浪迹江湖三十年，斯科拉里的足球人生，向来漂泊不定。他最长的一段旅程，是在葡萄牙度过的五年时光，而他的儿孙们，至今还定居在里斯本。
"从 80 年代到现在，我可能只有 10 年是在巴西国内度过的，其余都一直在路上，沙特、科威特、日本、葡萄牙、英格兰还有中国。"回忆起四海为家的岁月，已是一头白发的斯科拉里，也不免有些感慨。他已经过了 67 岁生日，与恒大的合同还有两年，广州是否会成为这位漂泊者最终的归宿？

斯科拉里没有给出肯定的答案，因为他知道足球世界变化多端，谁也无法预测明天。但起码到目前为止，他已经爱上了这个国家。大菲尔说，我在广州一切都好，除了偶尔想念儿孙之外，我几乎拥有了一切。是的，在广州，斯科拉里拥有一位与切尔西时代阿布一样的超级富豪老板，并且也不会对他的执教有任何干涉。此外，他与俱乐部负责人刘永灼的关系也很好，两个人经常一起外出聚餐。他们之间没有所谓的权力纷争，斯科拉里很认可目前的模式，引援需求由自己提出建议，最终的决定和执行，则交给俱乐部定夺。

曾经的里皮，酷爱阳光与沙滩，每逢假日间歇，就会飞往海南三亚。斯科拉里总说，自己和里皮是老朋友，并且也是意大利后裔，但他的风格与做派，却与里皮有天壤之别。亚冠登顶之后，大菲尔才享受自己来华后的第一个假期，他的太太找了本中国旅游手册，上面重点推荐了桂林山水。于是，斯科拉里就拉上教练组成员和翻译一家人，一同就近前往桂林玩了一圈。沿路他们还尝试了一次农家乐，斯科拉里第一次亲眼看到"现杀现做"，震惊得直摇头。斯科拉里说，虽然中国和巴西都是金砖国家，但差异还是挺大，他说自己的一大爱好，是在位于佛山里水的恒大基地附近，看着汽车、摩托车和行人来回混乱地穿梭。

在恒大队里，斯科拉里总跟队员们说，你们的梦想要再大一些，要坚信自己能够做得更好。而这也能反映出，年近古稀的斯科拉里，仍有足够沸腾的激情流淌在血液之中。在位于广州 CBD 的广粤天地，斯科拉里已经安下了家，属于他的广州时代才刚刚拉开帷幕，而超越里皮是他给自己定下的目标。亚冠冠军显然不是极限，恒大还没有尝试过三冠王，世俱杯也没能更进一步，这些，都是有待斯科拉里继续开创的伟业。"雄心不可挡，广州未赢够"，这是所有广州球迷，对大菲尔的新期待。

天堂地狱一线间

谁都没有想到，被寄予厚望的斯科拉里和他的广州恒大，会以一个如此惨淡的开局，拉开新时代的帷幕。

送走埃神，迎来马丁内斯，从身价和名头来看，恒大又一次完成了外援升级。但问题是，足球比赛绝不仅仅是简单的数字叠加，真正检验一支球队战斗力的方式，必须看核心球员之间的化学反应。显然，身价过3亿元人民币的马丁内斯，在这里栽了跟头。

凭借中超亚冠受尽尊崇的斯科拉里，在短短两个月时间里，体会到了天堂地狱一线之隔的残酷。不久之前，他还被视为执教水准与为人情商"双高"的成功者，但新赛季亚冠四战难求一胜的罕见低潮，直接让斯科拉里名誉扫地，瞬间由神变魔。他固执的用人，不客气的言谈，遭遇媒体和球迷的双重抵制。一时间，舆论翻天覆地，无比一致的声音传来——斯科拉里必须下课。

当然，作为连续四年亚冠小组第一出线，并且还顶着卫冕冠军光环的恒大，如今的惨状的确不可接受。但年近七旬的斯科拉里，他的能力和素养，真的会如此断崖式下滑吗？恒大走到如今的地步，真是斯科拉里一人之罪？显然，这样的说辞，都有失偏颇。毕竟，他只是一名主教练，在这个庞大的俱乐部里，有太多事不是他所能决定的。

4月初，亲自邀请斯科拉里来华的刘永灼，率先离开了俱乐部董事长职位，很多人都在猜测，这是否意味着斯科拉里时日无多？但无论如何，斯科拉里曾给恒大这支球队，给广州这座城市带来的荣耀，谁也无法抹杀，谁也无法忘记。

外援篇

穆里奇——讲不出再见

不悔梦归处，只恨太匆匆。

距离穆里奇泪别广州城，已过去了近两年时光。中超的江湖上再不见穆里奇的身影，但关于他的传说却一直都在。当高拉特以 8 球捧起 2015 赛季亚冠金靴和 MVP 时，一些老资格的球迷不忘对身边的年轻人说上一句——穆里奇当年仅在淘汰赛就打进了 8 球呢。

133 战，77 粒进球，专属于穆里奇的纪录，他只用了四年，就将自己写进了广州足球史册最华彩的篇章，留下让后人高山仰止的传奇。此去经年，应设良辰美景无数，穆里奇依旧是卡塔尔联赛中不可阻挡的超级射手，但他的足球人生，再与广州无关。风继续吹，不忍别离，他却已不在我们身边。

初识：神兵天降

2010 年初夏，南非世界杯在南半球的寒冬里开打，地球的另一端，中甲联赛休战 50 天。

如果没有恒大，这一年的中甲很可能会像过去的许多年那样，毫无声响地开始，匆匆忙忙地结束。但恒大的出现，让这个只有13支球队的二级联赛，成为了中国足坛的焦点。

中甲前10轮战罢，轮空一次的恒大打了9场，尽管只输一场并且排名榜首，但5胜3平1负的成绩单，丝毫体现不出冲超的绝对优势。他们因时间仓促错过了冬季转会期，将所有的筹码都留到了二次转会。许家印表面在说"明年冲超也不晚"，但所有人都很清楚，必须一鼓作气杀上中超，不成功便成仁。

当时的恒大，能拿出手的球员屈指可数，若不是火线抢来的郜林大放异彩，仅凭一帮青年队小将，显然无力与老江湖们抗争。而且，在最拼外援的中甲赛场，恒大的外援之差让人无法忍受。顶着"卡卡表哥"名头的德拉尼，只替补打了3场就连续受伤，几乎沦为废人；澳洲亚外约翰·坦布拉斯更是成为笑柄，李章洙托人打听之后，才知道他是个从未打过职业联赛的业余球员；高中锋查尔斯·比奇身体素质没话说，但毕竟是个糙哥，一旦缺乏队友支援，也是形同虚设。四大外援中，从长春亚泰来投的梅尔坎最被寄予厚望，这个被中超淘汰的30岁老将，堂而皇之穿上了恒大10号战袍。

二次转会，恒大只剩一个外援名额，究竟用在哪个位置，让李章洙颇为头疼。在他看来，恒大前中后三条线都需要补强，一个名额无法真正解决问题。他将自己的助手金龙甲派去了巴西，首选目标是一名能上能下的顶级边后卫。不过，恒大俱乐部给李章洙提了建议，优秀后卫和中场都能挖本土球员，珍贵的外援名额还是留给前锋更合适。很快，恒大为老李带来了郑智和孙祥两名旅欧国脚，大大提升了中场控制与边路攻防。而两天之后，外援真命天子也现身广州，那就是年仅24岁的穆里奇。

身高刚过1.7米，黝黑的脸庞透着稚嫩，穆里奇初来乍到时，很多人也

▲ 李章洙与穆里奇的关系，既是师徒又是"父子"

▲ 穆里奇永恒的经典庆祝动作

▲ 穆里奇在恒大队的第一球，传奇从此开始

恒大王朝

对他带有巨大问号。职业生涯前 6 年，他经历了 8 次外租，从未在一家球队真正证明过自己。来华之前他效力于米涅罗竞技，但恒大更早看上的是他的锋线搭档塔尔德利。这样的球员，凭什么让恒大掏出 350 万美元巨额转会费？凭什么成为当时中国足坛的第一身价？然而，李章洙对他充满信心，这是金龙甲现场考察了十几次才定下的球员，肯定错不了。

7 月 17 日，中甲重燃战火，但随队前往湖北的 300 多名球迷，却没能看到穆里奇完成首秀。李章洙将他雪藏了一轮，是为了让他在看台上感受一下，中甲究竟是个怎样的联赛。四天之后，恒大主场迎战南京有有，这场最终因对手消极抵抗而变味的比赛，反倒成为了穆里奇中国之路的辉煌起点。巴西人在这场处子秀上演了大四喜，帮助恒大以 10–0 的骇人比分拿到胜利。他的速度、技术、意识和致命一击的能力，一战征服了广州。

穆里奇的到来，犹如神兵天降，一扫恒大上半赛季的沉闷球风。他与查尔斯·比奇、郜林组成的三叉戟，开始了横扫中甲的脚步。随后五轮恒大豪取五连胜，基本奠定冲超大势，穆里奇在这五战中斩获六球，证明了自己的身价物有所值。球迷们为他送上了"猎豹"称号，用以称赞他风驰电掣的速度。而这头来自巴西的猎豹，如同火车头一样拉着恒大飞速前进。穆里奇加盟之后，恒大 15 场联赛豪取 12 胜 3 平不败战绩，穆里奇出战 14 场打进 13 球，将球队送上了中甲冠军宝座，拿到了最重要的中超资格。

那一年岁末，回到巴西老家的穆里奇，与年仅 17 岁的女友阿丽妮步入了婚姻殿堂。他的事业有了全新的开端，人生也进入了另一个阶段。他与恒大签下的四年合约，确保了每年至少百万美元的收入，对于出身贫寒的穆里奇来说，一切已经如梦似幻。

见证：雄霸天下

压抑了一年的广州恒大，如同冬眠已久的巨兽，在 2011 年的初冬杀向

▲ 中超首冠，前有穆里奇（左二），后有保隆（右二）

转会市场，开启了疯狂的掠食行动。他们解约了除穆里奇之外的所有外援，取而代之的是一群在巴西足坛足以叫响的名字——格雷米奥铁卫保隆、博塔弗戈前腰雷纳托，以及在欧冠打出 12 战 9 球成绩单的贝尔格莱德游击中锋克莱奥。以穆里奇为核心的巴西帮，在广州实现聚首。

在中甲舞台，穆里奇是不可阻挡的超级巨星，很多人都想看看，他能在中超掀起多大的风暴。这一年，穆里奇从小将杨一虎手中拿来了 11 号战袍，将中甲时代的 31 号留给了另一位小将张宏楠。赛季前两战，克莱奥连续破门，穆里奇却颗粒无收，直到第三轮坐镇主场迎战赛季最强大对手北京国安，穆

恒大王朝

里奇才终于梅开二度打破进球荒。随着锋线双星的崛起，慢热的恒大开启连胜模式，珠联璧合的穆里奇与克莱奥，也被誉为广州队一手好牌中的"大小王"。

　　恒大金戈铁马踏遍中超，穆里奇无疑是摧城拔寨的急先锋，他的技术和速度优势让中超后卫闻风丧胆，即便孔卡到来之后，对手将帅也都会说"穆里奇最无法防范"。这一年，穆里奇在中超斩获 16 球，足协杯打进 4 球，两大赛事的最佳射手都被他包罗。中超诸强的老总，在挑选外援时纷纷以穆里奇为模板，而更多的中国球迷，则喊出了"穆里奇入籍中国队"来发泄对国足世预赛出局的愤慨。来华不到两年，穆里奇已经完成了彻底的征服。

▼ 穆里奇风驰电掣，征服中超

　　然而，在这个高光赛季里，穆里奇也遇上过极大的困难。赛季中期，恒大与辽足一战爆发冲突，混乱中穆里奇拉扯了辽足队长肇俊哲的头发。这一动作虽未被当值主裁发现，事后却遭受中国足协追加禁赛五场的严惩。亲自进京申辩未果之后，穆里奇一度心乱如麻，他很快向恒大俱乐部发了封信，要求转会离开中国足坛。在穆里奇看来，中国球员的黑脚和暴力动作可能摧毁自己的职业生涯，而中国足协的不公判决也让人寒心。挽留穆里奇的行动在广州展开，但再多的声援，也改变不了足协的处罚结果。为了安抚穆里奇的情绪，恒大俱乐部为他特批了七天假期，短暂返回巴西老家之后，穆里奇最终打消了离队念头。

恒大王朝

除了足协禁赛之外，穆里奇心头的另一个坎，是薪资待遇。中甲时代，他的百万美元年薪在全队最高，但新来的巴西老乡们，收入都比自己高了一截。而赛季中期到来的孔卡，居然拿着 700 万美元的天价收入，成为了压垮骆驼的最后一根稻草。很快，穆里奇成为了第一个向恒大提出加薪需求的球员，他的能力与战功，也的确配得上更好的待遇。2012 年初，恒大宣布与穆里奇续约四年直至 2016 年，年薪也有了翻倍的提升。

2012 赛季，恒大终于抵达梦寐以求的亚冠舞台，首战 5-1 屠杀全北现代，孔卡、穆里奇与克莱奥组成的三叉戟包办五球，震惊了亚洲足坛。尽管赛季中期经历了李章洙到里皮的过渡，但恒大战舰依旧三线挺进不可阻挡。可这一切美梦，在 9 月 20 日的沙特吉达之夜，宣告破碎。穆里奇遭对方凶狠铲断重伤，被队医背回了更衣室，他掩面流泪的画面，更是见者伤心。这一战，失去主将的恒大 2-4 败北，两周后也没能在天河实现翻盘。穆里奇直到赛季最后的足协杯决赛才伤愈归来，但他已然错过了太多。此后多年，每当回忆起 2012 年的失败时，里皮都会一声长叹："如果穆里奇没有受伤，一切都会不一样。"

憋了一股劲的穆里奇，立誓要在 2013 年完成救赎。他身边的搭档，从克莱奥换成了巴里奥斯，又换成了埃尔克森。最终，他与埃神、孔卡组成的南美三叉戟，成为了恒大队史上最经典的搭配。2013 赛季，埃尔克森主攻中超赛场，屡创纪录收获金靴；而穆里奇则专注于亚冠舞台，14 战轰进 13 球，创下了亚冠金靴的历史新高。穆里奇之神勇无敌，让日韩对手叫苦不迭，西亚的莱赫维亚也遭其蹂躏。亚洲诸强开始真正意识到穆里奇的价值，各路邀约纷至沓来。这一年岁末，穆里奇现身亚足联颁奖盛典，领取了年度亚洲最佳外援奖杯，标志着职业生涯走上巅峰。

2013 年底，恒大以新科亚洲冠军身份出战世俱杯，最后一战的对手，恰好是穆里奇的老东家米内罗竞技。四年时光，仿佛一个轮回，穆里奇从籍

▲ 穆里奇、孔卡、克莱奥，永难忘却的三叉戟

籍无名的大男孩，成为了威震八方的亚洲顶级前锋。这一刻，穆里奇真正想到了离开，他想获得更好的待遇，也想寻找全新的挑战，更重要的是，能距离巴西老家更近一些。效力恒大时，穆里奇经常从多哈转机返回里约，而这一次盛情邀约他的球队，也恰好是位于多哈的阿尔萨德。2013 年 9 月，恒大客战莱赫维亚之前，穆里奇曾在微博发出"下一站多哈"，其原意指恒大出征飞赴多哈，没想到一语成谶，暗合了他的人生轨迹。

离别：难说再见

　　2014 年 7 月 15 日晚，天河体育中心，恒大与日之泉的足协杯比赛正在进行中，全场的焦点却被一个人所吸引。一身便装的穆里奇走了过来，直奔恒大更衣室。轮休的一众主力，在门外坐成一排，其中也包括了刚刚加盟的吉拉迪诺。穆里奇与他们挨个握手拥抱，进行最后的告别。这一天，距离他完成广州队首演，只差一周就正好四年。

　　这是广州足球史上最盛大的一次告别，前无古人，也很可能后无来者。五天之前，穆里奇发出了告别声明，他说自己即将飞赴多哈完成签约，并与广州球迷相约 15 日天河再会。这只是一场普通的足协杯比赛，恒大按惯例替补出战，但现场依然涌入了超过三万名球迷，他们只想跟穆里奇说一声再见。在每个座位下，恒大俱乐部准备了印有穆里奇头像的白色纸片，而球迷们自发准备的送别标语，则更加感天动地。很多人说，穆里奇虽是球星，但更像个邻家男孩，四年时光，他早已成为了广州这座城市不可分割的一部分。

　　《讲不出再见》，是这一夜的主旋律。谭咏麟的经典名曲，伴随着穆里奇四年征途的画面，在天河体育场的大屏幕上播放开来。全场数万人高声合唱的场景极度震撼，许多人已是泪流满面。见惯了大场面的世界冠军吉拉迪诺，也不禁掏出手机录下了这段经典瞬间。球场的中央，穆里奇带着妻儿缓步走出，在震耳欲聋的欢呼声中，从刘永灼手中接过了一尊定制的猎豹雕塑。巴西猎豹，传奇永存，这是对他最高的尊重。

▲ 2014年7月，穆里奇从刘永灼手中接过猎豹雕塑

　　这一夜，穆里奇一家三口，都穿上了同样的特制 T 恤，左胸鲜红的中国国旗，代表了他们对这个国家深深的爱。虽然入籍加入中国队的构想没能实现，但穆里奇自己说，在这里他学会了爱和尊重。国旗之下，穆里奇印上了"你们永在我们心中"，与孔卡告别时如出一辙。只不过，相比于充满争议的孔卡，广州球迷对穆里奇的爱更加纯粹。他是在广州队草创时期到来的第一位明星外援，为这支球队、这座城市赢得的荣耀立下了汗马功劳。无论走到哪里，他都拥有广州球迷最深的祝福。

◀ 恒大球迷痛苦送别穆里奇

15 分钟的告别仪式很短，无法说尽离愁别绪。抱着儿子加布里埃尔，穆里奇最后一次绕着天河完成了谢场。在离场之前，他再次走到了草皮中央，与恒大队友们围成一圈，完成了最后一次"一二三加油"。走到场边，穆里奇同样拥抱了主帅里皮，尽管他曾与银狐有过场上对峙，但终究是两人共同写就了广州队的盛世荣耀。穆里奇向来是个感恩的人，一手将他带到广州的李章洙含冤下课时，穆里奇也曾公开发声，对老李表达了感谢。

穆里奇走了，离开天河之后，他就飞驰赶往白云机场。几年来，他曾无数次在这里起飞降落，唯有这一次，是不再回头的单程票。在广州四年，他的行李多达 12 箱，为此他不得不掏出 2 万多元的超重托运费。他的房子转租给了吉拉迪诺，车子卖给了二手车行，他与广州城不再有任何的实物联系，但浓烈的感情永远不会消逝。每当回忆起穆里奇，我们都会想起最初那段最美好的岁月，和气吞万里如虎的 2013 赛季，而所有的伤病、争议、转会离队，都将湮没在历史的故纸堆。

重逢：别来无恙

2015 年 10 月，多哈闷热依旧，但毕竟已是夏末，偶有清风徐来，也不算太过难耐。

从滨海路旁坐上一辆不打表的出租车，40 里亚尔的价格，目的地阿尔萨德俱乐部。看上去印巴籍的司机年纪不大，他见我一脸焦急，突然扬起嘴角说："别着急，15 分钟肯定能到。"

一路上惨烈的十个红灯，让他的承诺变成空谈。当我急匆匆地付钱下车，时间已经到了 16 点 10 分，距离与穆里奇约定的时间，超时了 10 分钟。是的，能让我不顾旅途上倦意与饥饿，也一定要见上一面的，就是那位曾经的广州队史第一射手，如今的阿尔萨德主力锋将——巴西猎豹穆里奇。

恒大王朝

阿尔萨德体育俱乐部，距离多哈市中心 6 千米，俱乐部荣誉室里摆满的奖杯，记录了他们的辉煌过往。2011 年，当恒大还在征战中超处子赛季时，阿尔萨德就已经点球击败全北现代，站上了亚洲之巅。与俱乐部大楼对面而立的，便是球队训练基地，这里拥有多块高质量草皮，一边是一线队常规训练地，一边是少儿足球活动场。七年之后，这个中东小国将要迎来伟大的世界杯，足球早已成为这里不可撼动的第一运动。

隔着铁栅栏，终于又见到了那个身影，熟悉又有些陌生。那是穆里奇吗？曾经消瘦的他，身形有些微微发福，远看背影都不敢确认。一旁看管场地的老大爷见我贴着门缝，走过来笑着问："你是来找哈维的吗？他今天没来训练。"我连忙否认，说我是来找穆里奇的，你们的巴西前锋。大爷显得有点吃惊，或许他并未料到，一名从没入选过巴西国家队的球员，会比西班牙一代大师更受追捧。"好吧，我去跟他说说，但训练刚开始，你得等到结束，大概一个多小时。"

近两年来，我连恒大的训练都未完整看过，但这一次，我决定等下去。

高温潮湿的天气，让我有些恍惚。夕阳下清风徐来，思绪回到了四年前。2011 年 6 月的一天，在破旧的白云山基地，年轻的穆里奇度过了自己在中国的第一个生日，那年他刚满 25 岁。李章洙亲手给他送上了生日蛋糕和一盒香水，摸着头鼓励他再接再厉进更多球。向来内敛的穆里奇羞涩地笑了，那一次的夕阳中，满是青春绽放的味道。

回忆的另一端，是又一个盛夏。2014 年 7 月，穆里奇泪别天河。带着133 场比赛打进 77 球的惊人数据，他亲手画下了自己广州生涯的休止符。他怀抱着爱子加布里埃尔，站在见证过无上荣耀的天河体育场，享受了三万人只为他歌唱的《讲不出再见》。那一夜，天河纷飞的眼泪感天动地，那是恒大时代五年来最伟大的一次告别。

▲ 送别穆里奇的场面令人动容

青山不改，绿水长流，江湖不远，相逢有时。

夜色渐起，穆里奇终于走了过来。不再是从前木讷的脸颊，而是带着温暖的微笑。他肯定不记得我是谁，但他的开场白却是："你是从广州来的吧？"他主动伸出了右手，结结实实地握了下去，像是多年老友重逢。眼前的穆里奇，又改回了光头造型，但在广州开始就蓄上的大胡子，却延续了下来。他的眼神中不再有青涩稚气，再过上几个月，他就要年满30周岁了。

"在这边一切都好吗？"我尽量选择轻松的开场。"挺好的，这是个发展很快的国家，足球也是一样。训练、比赛、吃饭、购物，都不错。"印象中，穆里奇的英文水平一般，但在一年多的强化训练之后，他已能从容应对。我继续问："妻子和加布里埃尔喜欢这里吗？广州球迷都很想念他们。"穆里奇笑了："都很好，加布里埃尔已经两岁半了，在广州时他还是个婴儿，时间真的很快，不是吗？"

光阴易改，不变的是穆里奇对广州、对中国的真情流露。近年来，穆里奇是唯一一位告别中国足坛后，依旧保持微博更新的外援。他明白自己重回中超的可能性微乎其微，但心底依旧放不下那些铭心回忆。他会转发微博为郜林加油打气，恭祝李帅新婚快乐，更尊称老大哥孙祥为"superstar"，他也总会在深夜时分，放上自己在卡塔尔的比赛直播或进球链接，希望与中国球迷分享自己的一切。穆里奇承认，非常感激中国球迷为他所做的一切。如今的他身在卡塔尔，根在巴西，心仍在中国。

我们笑着寒暄着，两名阿尔萨德助教从身边经过，他们问："穆里奇在中国很有名吗？"我说："他可是我们的超级巨星，你们无法想象他有多受欢迎。"他们又问："那你们希望他回到中国踢球吗？"我说："当然希望，所以你们要小心了，得多给他加薪才能留住这样的顶级球员。"助教们笑着走开了。穆里奇则接过话荏："回中国？谁知道呢？足球世界总是变化多端，谁也不知道自己下一步走向哪里。"

说到中国，穆里奇兴致高昂，我猜想，在他离开广州的这 15 个月里，或许一直期待着能有中国记者来和自己聊聊往昔。一位同伴打开手机，翻出一张穆里奇身披恒大战袍的照片，穆里奇眼光一扫，便迅速说出"这是 2013 年足协杯半决赛，我们和北京国安的比赛"，他用的主语是"我们"。从 24 岁到 28 岁，穆里奇把他职业生涯最好的年华，都献给了广州，这支球队注定会成为他心头的朱砂痣。"很高兴恒大又打进了今年的亚冠半决赛，我看了首回合赢大阪的比赛，很有希望能再夺冠军。"

　　亚洲冠军，是恒大荣耀的顶点，也是穆里奇最美好的记忆。单赛季亚冠13球的骇人纪录，至今无人可破，而那尊亚洲最佳外援的奖杯，依然陈列在他的家中。一年多来，每当恒大进攻不畅时，人们总会怀念穆里奇曾经的金戈铁马。那些年，孔卡、埃神与穆里奇的三叉戟攻无不克，穆里奇说，至今依然和两位老友保持着频繁联系，一起快意恩仇的岁月，永远不会被扫进尘封的记忆。

　　可惜，恒大却无力改变中国足球的下滑颓势。四年前，当卡马乔兵败多哈世预赛出局，国内开始热炒"穆里奇入籍中国支援国足"的话题，甚至连穆里奇本人也表达了并不拒绝的态度。时隔多年，这一最终搁浅的大胆构想，

▼ 穆里奇向球迷致意

终究还是变成了无关痛痒的记忆片段。"中国足球这几年进步很大，你们拥有很出色的前锋了。"穆里奇一笑带过了这个话题。但当我拿出准备好的国足球衣请他签名时，他却毫不犹豫地欣然落笔。

穆里奇知道，我们此行的目的是国足世预赛，他也知道，中国与卡塔尔的焦点大战，正是在他的主场阿尔萨德体育场打响。我告诉他，这次佩兰没有带上郜林、黄博文和冯潇霆，穆里奇惊讶得合不拢嘴，感慨一切变化太快。他说，自己会去现场观看这场比赛，但我问他会支持哪队时，穆里奇眨了眨眼睛说，我还是站在中间比较好。

夜色渐浓，训练场的灯光依次打开，又到了说再见的时候。我不依不饶地又一次问道："真的不想回广州了吗？"穆里奇苦笑："广州队已经有四名巴西球员了，是四名巴西国脚。"他转身离开的瞬间，我本想对他说，你绝不比任何一名巴西国脚逊色。或许，这句最终没能说出口的话，是留给下一次的重逢。

没有想到的是，穆里奇的西亚之路，会在正处于高峰时戛然而止。2016年2月初，阿尔萨德俱乐部突然宣布与穆里奇解除合约，而此时距离他合同到期还有一年多时间。更为诡异的是，穆里奇并非因为状态糟糕被扫地出门，他在新赛季出战16场打进11球，是俱乐部头号射手。有人说，穆里奇是收到了中超报价。也有人说，他将重回故土巴西……

无论如何，想对穆里奇说一声好运。青春若有张不老的脸，但愿他永远不被改变。

孔卡——争议天王

悄悄是别离的笙箫，沉默是今夜的天河。

孔卡回来了，他曾经许下承诺，等本杰明长大一些，会带着他回到广州，看看他出生的这座城市。他也曾说："无论我身在何方，你们永远在我心中。"谁也无法想象，当他牵着本杰明再次踏上天河的草皮时，已换上了对手的戎装。

2015 年 5 月 15 日，这一夜的天河沉默了，爱与恨纠结难断，不知如何表达。

或许，这也是只有孔卡，才能享受的待遇。只因他曾经的名字，叫天体之王。

人生若只如初见

那是一个潮湿闷热的午后，广州白云机场国际出口人潮汹涌，引得毫不知情的路人也驻足围观。他们在等一个人，中国足球历史上的第一位"千万美元先生"，他叫达里奥·孔卡，最闪耀的头衔，是巴西甲级联赛 MVP。

我至今仍清晰地记得，孔卡是恒大队史上，第一位从机场贵宾出口走出来的外援。他和女友葆拉刚一现身，就被媒体与球迷重重包围，一旁的刘永灼都被迫化身保安，奋力护送着孔卡登上中巴。鲜花、掌声、尖叫，还有对他名字的呼喊，在那个夏日午后定格。

孔卡的见面仪式，选在了恒大女排的训练馆，这同样是前无古人的创举。那一天大雨滂沱，屋内却是人声鼎沸。全国百家媒体云集于此，只为看看真正的顶级球星什么模样。孔卡的出场，也是十足的国际巨星派头，灯光音乐配合得恰到好处。刘永灼喜上眉梢地介绍："孔卡是中超的梅西，梅西是西甲的孔卡。"

身价 1000 万美元，将曾经的中超纪录甩下了几个身位。彼时的恒大，已然在中超一路领跑，穆里奇与克莱奥的"大小王"组合足以让对手闻风丧胆，而孔卡的到来，则被媒体评论为"左右护法迎来了教主阳顶天"。刘永灼说，古有刘备三顾茅庐邀诸葛孔明出山开创大业，如今"刘孔"二人终又再续前缘。为了打动孔卡，刘永灼同样是三次飞赴巴西面谈，第三次甚至带了满满一箱恒大集团的资料介绍，才换来孔卡落笔签约。

台上的孔卡，尽管还没有在球场亮相，但已经像中超之王般高高在上。而台下坐着的两位漂亮姑娘，也亲眼见证了这一历史时刻，一位是以女友身份陪孔卡远渡重洋而来的葆拉，一位是当时还供职于俱乐部，后被孔卡私人聘用的翻译程远思。她们带着骄傲与笑容，看着孔卡是如何倾倒众生。但谁也不会预料到，她们会在随后的日子里，如何影响甚至改变着孔卡的人生轨迹。

那些被尘封的历史

15 战，9 球 7 助攻，孔卡旋风以不可阻挡之势，横扫了中国足坛。

首秀对阵上海申鑫，替补出场轰出世界波，孔卡完成了一夜征服。赛后，数十名记者守候在更衣室外，只等孔卡开口。大家热烈地讨论着孔卡的神奇表演，"天体之王"的封号也在此刻开始流传。但遗憾的是，等到球场灯光

▲ 2011年7月，孔卡上演处子秀，对阵上海申鑫

渐暗，恒大其他球员离开之后，孔卡依旧没有现身。一个小时后，孔卡走了出来，但没有做任何停留，径直走上了专车。"他骨子里还是挺含蓄内敛的，还不太会和媒体打交道吧。"这是俱乐部对外的解释，而媒体则有了一致的认知——这是一名个性突出、特立独行的球员。

或许，在孔卡看来，与其在媒体上发表豪言壮语，不如在球场上用脚说话。他始终与媒体保持着若即若离的态度，即便走在赛后混采区，也很少公开发声。直到恒大提前四轮夺得中超冠军，孔卡的心防才开始稍稍打开。记忆中，我从国庆开始就尝试约一次孔卡采访，但直到赛季最后一轮恒大客战成都时，才终于得到了孔卡的应允。而这，居然是孔卡来到中国之后，第一次接受独家专访。

我已经忘了当时恒大下榻酒店的名字，但我不会忘记与孔卡见面的场景。在酒店的自助餐厅，孔卡刚吃完晚饭在聊着天。看到我们朝着孔卡走来，一旁的克莱奥与穆里奇迅速起身离开，他们知道孔卡是当时媒体的焦点。孔卡赶紧擦了擦嘴，笑着起身跟我们打招呼，并建议换到光线更好的位置进行采访。此时的孔卡，阴郁不在，笑容灿烂。

"你听过贝尔吗？很多人说你们长得很像。"那段时间，热刺边锋贝尔初战欧冠瞬间爆红，我试图用玩笑开场，没想到孔卡却笑着说："我没听说过，可能我只对巴甲的球员比较了解吧。"翻看那年的采访，颇有些历史的感伤。孔卡当年盛赞的杨君和吴坪枫，都已退役或接近退役，而被他誉为"未来中国队进攻核心"的高志林，也在中乙沉浮多年，刚随梅州队杀上中甲。当然，孔卡也做了一些揭秘，比如他在皇马访华时和伊瓜因聊了什么，当年网络恶搞配上孔卡的言论是"我在这边年薪 700 万"，但实际上让伊瓜因瞪大眼睛转过身来的那句话，是"我刚来中国 10 天就发现葆拉怀孕了"。

那是一次轻松愉快的对话，就像是朋友聊天。那时的孔卡将全部心思放在球场上，没有丝毫负面新闻的困扰。他初来乍到就帮助恒大首夺中超冠军，这是足以骄傲的成就。唯一关于未来的问题，是我问他想在广州踢多久，他毫不犹豫地说，我的合同还有很久，这还不是我现在就要去考虑的事情。然而，没想到的是，仅仅半年之后，孔卡就向恒大提出转会申请，表态希望离开中国。

对不起，孔卡

在写下这篇文字前，我特意去翻了翻孔卡的中文微博，在他关注的 11 个人里，依然有我。

2 月 29 日，是个特别的日子，四年一度。2012 年的这天，恒大兵发亚冠前夜，我完成了对孔卡的第一次"家访"。当时的孔卡，还居住在恒大为其提供的别墅里，葆拉已经接近临盆，预产期就在半个月后。我此行的目的，是帮助朋友完成一项推广——邀请孔卡开通中文微博。

这栋别墅并不算大，总共只有两层，穿过一片小花园后，我们敲响了孔卡的家门。他知道我们的来意，甚至主动让葆拉下楼陪同接待。由于快要生产，葆拉的表兄弟们也提前来到中国帮忙，家中还算热闹。葆拉说，其实我们平时的生活挺无聊的，一切事情都要拜托翻译，在家里也只能看看电视。由于时差，甚至和家人视频的机会都不多。我们以为葆拉只是像家庭主妇那样随意吐槽，并未放在心上，没去想她的意见会在未来制造多少波澜。

"我其实一向比较低调，不太喜欢把自己的私事展现给大家看。"对于微博，孔卡是了解的，但他似乎并不想走进这个新世界。"但是本杰明就快要出生了，所有广州球迷都想看看他的样子，也希望给你送上祝福，微博就是最好的工具。"我依旧没有放弃。显然，"为本杰明送祝福"这个点，真正打动了孔卡，在和葆拉商量之后，孔卡终于点头。于是，我拍下了一张葆拉靠在孔卡身上，背景是他们结婚照的图片，而这也成为了孔卡微博的开篇之作。

▶ 对于孔卡的到来，
李章洙一开始投了反对票

▶ 不高兴的孔卡

　　如果事情到此为止，我会庆幸自己做了件好事，构起了孔卡与球迷之间沟通的桥梁。随后的一个多月里，孔卡也的确发布了几篇微博，秀出了他和好友克莱奥的合影，当然还有本杰明的出生照片。然而，2012年5月3日凌晨，孔卡连发的两条葡中双语微博，却如炸弹般轰动了中国足坛。他在微博上公开炮轰李章洙为首的教练组针对自己，并以一句"为什么换下的总是孔卡？"表达了强烈不满。一瞬间，舆论大哗，恒大震动。

　　那一天，正好是恒大的公开训练日，所有人都想知道李章洙的回应，但韩国人从头至尾铁青着脸，以"还不清楚具体情况"为由不予置评。如果是本土球员闹事，恒大绝对有办法让任何人屈服，但这一次的孔卡却摆出了战斗姿态。为他翻译微博的程远思，也被卷入了战斗之中，被网友怒斥"害了孔卡"，甚至诋毁她是红颜祸水。当然，恒大的重罚也很快到来，内部禁赛9场另加扣罚奖金100万元——时至今日，这依然是中国足球史上金额最大的罚单。

　　面对重罚，孔卡仍旧没有退让，他为自己的不当言论付出了代价，但他并不认为自己错了。那句炮轰至今仍留存在他的微博中，显然他无意抹掉这段记忆。甚至最终的和解，也是李章洙来求他，而不是相反。面对与武里南的亚冠生死战，恒大上下都不敢用成绩冒险，最终许家印的特赦令为孔卡开辟了上场通道，后者也用最后时刻的点球绝杀，将恒大送进了淘汰赛。随后，李章洙火线下课，里皮大驾光临，孔卡的禁赛令瞬间成为废纸，无人再去提及。

不高兴的孔卡

　　"微博事件"的爆发，让我深感内疚，总会去想，如果不是我反复劝说他开通微博，或许就不会有之后的公开发泄，也不会有让他心灰意冷的超级罚单。在经历了不到一年的蜜月期后，孔卡与恒大俱乐部之间的裂痕就此埋下。笑容又一次从孔卡的脸上消失了，他开始拒绝一切场合的媒体采访，敏感地面对身边的一切事物，因为在这个国家，他真的觉得"不高兴"。

　　世界名帅里皮的到来，并没能成为留下孔卡的砝码。因为除了球场上不顺心，生活中的孔卡也在面临难关。在本杰明出生后不久，孔卡居住的别墅周边正在进行扩建施工，不仅空气污染严重，甚至还会断水断电，给生活带来极大不便。孩子的哭闹，妻子的抱怨，让身为一家之主的孔卡心力交瘁。他脑海里出现的第一个选择，就是逃离中国，重回巴西。

　　中超二次转会窗开启，孔卡正式向恒大提出了转会申请，但刚刚接手球队的里皮，又怎会同意放走帐下的核心球员？7 月初，恒大做客上海申鑫，在偏远的金山体育场，赛前发布会上记者寥寥。当天下午，刘永灼公开承认了孔卡要求转会，但当我在发布会上请求里皮回应时，银狐却不断搪塞。我不依不饶连问三次，银狐的愠怒开始写在脸上，一旁的翻译也吓得不敢再翻。

　　那一战，孔卡并未出场，恒大也在最后时刻被申鑫逼平。回到广州，里皮在一次封闭训练后，找到孔卡促膝长谈了 20 分钟，才算稳住了他的情绪。只不过，一个心烦意乱的孔卡，无法成为恒大的救世主，他们很快又在广州德比输给了富力，积分榜优势被蚕食殆尽。尽管球队很快引进了巴里奥斯，但在孔卡低迷的情况下，他与穆里奇也成为了无源之水。

　　2012 赛季，对于恒大来说，虽然最终收获国内双冠，却远远算不上完美。他们和江苏舜天鏖战到了最后才分出高下，足协杯击败贵州人和也是险象环生，而在亚冠赛场上，则含恨出局。这一年，孔卡各项赛事出战 36 场，打进 17 球，另有 12 次助攻，从数据看依旧是当之无愧的核心。但谁都知道，孔卡是带着满腹情绪踢完这一年的，如果没有那些矛盾冲突，他肯定还能更好。

　　两座冠军奖杯，没能挽回孔卡的心。足协杯夺冠次日深夜，孔卡就携家眷飞回巴西，而此时恒大尚未宣布放假。离开之前，孔卡清空了自己租住的公寓，这是他在放弃恒大提供的别墅后，自费租下的房子。他并未向球队告别，只是留下了一封电子邮件，委托翻译转发给俱乐部。很多人猜测，孔卡的不告而别，是为了与恒大提前分手。随后甚至有媒体曝出，孔卡还写过一张小纸条，并言之凿凿地指出，小纸条的内容是"我再也不会回来"。

孔卡的任性，又一次触碰了恒大俱乐部管理的红线，但刘永灼并未追究，只是对外否认自己见过所谓的小纸条。而负责处理孔卡退房事宜的翻译程远思，也明确表示小纸条是子虚乌有，她解释说，孔卡之所以搬空退房，是因为房租太贵害怕浪费，没必要在一个多月的假期里继续支付数万元租金。对于这件事，巴西媒体的解读则完全是另一种样子——孔卡已经与恒大决裂，正在巴西积极寻找愿意接纳他的下家。

王者归来，无憾而别

整个 2012 年底，孔卡与恒大之间，都在隔岸交火。孔卡在巴西媒体面前敞开心扉大吐苦水，回归的欲望非常强烈；而刘永灼则誓死捍卫着恒大的利益，明确表示转会费"低于 1000 万美元免谈"。对于巴甲球队来说，这无疑是天文数字，有约在身的孔卡最终屈服了，他在假期结束前一改口风，承诺将与恒大履行完最后一年的合同。他甚至按照俱乐部的报到时间准时归来，没有像一年前那样因迟到而遭罚款。

孔卡归来，但裂痕依旧存在。他的微博从 2012 年 6 月开始就停止更新，他害怕又一次擦枪走火。唯一的幸运是，孔卡仍具备冠绝中超的能力，这是他赖以生存的最大保障。李章洙曾担心他的超高年薪影响球队平衡，并不支持他的到来；里皮也曾被孔卡的任性气得够呛，但最终他们还是会以孔卡为核心打造球队。三十而立的孔卡，在摒弃了一切场外干扰之后，达到了自己的竞技巅峰。

2013 赛季，恒大的南美三叉戟，都如同神一般存在着。穆里奇与埃神进球如拾草芥，孔卡更是场场都有大师级表演。然而，与初来乍到的埃尔克森主动拥抱这座城市成鲜明对比的是，孔卡在延续着他的冷漠。他在这一年

打进 27 球助攻 12 次，在许多场次当选全场最佳，但他依然避开了绝大多数的镜头。或许是与翻译达成了某种默契，孔卡永远是独自一人穿过混采区，头也不抬地走上球队大巴，而记者们苦于语言不通，也无法强行拦住他进行交流。这样的状态，一直持续到了赛季尾声。"他表现越好，越不接受采访，这可能也是一种报复，他记恨着你们曾对他的妖魔化报道。"在广州媒体困惑无奈时，一位知情人士曾给出过这样的分析。

幸运的是，随着恒大在三条战线高歌猛进，孔卡身上的变化，总算是等来了。当赛季结束后告别恒大，告别广州，已经成为公开的秘密时，孔卡也开始憧憬一次完美的谢幕。他逐渐打开心门，甚至又一次打开了家门，他通过媒体表达了对广州球迷的感激，也解答了一年多来的所有谜团。孔卡承认自己几度想到离开，也庆幸最终留下经历了一个完美的赛季。2013 年，恒大首夺亚冠冠军，终场哨响后，孔卡的欢庆最为酣畅淋漓，他骑在好友秦升的脖子上，朝着整座天体高声欢呼。那一刻的孔卡，真情流露，无怨无悔。

被贵州人和抢走足协杯，是恒大 2013 年唯一的瑕疵。但孔卡还是拿到了赛事 MVP 奖杯，他怀抱着本杰明俯身亲吻天河草皮的画面，也注定会成为永恒经典。这是孔卡在广州的最后一战，也是"天体之王"在这座球场的告别战，他曾如旋风般惊艳亮相，转眼却已数次春去秋来。整座天体都在呼喊着他的名字，泪水在感伤中流淌开来。"无论我身在何方，你们都在我心里"是孔卡留给广州球迷最后的告白，此去经年，英雄不再。

归去来兮，情意难忘

"莫愁前路无知己，天下谁人不识君。"

在飞往摩洛哥阿加迪尔的航班上，我的脑海中一直浮现着这两句诗。漫长的赛季终于到了尾声，世俱杯是我今年的最后一趟行程，更是孔卡身披恒大战袍的最后一项赛事。登上飞机前，孔卡已将所有的行李从海路托运回

◀ 秦升背起孔卡，庆祝2013赛季亚冠到手

◄ 孔卡怀抱爱子
挥别广州

◄ 孔卡吻别天河体育场

了巴西，车子则转卖到了二手车行，他将在摩洛哥完成与恒大的告别仪式，不再返回广州。

恒大的世俱杯首秀，也是孔卡的首秀，他用一粒进球锁定胜局，将恒大送到了拜仁的面前。尽管最终 0 — 3 完败于德甲霸主，对恒大而言也是荣耀时刻。毫无压力的三四名决赛，成为了孔卡在恒大的谢幕演出，而这也恰好是他的第 100 战。

终于到了告别的时刻，一切的争议与矛盾，也都烟消云散。广州记者们集体赶到了球队下榻酒店，在马拉喀什这座世纪古城里，完成与孔卡的最后一次话别。进门时，正遇上外媒在采访里皮，我们凑上去不一会儿，孔卡走了出来，银狐笑着朝我们挥挥手说："你们还不赶紧去找他？"

最后的对话，并没有丝毫准备，我们随意走进了酒店的一间餐厅，围着圆桌就坐了下来。我坐在了孔卡的右手边，没有任何理由，只是纯粹地希望，在最后的告别时刻，能离他更近一些。这是一次愉快的交流，笑声洋溢了整个房间，孔卡将自己最好的一面，留在了最后。

孔卡说，在广州两年半，其实并没有尝试过太多当地菜式，更多时候会选择巴西烤肉或意大利餐厅，但在未来的某一天，他或许会怀念广州的佳肴。他还说，虽然自己的中国冒险历程中，有过失落与不快，但如果有巴甲球员问他是否可以来中国踢球，他还是会选择支持。广州的球迷、广州的球场和那些征途中的汗水、丰收的冠军荣耀，都会长久地留存在他的内心深处，此生不忘。

我与孔卡的最后交流，是在世俱杯结束前夜。我将孔卡的卡通头像印上了纯白 T 恤，带到了摩洛哥。在酒店里，我找到孔卡，送上了这份告别礼物。孔卡开心地说着谢谢，一旁的本杰明刚学会走路，他绕着圈圈指着孔卡的头

恒大王朝

像叫着爸爸。孔卡问我是否还能多给几件，因为他的两位哥哥也来到了摩洛哥，我当然没有意见。于是，这张孔卡怀抱着本杰明的三兄弟合影，也成为了永久的珍藏。

正如我在 T 恤上印下的那句 "you are not alone" 一样，孔卡从来都不是真正孤独的。他挥别恒大，却已赢尽人心；他回归巴甲，弗鲁米嫩塞的球迷也在翘首以盼。我们唯一没有想到的是，孔卡会在一年之后重返中超，而他的落脚点并非广州，是上海。

归来的孔卡，已经是一名 32 岁的老将了，他抓住职业生涯的最后机会赢得大合同，也无可厚非。他并非在恒大与上港之间选择了后者，而是致力于年轻化的恒大并未向他发出回归邀约。在弗鲁米嫩塞遭遇经济危机的大环境下，孔卡做出了一名职业球员所能做的一切。

2015 赛季，上港两遇恒大，孔卡都是焦点。在天河他间接助攻，为上港带走了 1 分，但他赛后走进了恒大更衣室，与老友们叙旧寒暄；在上海的天王山战役里，孔卡则和年轻的队友们一起迷失了，眼睁睁看着老辣的恒大碾过自己的球队，并最终完成五连冠伟业。

"如果有一天，我们再见面，时间会不会倒退一点？"梁静茹唱出的缠绵悱恻，并不适用于职业足球。孔卡与恒大，可以寒暄拥抱，但终究还是要拔刀相向。他还会在中超亚冠写下新的传奇，但那些故事和回忆，会属于今后陪在他身边的那些人。

我们能记住孔卡的方式有一百种，但愿都能选择最温暖、最美好的那些故事。

金英权——中超走出的韩国先生

作为中超竞争最激烈的球队，广州恒大的舞台，从来不属于年轻小将。从早期的高志林、杨一虎，到此后的杨超声们，都逃不过被出售或外租的命运。即便如今留队的廖力生和王上源，也很难在与国脚大哥们的竞争中占据一席之地。过去四年来，只有一位"90后"球员一直牢牢把持着恒大主力位置，他并非天赋卓绝的本土新星，而是来自韩国的亚洲外援金英权。

从 2012 年夏天加盟至今，金英权已在恒大奋斗了近四年时光。随着队中元老外援们纷纷离去，他更是成为了资历最老的外援代表。从初出茅庐到名扬天下，金英权以自己的勤奋和努力，书写了韩国球员在中国赛场上最华彩的篇章。2015 年岁末，金英权更是力压英超名将孙兴民和寄诚庸，一举夺得韩国足球先生荣誉。这也是恒大建队六年以来，向外输出的第一位国家级足球先生，其象征意义甚至不输于郑智夺得亚洲先生。

相比于前场摧城拔寨的南美外援们，司职中卫的金英权，从来不是高光角色。而他低调内敛的性格，也决定了他不会成为媒体的宠儿。效力恒大近四年，金英权接受中国媒体专访的次数不超过五次，绝大多数时候，他都是一位隐形的幕后英雄。广州球迷很认可金英权的实力，也欣赏他在场上的大将之风，但似乎从未走进过他的内心世界……

救火队员？王朝基石！

如今贵为韩国足球先生的金英权，其实并非一名典型的韩国球员。他生

恒大王朝

于韩国全州，很早就进入全州大学校队，但他却从未在韩国境内参加过职业联赛。2010 年 1 月，尚未满 20 周岁的金英权直接完成了一次跨国转会，签约加盟了日本 J 联赛球队东京 FC，正式开启自己的职业球员生涯。韩国球员在日本踢球本就不多，像金英权这样从日本出道的更是罕见。

当然，东京 FC 引进金英权也绝非一时头脑发热，他们考察金英权的地点并非全州大学，而是 2009 年的埃及世青赛。那一年，洪明甫执教的韩国 U20 青年队大放异彩，一路杀到 1/4 决赛才以 2−3 惜败加纳出局。在那届韩国队阵容里，司职中卫的左脚将金英权非常抢眼，正是凭借他在小组赛末战与美国队比赛中的关键进球，韩国队才得以跻身淘汰赛。

初来乍到日本足坛，初生牛犊的金英权却没有丝毫不适。他很快完成了在东京 FC 的首秀，并迅速确立主力位置。2010 赛季，金英权在三条战线为东京 FC 出战 31 场打进 1 球。遗憾的是，东京 FC 队延续了日本足坛"联赛杯冠军必降级"的魔咒，以联赛第 16 名跌入 J2 联赛。正处在上升期的金英权没有选择留队，转而加盟了另一家 J1 联赛球队大宫松鼠。

尽管最后时刻落选了韩国队出征 2011 年亚洲杯的大名单，但年轻的金英权已逐渐跻身 J 联赛优秀中卫之列。他成为了大宫松鼠的绝对主力，几乎是场场出勤的铁人。也正是在这一时期，金英权进入了恒大专业球探网的视线。2011 赛季中期，恒大悄悄启动全面升级计划，一边开始联系里皮等世界名帅，一边酝酿着更换外援。在恒大的规划里，中前场攻击线位置首选南美球员，而亚洲外援的名额，主要倾向于防守型球员。年轻且实力出众的金英权，无疑是个不错的选择。

2012 年 5 月，恒大完成闪电换帅，里皮时代正式拉开帷幕。而早在与里皮签约之前，恒大就已将一些意向中的引援人选提交给银狐定夺，其中既有名头极大的巴里奥斯，也有尚不为人熟知的金英权。接手恒大之后，里皮迅速派出自己的助教前往日本，现场考察了数场金英权的比赛，最终认可了这位潜力之星。当恒大的邀约放在面前，金英权意识到自己的职业生涯遇到了重要的转折点。在随韩国国奥队出征伦敦奥运会之前，他与恒大签下了四年长约，在解释为何愿意前往中超踢球时，金英权只说了一句："完全是冲着里皮来的。"

为了得到金英权，恒大付出了 250 万美元的转会费，并为他开出了超过百万美元的年薪。在 7 月 2 日官宣金英权加盟的公告中，恒大将其形容为"极具发展潜力，且处于快速上升期的亚洲外援"。相比之下，当时队中已有的韩国人赵源熙，已经是年近 30 岁的老将。金英权加盟半年之后，赵源熙就在冬季转会期离开了恒大。尽管他给出的理由是"不想两个韩国人竞争一个位置"，但现实情况是他知道自己已不可能与年轻气盛的金英权竞争了。

在伦敦奥运会上，金英权与队友们一起，登上了韩国足球自 2002 年世界杯之后的又一个巅峰，他们一路披荆斩棘杀进四强，并最终拿到了第三名。凭借着这枚宝贵的铜牌，这批国奥成员集体获得了免除兵役的优待，可以全心投入到职业生涯中而无后顾之忧。结束奥运征途后，金英权获得了里皮特许的一周假期，回到韩国稍作休整，终于在 8 月 19 日第一次飞抵广州。

当时的恒大，后防线正处于伤兵满营的窘境，就连多年替补唐德超都一度连续 6 场首发。然而，就在金英权来华前一周，唐德超也肋骨骨折开始休战。正因如此，仓促赶来的金英权，也被很多人视为了"救火队员"，他在仅仅随队合练两天的情况下，就首发出战了与辽宁宏运的足协杯半决赛。只不过，当时绝大多数人都没有意识到，这位 22 岁的年轻人，会成为此后数年恒大打造王朝的基石重臣。

为了中国"灭"韩国

来到中超冠军队踢球，金英权并不担心实力跟不上，他唯一担心的是，传闻里的中韩足球积怨已深，怕队友不够友好。但来到广州之后，他发现这

恒大王朝

▲ 金英权在里水基地为球迷签名

▲ 金英权在比赛中解围

些担心都是多余的，除了主帅里皮对自己照顾有加之外，有过 K 联赛经历的冯潇霆和黄博文，也都会主动用简单的韩语给予他帮助。而到了赛场上，金英权更是毫不怯场，当时的他早已在韩国国家队站稳了脚跟，他坚信韩国国脚来踢中超联赛不成问题。

在为恒大首发出战的前三场比赛中，球队都保持了城门不失，金英权的自信得到了进一步提升。但真正的考验很快到来，恒大要在亚冠 1/4 决赛中，面对两届亚冠冠军得主伊蒂哈德。在亚冠二次报名期间，恒大果断用金英权换掉了伤势未愈的赵源熙，他将承担起恒大冲击亚冠的重任。尽管国际赛事经验不少，但出战亚冠，对于只有两年多职业生涯的金英权而言，还是头一回。

9 月 19 日，沙特吉达之夜，成为了恒大的梦魇。金英权与冯潇霆组成的中卫搭档，被伊蒂哈德前锋哈扎基一人完爆，尽管冯潇霆在更多时候成为了"背景帝"和"背锅侠"，但金英权也同样难辞其咎。此战过后，有关恒大中卫防空能力薄弱的质疑开始出现，这也让金英权压力大增。两周后，恒大在天河一路 2-0 领先接近翻盘，但第 78 分钟伊蒂哈德打出快速反击，18岁小将阿尔·穆瓦拉德杀入禁区右脚劲射，皮球打在飞铲封堵的金英权脚面，变线飞入了球门。恒大因此球梦断亚冠四强，赛后金英权痛苦地掩面跪倒在地，自责不已。

亚冠两回合被打入五球，恒大防线被千夫所指，甚至有专家直言"必须全部换血"。显然，在加盟恒大的前半年，金英权尚未完全融入球队的防守体系，过多的伤病也让恒大整个防线显得有些千疮百孔。2012 赛季，金英权为恒大出战各项赛事 13 场，除了前三战没有失球之外，此后 10 场比赛中有9 场被对手破门，共计丢了 16 球。虽然恒大最终捧回中超和足协杯双冠，依然让人无法对后防线完全放心。

金英权曾说，在自己初到恒大的那段时间，里皮的训练重点一直都在进

攻，相对比较忽视防守。但在 2013 赛季，随着恒大将目标定为亚冠冠军，里皮才开始真正重视球队的整体平衡。在转会市场上，恒大为里皮带来了国脚赵鹏，意在加强防线的竞争和板凳深度。从这个赛季开始，里皮对防守的要求愈发严苛，包括金英权在内的多名球员都曾被银狐训斥。在里皮的要求下，恒大的防线必须拥有在三后卫和四后卫阵型中切换自如的能力，这对任何一名球员来说，都意味着更高的要求和自我提升。

疯狂的 2013 赛季，对于金英权个人来说，是一个蜕变升华的过程。他成为了恒大不可或缺的铁打主力，全年出战多达 48 场，创造了个人新高。其中联赛参加 26 场，亚冠更是 14 战全勤。在摸索了大半年之后，金英权与冯潇霆的搭档，终于成为恒大最稳固的一环，而不再是外界眼中的短板。正是因为有了他们的存在，南美三叉戟才能在前场毫无顾忌地火力全开。加足马力的恒大战舰三线挺进，最终成就了中国职业足球历史上最伟大的荣耀。

对于金英权而言，恒大与首尔 FC 的亚冠决赛，也是一次无比纠结的心灵之旅。一边是自己的祖国，一边是签约效力的职业东家，作为韩国人的金英权，坦言自己有些发蒙，不知该如何是好。但在两回合决战中，金英权除了没能封锁死正值巅峰的德扬，几乎做到了所能做的一切。恒大圆梦天河之夜，一片喧嚣欢腾之中，金英权悄悄走到了首尔 FC 主帅崔龙洙身边，向这位韩国足坛前辈深鞠一躬，表达了敬意和歉意。

不过，亚冠决赛并非是金英权第一次对祖国反戈一击。早在这个赛季的亚冠小组赛中，金英权就曾有过"更深的背叛"。恒大与全北现代分在一组，意味着金英权必须要对阵自己的家乡球队，这对于生在全州，直到 19 岁才离开的金英权而言，无疑是一种奇妙的感觉。在自己的少年时代，金英权曾多次以球迷身份前往全州体育场为全北现代加油助威，他根本不会想到，有一天自己会以中国对手的身份完成回归。

恒大王朝

留洋梦，一直都在

与绝大多数亚洲球员一样，前往欧洲五大联赛踢球，在真正的足球中心舞台绽放，是金英权从小的梦想。他并不是一个厌倦漂泊的人，从 20 岁离开故土至今，已经超过了六年光景。对于一名中卫球员而言，26 岁才刚刚是巅峰时期的开端，而金英权的留洋之梦，也从未停止。尽管他与恒大的新约要到 2019 年到期，但在 2015 年再夺亚冠冠军之后，金英权依旧当着全国观众的面表示，自己还是想去英超。

去欧洲踢球的想法，很早就出现在金英权的人生规划之中。早在 2012 年 7 月签约恒大之前，他就一直处于纠结状态，如果不是恒大的诚意和里皮的存在，他很有可能会将自己的命运留到奥运会结束之后再作决定，而奥运铜牌的成绩单，也会让他拥有更多的选择。几年来，虽然金英权拿遍亚洲足坛荣耀，但看着自己的同龄人甚至是更年轻的韩国同胞纷纷走向欧洲大放异彩，还是会心生羡慕。

2013 年初，在接受韩国媒体采访时，金英权曾半开玩笑说，自己选择投奔里皮，就是指望有一天银狐回归欧洲执教后，能够带上自己。在金英权看来，2013 年夺得亚冠冠军之后，在恒大已经逐渐变得"没有目标"，不知道下一个挑战在哪里。他想到了离开，但里皮并不同意，银狐一句"只要我在，就不会放走任何一个主力球员"，断送了金英权和张琳芃们的留洋计划。只不过，当时还年轻的他们并不着急，他们无比信任里皮，相信在他手下还能学到更多的本领，为今后前往欧洲安身立命打下更牢固的根基。

高峰之后必有低谷，金英权的 2014 赛季，与恒大全队一样，显得有些步履蹒跚。这一年，金英权以主力中卫身份随韩国队出征了巴西世界杯，但 1 平 2 负的糟糕成绩单，让他们沦为了韩国足球的"罪人"。巨大的精神压力，严重影响了金英权的竞技状态，他的出场次数从前一年的 48 场锐减至 25 场，"亚洲第一中卫"的赞誉也沦为了笑柄。8 月 27 日，恒大亚冠主场 2-1 击败西悉尼流浪者，仍以客场进球少的劣势含恨出局，这一战，金英权因累积黄牌禁赛，没能为恒大助以一臂之力。

随后的 2015 年，恒大经历了队史最为动荡的时期。里皮在三个月内先是宣布退居二线，最后干脆辞职走人，让刚刚建立起的恒大王朝遇到严重危机。偏偏在这个时刻，伤病找上了金英权，由于常年连续作战，他的膝盖有些不堪重负。在菜鸟主帅卡纳瓦罗的带领下，恒大防线不再固若金汤，作为核心成员的金英权也成为了被指责的对象。他自己坦言，从 2014 年世界杯之后，一年来自己的表现"最多只能打 50 分"。而以这样的状态，显然不是前往欧洲圆梦的最佳时机。

2015 年中期，就在金英权长期养伤之际，有关他即将告别广州的传闻开始铺天盖地。7 月 15 日与河南建业的中超联赛，本是金英权代表恒大出战百场的里程碑，但他除了赛前接过百场纪念球衣之外，整场都枯坐替补席。他与恒大的四年长约，还有一年就要到期，俱乐部必须尽快做出选择，是出售还是续约。而他的经纪人则在对外放风，称至少有两三家欧洲球队表达了对金英权的兴趣，有意在夏窗将其签入。

关键时刻，两件事增加了恒大俱乐部的留人决心。刚刚上任不久的新帅斯科拉里，面对球队伤兵满营的困境，明确表态不能放走后防核心金英权。此外，在 8 月初的东亚杯上，以韩国队长身份出战的金英权帮助球队夺冠，并当选了赛事最佳后卫。东亚杯结束后不久，恒大俱乐部迅速找到金英权进行续约谈判，最终在 8 月 23 日对外公布与其续约四年，新约直至 2019 年 6 月 30 日。

不过，续下长约并不意味着金英权肯定与恒大长相厮守。就在续约公告发出后不久，就有知情人士透露，在这份续约合同里，金英权的解约金从 1200 万美元调整到了 1000 万美元以下，这也为他未来转会离队提供了更多的机会。而完成续约之后，将全部心思投入在比赛中的金英权，很快找回了自己的巅峰状态。在恒大冲刺亚冠的征途中，他除了因停赛缺席决赛首回合之外，打满了其他所有场次，为球队三年两夺亚冠立下汗马功劳。

整个 2015 年，金英权经历了一段过山车般的旅途。年初他随韩国队拿到亚洲杯亚军，完成了对世界杯惨案的救赎；年中因伤病和转会困扰，一度状态低迷饱受指责；但此后他又凭借东亚杯的成功，和中超亚冠两座锦标重新证明了自己。2015 年末，金英权先是入围了亚冠年度最佳阵容，后又被韩国足协评为年度足球先生，达到了个人荣誉巅峰。

从少男到人父

2013 年 3 月初的一天，在寒冷的韩国全州，金英权来华后第一次接受了中国媒体的专访。那一次亚冠客场，恒大球队与媒体下榻在了同一家酒店，晚饭后不久，金英权和他的翻译小丁一起，走进了我们的房间。平时的金英权低调羞涩，经常是面无表情，但这一次回到家乡，似乎让他整个人变得开放了许多。他与我们握手致意，笑容一直挂在脸上。

那时的金英权刚满 23 岁，多少还算个纯情少男。在陌生的国度踢球，他并没有时间和机会结交朋友，在老大哥赵源熙离队之后，他唯一能说话的对象就是翻译。而为了照顾儿子，金英权的父母也在很长的一段时间里陪在广州，为他洗衣做饭。而金英权说，自己几乎没有什么业余生活，除了训练和比赛之外，只有靠韩剧打发时间。

那一次的专访中，我们第一次问到了金英权的感情生活，他说自己还是单身。在我们的进一步逼问下，他承认自己有喜欢的女星，并打开手机给我们看了照片。那是一位并不出名的中国女艺人，原名叫徐萌，是 2008 年中华小姐大赛的季军，出道后改了艺名叫艾尚真。金英权说，自己在 2008 年就关注了那次中华小姐大赛，随后便一直关注着艾尚真的发展之路。在谈到

▶ 金英权的妻子朴岁振
在球迷看台

▶ 金英权和妻子一起
出席百场纪念

心仪女生时，金英权还是显得非常羞涩，就像韩剧里那些典型的宅男。

近几年来，韩剧和韩星的影响在中国大陆掀起了又一次高潮，作为在中国踢球最出色的韩国人，金英权也受到了不少关注，甚至经常在赛后收到女粉丝的礼物。不过，含蓄内敛的金英权，也并不是绝对的被动型，他如今的妻子，就是通过主动出击追来的。2014年初，金英权在一次旅途飞行中第一次见到了朴岁振，他很快为这位外形出众、声音甜美的空姐所着迷。在千方百计托朋友要到电话之后，金英权展开了猛烈攻势，并最终抱得美人归。

在2014年世界杯惨败的那段艰难岁月里，是朴岁振的陪伴，让低谷中的金英权重新振作。在认识不到一年后，金英权就决定与这位最合适的姑娘走进婚姻殿堂。他们在12月登记结婚，并很快迎来爱的结晶。2015年9月6日，金英权的女儿在广州出生，成为了继孔卡和穆里奇之后，第三位在中国迎来下一代的恒大外援。喜讯传出之后，恒大将帅纷纷送来祝福，比他早三个月"升级"的郜林夫妇最为积极，王晨开心地表示："我家小公主终于等来小闺蜜啦。"

从少男到人父，金英权最重要的人生阶段，已在广州城度过。他逐渐习惯了现在的生活，对这座城市也非常熟悉。他可以独自开车前往里水基地训练，也可以独立完成逛超市的采购任务。如果留守广州，金英权必将成为广州足球史上的传奇之一，但他的梦想，显然并非止步于此。在世俱杯与巴萨一战后，金英权主动找到皮克交换球衣，他说后者是他的偶像，而他的目标，就是去到更大的舞台，与偶像们进行真刀真枪的较量。

人人都爱埃尔克森

很多年以后，当你回想起 2015 赛季恒大的亚冠征途，你会记住些什么？或许，你会忘记他们是如何一路披荆斩棘地走来；或许，你会忘记斯科拉里究竟施加了哪些魔法；但你应该会永远记得，埃尔克森以致敬博格坎普的方式涮掉了阿赫利后卫，完成的致命一击，以及终场哨响后，他紧紧拥抱着队医颤抖哭泣的画面。这是任何演技也无法模仿的真情流露，来自无可替代的埃尔克森——这个注定将成为广州队史最伟大 9 号射手的巴西男孩。

20 世纪 90 年代，一部《人人都爱雷蒙德》的美剧横空出世，连续数年席卷艾美奖。而在近三年的广州城，则在不断上演着《人人都爱埃尔克森》的连续剧。在为恒大做出过卓越贡献的外援里，金英权太过低调，穆里奇多次提出离队，孔卡则让人又爱又恨，唯有埃尔克森，永远像小太阳一般，不断传递着正能量。广州队的每一次荣耀，都被他视作珍宝，每一次的失落，也都会让他伤心不已，很多人感慨，埃尔克森对广州才是真爱。而真心付出的埃尔克森，也收获了这座城市对他的最高赞美。

遗憾的是，这段天赐良缘，还是没能走到终点。在广州城的第四个赛季开始前，埃尔克森选择了转身离去。他离开的理由有很多，可能是在恒大赢遍亚洲之后，他需要新的刺激与挑战；也可能因为在斯科拉里的战术体系中，他与高拉特无法完美共存；又或者是恒大为了赢利上市，无法拒绝上港报出的天价……但无论是哪一种理由，都无法抹去埃尔克森三年来带给广州球迷的美妙回忆。在离开广州前的最后一次采访中，埃神动情地说道："或许这只是一次暂时的分别，有缘我们还会再聚。"

"未来巨星？谁信呢？"

"百米速度 10 秒 32，人送外号巴西杰拉德，必将成为未来巨星。"——2012 年的平安夜，广州恒大官方宣布了他们送给球迷的圣诞礼物，来自巴甲博塔弗戈的埃尔克森。在恒大官网，洋洋洒洒写下了数千字对埃尔克森的介绍与赞美，极力渲染这次签约之梦幻。然而，恒大之所以需要如此大篇幅推广，还是因为埃尔克森知名度不够。尽管他刚打出个人第一个进球上双的赛季，并且一度入选过巴西国家队大名单，但并非常年关注巴甲联赛的人，对这个名字还是有些陌生。

当时的中超，早已不是蛮荒时代，德罗巴与阿内尔卡都留下过足迹，即便是恒大自身，也拥有孔卡和巴里奥斯。当世人都期待着恒大带来世界级巨星时，埃尔克森的到来，多少会被打上一些问号。人们只知道，埃尔克森的转会出自大卫·里皮之手，这是他与恒大合作的第一笔单子。为了证明自己眼光无误，小里皮对外放话说，早在 2011 年，埃尔克森就一度是尤文图斯的目标。只不过，这依然被许多人视为经纪人对自己经手球员的自吹自擂。

刚到中国时，埃尔克森只有 23 岁，他的职业生涯起步不久，巅峰期尚未到来。他选择了克莱奥留下的 9 号战袍，这是他在博塔弗戈取得成功的数字，也是他偶像罗纳尔多的代号。2013 年元旦刚过，埃尔克森与孔卡、巴里奥斯同机飞抵广州，没有疯狂的球迷接机，也没有盛大的加盟仪式，在清远基地的寒风中，年轻的埃尔克森，开始了自己的中国冒险。埃尔克森说，选择恒大很重要的原因，是因为世界冠军里皮的存在，但里皮也早早地告诉了他，由于外援名额限制，在上半赛季的亚冠大名单中，不会有他的名字。

▶ 孔卡和埃尔克森庆祝进球

不能打亚冠的遗憾，被埃尔克森藏在心底，他很清楚，要想征服里皮，必须要靠球场表现说话。对于外界送上的卡卡、C罗、杰拉德等巨星模板，埃尔克森一个都不想沾光。"如果一定要说我的风格像谁，可能和浩克有点近似，但我并不想成为谁的第二，我只想成为唯一的埃尔克森。"年轻的埃尔克森，拥有极为坚定的目标与信念，"来之前，我在网络上查了恒大俱乐部，我知道他们过去的荣耀，而我要做的，就是为球队增添更多的冠军奖杯。"

理想很丰满，现实很骨感。埃尔克森很快迎来了第一个冠军点，与江苏舜天的超级杯对决，就在广州天河展开。里皮将埃尔克森写进了首发名单，这是他第一次与孔卡、穆里奇携手作战。然而，埃尔克森的恒大处子秀，却与前辈们的高光相去甚远，甚至成为了梦魇。他被顶在了突前中锋的位置，陷入了舜天后防的包围圈，几乎被完全冻结。媒体席上的记者们，开始计算埃尔克森第一次触球的时间，直到第15分钟才碰了一次球，大家纷纷摇头感慨，恒大这次买来了水货？凭借纯熟的防守反击战术，舜天很快取得2-0领先，第57分钟，浑浑噩噩的埃尔克森被巴里奥斯换下，而恒大最终也1-2输球，在家门口丢掉了超级杯。

"我要向现场所有的球迷朋友道歉，本来期待一场大胜，结果却不如人意。"终场哨响后，埃尔克森还没来得及走回更衣室，就被记者们团团围住，他耷拉着脑袋，极度失望地说着抱歉。另一边的新闻发布会上，里皮也没有护犊自己钦点的新援，银狐直言"埃尔克森迷失在了比赛之中"。而在各大社交平台上，许多恒大拥趸都在质疑，以埃尔克森这样的表现，凭什么接班克莱奥？

埃尔克森？埃尔克神！

失落的埃尔克森，像一只受伤的小熊，只有回到家中舔舐伤口。他在广州珠江新城租下了一套260平方米的大房子，因为他太需要亲人朋友的陪伴。他的哥哥和堂弟，很快来到广州陪在他身边，但在一切尚未安顿下来之前，他还没有选择把女友接过来。埃尔克森说，现在的我只想全心专注于训练和比赛，尽快发挥自己的真实水平。他心里非常清楚，整个广州队乃至中超联赛，都在等待着他的爆发。

埃尔克森是个虔诚的基督徒，而上帝似乎也有意帮他一把。超级杯首秀后不久，中超便拉开帷幕，恒大的第一个对手，是因大连实德消失而幸运递补的上海申鑫。面对着几乎是中超最弱的对手，埃尔克森终于找回了自我，他在下半场左右开弓，两脚直挂死角的射门，瞬间摘掉了水货的帽子。这一夜，绝大多数人开始意识到，这个一头卷发的巴西男孩，的确不是池中之物。但很少有人敢去设想，埃尔克森最终能达到怎样恐怖的高度。

传奇的故事，往往就在不经意间开始。对申鑫的梅开二度，成为了埃尔克森恒大生涯的楔子，接下来便是无比美妙的正文。主场再战江苏，埃尔克森上演帽子戏法；远征劲敌国安，打进唯一一入球；回到主场屠杀长春亚泰，再度三球戴帽；万众期待的广州德比，更是包办两球成为城市英雄……两个月，连续七轮联赛，埃尔克森不可思议地轰进13球，几乎场均2球的效率，甚至超越了梅西、C罗。广州球迷开始冥思苦想对他的尊称，既然穆里奇是猎豹，孔卡是天体之王，那么埃尔克森必须要有更响亮的名字，最终大家一致选择了充满魔幻色彩的"埃神"。

身价570万欧元的埃尔克森，七战封神，他进入了一段最美妙的时光。他在自己的大房子里支起了一张台球桌，还买了一台实况游戏机，算是给自己的奖励。中国媒体对他的采访邀约络绎不绝，而他也乐于向大家敞开家门。一次采访中，记者向他解释了"埃神"的含义，并教会了他神像打坐的动作。没想到不久之后，在又一次主场破门后，埃尔克森还真在场地里"打坐庆祝"。尽管他对于神的概念充满敬畏，但对于中国球迷的如此盛赞，依然非常受用。

不可阻挡的埃尔克森，开始让中超后卫们闻风丧胆，联赛刚到半程，他

恒大王朝

▲ 南美三叉戟，带领恒大第一次走上世俱杯舞台

▲ 三叉戟的激情庆祝

就斩获了 17 球。而他最大的竞争对手巴里奥斯，同期只有 6 球在手，高下已然立判。赛季中期，巴里奥斯与恒大不欢而散，埃尔克森毫无悬念地占据了他留下的亚冠名额。此时，再也没有人怀疑他是否有能力接班，而是期待着他在亚冠上演与中超同样的神话。这一年的恒大，人马齐整，众志成城，所有人的目标都很统一，那就是代表中国足球，第一次站在亚冠之巅。在里皮的蓝图之中，埃尔克森显然占据了重要位置。

整个 2013 赛季，埃神从未超过两场不进球，即便舞台升级到了亚冠，他依旧是最恐怖的锋线杀器。从 8 月到 11 月，埃神的亚冠只有三个月，他打满了从 1/4 决赛到决赛的每一分钟，六场比赛斩获七球。如果说横扫莱赫维亚和柏太阳神，大开杀戒不过是锦上添花，那么在与首尔 FC 的两回合血战中，埃神的两粒进球，却是个个价值千金。他赢得了与德扬的"亚洲锋王"之争，恒大也以一个身位优势力压首尔 FC，登上了亚洲之巅。2013 年 11 月 9 日，注定将成为中国足球人永远不会忘记的一天，这一夜，来自巴西的埃神长驱直入，帮助中国人击败了韩国人。

打不垮的"熊坚强"

处子赛季取得接近完美的成就，埃尔克森的中国之路，有了个美妙的开头。除了赛场上表现卓越之外，他开朗热情的性格，也征服了广州球迷。当孔卡挥手作别，当穆里奇伤停增多，埃尔克森逐渐开始成为这座城市唯一的宠儿。他早早开通了个人微博，表达最多的话语，就是"给球迷一个拥抱"，所有关注广州队的人，都曾被他的真心与微笑感染过。在许多球迷的内心深处，埃尔克森一直是距离最近的一个，他们给埃神送上了一个更接地气的称呼——小熊。

当然，埃尔克森从来也不是"老好人"性格，他对自己有着严格的要求，也有着自己的处事原则。少年时期，埃尔克森曾被梯队教练强行修改年龄，最终东窗事发，小伙伴们都被开除，只留下了他一人。这段经历一直是埃尔克森的心头阴影，"曾经被迫欺骗过人"是他最不愿回首的过去。成年之后，埃尔克森最重视朋友的品质就是信用，而他对自我的要求则是诚实。

2013赛季，很多人觉得埃神已达顶点，但他却并不满足。亚冠6战7球的成绩单，是他的荣耀，也是他的底气，在展望新赛季时，他直言"要从穆里奇手中抢过亚冠金靴"。他还是个极为注重细节的人，在2013赛季亚冠主场与柏太阳神一战中，破门后现场播音员却喊出了"9号，克莱奥"，这让埃神极为不爽，他甚至半开玩笑说道："这样的错误必须受到惩罚，难道不应该被开除吗？"此外，对于自己的进球数字，埃尔克森也容不得半点马虎："2013年我进了32球，不只是30球，你们得算上足协杯和世俱杯的两个呀。"

的确，埃尔克森很在意外界对他的看法。2014赛季中期，埃神进球率稍有下滑，有球迷指出他身材发福。在一次专访中，我笑着告诉他这一点，他马上站起身来掀起T恤，让我看看他健硕的腹肌。"你看看，我们队里还有谁有这样的肌肉？"埃神说道。我回他说："张琳芃肯定有，你看过吗？"埃神像个被揭穿秘密的小孩子，强词夺理说："他不算中国人，他是例外。"

在中国三年，埃尔克森也不是没有遇过挫折。2014年8月，亚冠1/4决赛，恒大主场迎战西悉尼，那是一场必须逆转的生死战，埃尔克森却在关键时刻罚丢了点球。那一夜，恒大含恨出局，也成为了埃尔克森最黑暗的一天，无法抑制的负罪感，让埃神彻夜难眠。但他很快就化悲痛为力量，在中超联赛里完成救赎，自亚冠出局后的8轮联赛，埃神狂轰11球，不仅以28球连庄了金靴奖，还一举打破了李金羽单赛季26球的传奇纪录。对于埃神的能力，李金羽毫不讳言"他比我强"，而更多的人则在感慨，以埃尔克森的能力和效率，甚至堪称中超史上第一中锋。

如果说处子秀的梦游，和生死战罚丢点球，都只算是短期阴霾的话，那

▲ 埃尔克森凌空停球

▲ 埃尔克森激情怒吼

恒大王朝

么在 2015 年，埃尔克森才算真正遇上了职业生涯最大的坎。情同父亲的里皮挂印而去，接班的菜鸟主帅卡纳瓦罗，似乎并不清楚该如何发挥埃神的最大作用。而顶着 1500 万欧元天价而来的高拉特，就像当年的埃神一样，凭借连续进球瞬间爆红。从技术特点来看，同样司职前腰或影锋位置的高拉特，并不以直塞传球见长，他更喜欢后排插上冲向禁区，完成致命一击。这样一来，作为中锋的埃神，只能退化为拉开空间的桥头堡。赛季前 8 场，埃尔克森只收获 1 球，质疑声随之而来，恒大究竟是否还需要埃尔克森？

重压之下，埃神在 4 月短暂爆发，但仿佛是宿命一般，他又一次倒在了西悉尼面前。5 月 5 日，亚冠小组赛收官战，已经提前出线的恒大雪藏多名主力。然而，在球队长时间一球落后的情况下，不愿输球的卡纳瓦罗决定放手一搏，他同时换上了高拉特和埃尔克森，希望扭转战局。不幸的是，在雨天地滑且没有充分热身的情况下，埃尔克森仅出战 8 分钟，就大腿肌肉拉伤退场。恒大最终 0-2 不敌西悉尼，但更惨痛的代价，显然是之后埃尔克森反反复复伤缺了近四个月。

在恒大的前两个赛季，埃尔克森共计出战 80 场，几乎是从不需要轮换的铁人。突如其来的连续受伤，显然让他很不习惯。面对媒体的镜头，埃神还能强迫自己挤出微笑，但独处时的失落，却唯有冷暖自知。在那段时间里，每逢恒大主场比赛，埃尔克森都会到现场观战，他不会坐上主席台，而是搬把椅子，坐在球队更衣室门外。他依然会为队友们的每一次破门兴奋鼓掌，哪怕欢呼和荣耀，不再专属于他。斯科拉里来了，保利尼奥和罗比尼奥也来了，恒大的巴西帮瞬间壮大，埃尔克森开始意识到，时不我待。

漫长的康复过程中，埃尔克森一直与阿兰为伴，那是一位比他境遇更惨的老乡。他们相互支撑度过了最艰难的时光，埃尔克森率先完成了归来。只不过，从来都是铁打主力的他，这次要从替补做起。长期无法比赛，埃神的状态还需要慢慢找回，在他最需要支持与信任的时刻，无论刘永灼还是斯科

▲ 埃神举起亚冠奖杯

拉里，都成为了他最坚强的后盾。亚冠二次报名前夕，有关埃神与罗比尼奥的名额之争愈发激烈。最终，在伤情不明的埃神和健康的罗比尼奥之间，斯科拉里选择了前者。尽管与埃神共事不久，但斯科拉里对其能力却早已心中有数，早在 2013 年执教巴西国家队时，大菲尔就曾在博塔弗戈俱乐部观看过埃神的进球集锦。没能将他带去本土世界杯，只因攻击线竞争太过激烈。

广州宠儿转身离去

或许，埃尔克森就是专为大场面而生的。2015 赛季的最后三个月，他终于伤愈归来。长期休战让他失去了往日的杀手嗅觉和状态的连续性，却没有失去那颗冠军心脏。自与上港的天王山战役点球破荒后，埃神最后的 10 场比赛只打进了 2 球，但每一球都让人无法忘怀。主场与鲁能一战，他的进球险些让恒大完成主场庆典；而亚冠决赛的致命一击，更注定会被载入史册，成为后人顶礼膜拜的标杆。在令人窒息的 180 分钟里，恒大与阿赫利阵中，只有埃神一人完成破门，这就是价值的体现。

时隔两年再成亚冠英雄，让埃神卸下了千斤重担。他紧紧抱住了中方队医康大夫，流下了罕见的男儿泪。埃尔克森说，他发自内心地感激所有人，在他最茫然无助的时候，是俱乐部和教练组，给了他坚持下去的勇气与信念。最后的王者归来，也是对这些信任和帮助的最好回报。2015 赛季，埃神最终的成绩单并不算亮眼，出战 31 场打进 10 球，与前两年 30+ 的效率相去甚远，但绝对没有人会将他的这一年，定义为失败的一年。

从废墟中站起的力量，往往比顺风顺水更加直击人心。在最艰难的时刻，是家人与朋友的陪伴，帮助埃神渡过了重重难关。2013 赛季，初来乍到的埃尔克森，就常常在进球后做出爱心手势送给万里之外的女友露莎，而一年之后，他们就注册成了合法夫妻，并在马尔代夫完成了低调而又浪漫的婚礼。2014 年底，埃尔克森迎来了自己的第一个孩子，取名皮埃特罗。从此，他不再是独身闯荡的男孩，而是必须肩负起人夫人父责任的男人。艰难时期决不放弃，正是成熟男人的标志之一。

来到中国，对于此前从未迈出国门的埃尔克森来说，就像打开了新世界的大门。刚来恒大时，他就曾直言，以恒大俱乐部的实力和规范程度，其实和去欧洲踢球没有太大差别。埃尔克森拥有极大的热情来融入这个国家，第一次亚冠之旅的长途飞机上，他就随身带了一本《葡汉双语字典》。三年来，他已经基本掌握简单的日常用语，当然其中也有不少是脏话。2015赛季，恒大召开新赛季动员大会，会后工作人员收拾场地时，发现埃尔克森在桌上练起了书法，他对照着自己的名牌，一笔一画工整地写下了中文名字。

住在广州最繁华的区域，埃尔克森的生活也从不枯燥。他的亲朋好友经常从巴西过来，此外他也在广州结识了不少老乡。最著名的几家南美餐厅，埃尔克森都是常客。在恒大队中，埃尔克森是队友的开心果，他对更衣室太过安静的气氛不太习惯，偶尔带着自己喜欢的音乐进去播放，明快的节奏配合他的舞蹈，总能让队友们心情放松。而在恒大位于佛山里水的训练基地，埃神也是充满孩子气，他会在基地里骑电动车和自行车，还会用一辆遥控车满院子跑，看着队友们狼狈躲闪，仿佛是他最大的快乐。恒大队里，很多人都是埃神的好友，与他同一天生日的黄博文，更是成为了挚交。每年7月13日，埃神与黄博文都会在队里共同庆生，就像一同见证着彼此成长的亲兄弟。

刚来恒大时，埃神还是比较低调朴素的少年，但那时的他，对于自己的形象就非常在意。在一次更换发型之后，埃神对自己的短发造型并不满意，他的解决办法，就是在炎热的夏日戴上毛线帽，直到头发重新长成他喜欢的样子才作罢。在球队外出比赛时，埃尔克森总是全套LV装备，从背包、钱包到行李箱全是一水儿的经典款，不少队友笑他是从火车站淘来的假货。当然，在中国赚了大钱，埃神也开始出手大方，对家人朋友都很豪爽。有一次他请全队吃饭，选了家高档的日本料理，最终结账人民币四万多，还是让埃神翻了白眼，他对服务员抱怨说："这么贵，你能拿把刀把我杀了吗？"

恒大王朝

　　一转眼，埃尔克森加盟恒大，已经过去了三年时光。他还不满 27 岁，职业生涯真正的巅峰才刚刚开始。里皮曾说，虽然埃尔克森的转会费只有 570 万欧元，但他真正的价值，要比这高三倍不止。而恒大在与他续约时，将年薪翻倍到 400 万欧元，也足以说明认可。只可惜，原本期待着埃神能够终老羊城的球迷，在 2016 年初的冬夜里失望了。从网传埃神接近上港，到最终完成签约，只有短短三天时间，速度之快让人猝不及防。很多人说，仿佛还未回过神来，自家孩子就已被掳走，他们多么希望，这只是一场梦。

　　挥别广州，意味着埃神放弃了创造更伟大历史的机会，他本与穆里奇一样手握 77 球，并列队史第一射手，但他或许再也没有机会来打破纪录。更重要的是，在赛季中告别的穆里奇与孔卡，都在天河享受了全场只为一人欢呼的最高礼遇，而在转会窗离去的埃神，却只能面对电视镜头，向深爱了自己三年的广州球迷一诉衷肠。这样的遗憾，无论对于埃神还是球迷来说，都显得有些残忍。

高拉特——新五年计划引路人

自引进 2010 年度巴甲 MVP 孔卡大获成功之后，恒大在巴西足坛的挖角目标就一直对准这个级别。只不过，2011 年度的 MVP 内马尔乃天之骄子，注定不会前往亚洲踢球；2012 年度的得主罗纳尔迪尼奥则年事已高，不符合恒大的引援标准。待到 2014 年受累于意大利二老蹉跎一年之后，立志拨乱反正的恒大再度将目光对准了巴甲联赛，他们锁定的两大目标，便是 2013 年的 MVP 里贝罗与 2014 年的得主高拉特。

有趣的是，这两位相继荣膺巴甲最佳的年轻球员，不仅同为 1991 年生人，而且还共同效力于克鲁塞罗。里贝罗的风格更近似孔卡，是大师级的中场指挥官；而高拉特则在转型之后更接近禁区，人送称号"球场刺客"。在恒大专业的引援评估体系中，两人都排名前列，属于可以尝试操作的目标人选。不过，当时的里贝罗还在等待欧洲豪门的召唤，对前往亚洲非常犹豫；而高拉特则对东方文化更感兴趣，很快与恒大一拍即合。

2014 年底，时任恒大主帅里皮也亲自前往巴西，现场观看了克鲁塞罗的比赛，对于目标人选高拉特，里皮予以点头认可。恒大的专业谈判团队很快介入操作，并最终以 1500 万欧元的中超历史第一高价，将高拉特收入帐下。按照恒大的官方说法，高拉特的引进，是具有划时代意义的历史事件，因为他是俱乐部新五年计划开启后，以全新引援机制拿下的第一位"未来巨星"。恒大俱乐部甚至将其与当年引进孔卡相提并论，视作新的"扛鼎之作"。

他凭什么这么贵？

1500万欧元，放在欧洲转会市场上或许不值一提，但在中国足球历史上，却是前所未有的第一大单。高拉特之前，恒大在转会费上掏出的峰值，是当年巴里奥斯的850万欧元。同为巴甲MVP，高拉特的身价甚至接近孔卡的两倍。然而，恒大俱乐部依然认为做了一笔超值的买卖，以高拉特当时不到24岁的年龄，他还有着巨大的上升空间，像穆里奇当年那样溢价卖出的可能性并不小。恒大方面表示，若不是把握住了欧洲球队通常冬季投入不大的好机遇，很难以这样的价位拿下高拉特。

荣誉很多，名气不大，是广州球迷对高拉特的第一直觉。在天才辈出的巴西足坛，高拉特并不属于传统意义上的天才少年。他儿时开始就身形肥胖，一度被视为无法从事职业足球。15岁那年，高拉特和小伙伴卡塞米罗一起试训圣保罗队，最终后者留了下来，高拉特却被淘汰。此后卡塞米罗一度加盟皇马，可见高拉特在天资上的确弱了一些。

翻看高拉特的生涯履历，也只能看出他正处于快速的上升期。在圣安德雷和巴西国际队效力的三年里，司职中场的高拉特并无太多高光表现，三年总共只进了11球。他的人生转折点，出现在2012年租借加盟巴乙球队戈亚斯，在低一级别的舞台上，实力出众的高拉特大放异彩，全年各项赛事轰进25球，被巴西媒体视为"巴乙最优秀的球员"。很快，传统劲旅克鲁塞罗向他发来了邀约，并在2013年1月签下了这位未来之星。

高拉特职业生涯的好日子，也正是从克鲁塞罗开启的。这一年，克鲁塞罗时隔十年重夺巴甲联赛冠军，出战33场打进10球的高拉特，无疑是核心功臣之一，他与里贝罗组成的双子星，成为了巴西足坛最闪耀的二人组。赛季末，高拉特收到了法甲球队摩纳哥的报价，但志在新赛季南美解放者杯的克鲁塞罗拒绝放人。显然，他们做出了一个明智的决定，随后的 2014 赛季，高拉特完成了更大的爆发，全年各项赛事轰进 20 球，助克鲁塞罗卫冕巴甲的同时，还打进了解放者杯八强。

在最风光的两年里，高拉特没能在世界杯前等来斯科拉里的青睐，但在邓加上任巴西国家队之后，他很快得到了梦寐以求的召唤。2014 年 8 月，高拉特入选了巴西队集训大名单，并在 1-0 击败厄瓜多尔的友谊赛中替补登场。在高拉特之前，恒大队中的巴西外援里，穆里奇参加过巴西 U20 青年队比赛，埃尔克森进入过集训名单却未出场，因此高拉特也成为了史上第一位在巴西国家队有过出场记录的恒大外援。

在官宣引进高拉特的公告里，恒大表示仔细研究了他过去三个赛季的详细表现和数据。但随着引援尘埃落定，还是有一些担忧的声音传来。巴西《环球体育》前总监毛里西塞在专栏中表示，高拉特出道时的风格其实更近似德国国脚托尼·克罗斯，转移调度强于破门得分，他担心高拉特近两年进球数飙升只是得益于克鲁塞罗的体系，而非其自身能力的提升。对于高拉特在恒大的前景，这位巴西足球专家显得并不太乐观。

五战倾城，还有谁不服？

是否适应中超，终究还是要靠脚说话。签约恒大后一周，高拉特就飞赴西班牙，与正在冬训的球队会合。而与他一同前来的，还有恒大冬季拿下的另一名高价外援，同样是巴西籍的阿兰。恒大终于告别了意大利时代，重回南美人打天下的岁月。埃尔克森、雷内和阿兰的存在，让高拉特并不感到孤独。他开心地表示，自己融入速度很快，因为每天都可以说葡语。

作为中超引援的第一大金矿，巴西球员在中国足坛的表现也呈两极化，既有特别出彩的，也有沦为水货的。贵为巴西国家队主力中锋的塔尔德利，

▲ 训练中的高拉特

▲ 高拉特头球攻门

也曾因长期在鲁能找不到状态而饱受指责。在恒大队中，埃尔克森无疑是高拉特的榜样，他在初来乍到的 2013 赛季大放异彩，很快成为了中超乃至亚冠赛场上最令人胆寒的射手。只不过，当时谁也预料不到，高拉特真的能重现埃神当年的奇迹。

高拉特在恒大的处子秀，是与山东鲁能的超级杯，这一天也是国际情人节。新帅卡纳瓦罗并未让两名高价新援首发，高拉特和阿兰只能在替补席上感受全新的风景。下半场，卡帅率先用阿兰换下了郜林，直到第 75 分钟，才将高拉特派遣出战。首秀只踢了 15 分钟，双方就以 0-0 直接进入点球大战，高拉特被安排在第二轮出场，他轻松地一蹴而就。遗憾的是，第四轮出场的黄博文点球击中横梁，恒大最终 3-5 丢掉了赛季首冠。高拉特的首演，也像 2013 年的埃神那样，在超级杯上略显平庸。

然而，新赛季大幕开启之后，高拉特的轨迹却与埃神开始惊人重合。2013 赛季，上半年未报名亚冠的埃尔克森专心联赛，一度打出连续 7 场轰进 13 球的疯狂数据。而这一次，身兼亚冠中超双重任务的高拉特，同样交出了精彩答卷。在赛季开始后的五场比赛中，高拉特不可思议地打进 8 球，其中亚冠 3 战 6 球，还包括一次帽子戏法。在埃神低迷、阿兰重伤的阴霾下，高拉特成为了恒大唯一的"大腿"，迅速征服了这座城市。

高拉特带来的魔幻表演，让广州球迷如痴如醉。他们开始感慨，也只有高拉特这等天降神兵，才配得上接过穆里奇留下的 11 号战袍。而此前一年，真正接班穆里奇的吉拉迪诺，只敢身披 38 号球衣登场。高拉特的速度、技术和意识，让他在中超显得出类拔萃，甚至被誉为孔卡与埃神的结合体。在 6-1 屠杀申鑫一战中，高拉特不仅上演帽子戏法，还送出两次助攻，几乎一人接管了比赛；7-0 横扫重庆力帆一战，他虽然没有进球，但单场 4 次助攻的表现更是惊人。如此全能的战将，让外界无不感慨，恒大又做了一笔超值的买卖。

整个 2015 赛季，高拉特旋风可以说是从年头刮到年尾。在恒大冲刺中超五连冠的最后几战中，高拉特都曾挺身而出，从 10 月 17 日客战天津梅开二度，到对阵鲁能和国安的连续破门，高拉特亲手将恒大托上了冠军宝座。这一季，他在中超出战 27 场打进 19 球助攻 10 次，虽被阿洛伊西奥抢走金靴，但仍是当之无愧的赛季 MVP。从巴甲最佳到中超最佳，高拉特实现了无缝切换，这是当年孔卡也没能取得的成就。

相比中超，高拉特的存在，更重要的意义是让恒大在亚冠征途中更有底气。小组赛斩获 6 球，1/8 决赛再入 2 球，高拉特在亚冠的起势异常凶猛，在卡纳瓦罗手中，他拥有极大的前场自由权，可以将进攻能力展现得淋漓尽致。不过，在赛季中期斯科拉里到来之后，恒大开始向更务实的风格转变，防守成为了第一要务，并非中锋的高拉特，也必须参与球队防守。从八强战到最终的决赛，高拉特全部出场，却没有进球。但很多人说，正因为他的存在吸引了对方重兵防守，才为本土球员留出了更多空当。

万众期待的亚冠决赛，成为了高拉特与老友里贝罗对决的舞台。后者在错过恒大之后，并未如愿前往欧洲，最终选择了落脚迪拜阿赫利。命运的巧合，让两位老友在亚洲最高级别的舞台上针锋相对，但命运也有残酷的一面，那就是让高拉特重伤下场。在迪拜客场，高拉特遭恶意铲球受伤离场，不得已在迪拜休整几天才返回广州。尽管他带伤坚持打了次回合，却没能成为关键先生。这一次，依然是老大哥埃尔克森成为了天河英雄。

广州城新偶像

高拉特刚加盟恒大时，球迷们看着他的官方照片，纷纷感慨说，这不是又一个埃尔克森吗？既然埃神昵称是小熊，那么年纪更小的高拉特，就叫"熊二"吧。的确，无论从外形还是性格来看，高拉特都与埃神非常相似，而乐观开朗的个性，对于他融入广州也大有裨益。

▲ 郜林和高拉特庆祝进球

▲ 高拉特和队友感谢球迷

"我对东方文化很感兴趣，我觉得广州这样的国际都市简直太酷了。"在为数不多的接受中国媒体采访时，高拉特曾这样评价过广州，"来之前我曾做好了面对困难的准备，但没想到一切比想象的容易很多。俱乐部为我们做了很好的服务，我能和队友们说葡语，还能看到巴西的电视节目。我的家人也非常喜欢这里，我们都适应了这里的生活。"

能够迅速融入广州，对于高拉特的职业生涯来说，自然是极好的。与当年的孔卡一样，高拉特是带着自己的妻子黛安和儿子一起来到中国的。有家人的陪伴，可以极大消除离家万里的孤单。而且，高拉特的妻子黛安，当年在巴西赛场上也是知名的太太团成员，她与里贝罗的妻子玛利亚、莫雷诺的妻子安东内利三人组成的"铁三角"，经常是克鲁塞罗比赛时，摄影机捕捉的焦点。而到了中国之后，黛安也对这里的一切充满兴趣，当高拉特随队出征客场时，她还独自前往北京爬了次长城。

起码到目前为止，高拉特无比享受在广州的生活。他曾在网络上晒出自己搭乘广州地铁出门购物的自拍，也曾骑着电动车载着妻子前往广州塔参观。时间较短的节假日，他会全家前往香港购物，而时间充裕一点的话，就会飞往三亚享受阳光与海滩。高拉特坦言说，自己唯一无法接受的，是广州的一些"特色"食物，比如蛇。相对而言，还是巴西烤肉更合他的胃口。对于球迷质疑他身形过胖的说法，高拉特也很委屈，他说那都是照片的角度问题，他一直是这样的身材在踢球，并且一直在取得成功。

在恒大队中，有些球员一直怀有强烈的欧洲梦，比如埃尔克森、金英权和张琳芃。但高拉特却和他们不太一样，他与恒大签下了四年长约，并且从未提及自己有前往五大联赛的目标。对于他而言，最大的梦想，一直都是巴西国家队。告别巴甲来到中超，高拉特便再未获得国家队征召，尽管邓加坚称会关注世界各地巴西球员的表现，但随着塔尔德利逐渐被边缘化，高拉特也意识到前景并不乐观。

拿到亚冠冠军后，高拉特和恒大获得了征战世俱杯的机会，在展望这届大赛时，他曾说"希望拿到世俱杯金靴，借此机会吸引邓加的关注，并重返巴西国家队"。遗憾的是，虽然恒大在世俱杯表现不俗，但三场比赛中最抢眼的，却是拥有更多巴西国家队出场记录的保利尼奥，高拉特则似乎湮没在了人海之中。不过高拉特并不会因此气馁，桑巴黄衫对他的吸引力，会一直永存心中："无论在世界上任何地方踢球，我都会坚持自己的方式，保持最好的状态。以便在下一次国家队集训时，邓加能够记起我。"

▼ 保利尼奥、高拉特、罗比尼奥在庆祝进球时大跳桑巴舞

恒大本土英雄传

郑智——中国足球最后的老炮儿

恒大成就王朝霸业，在一些人看来，不过是依赖着一掷千金引进的外援而已。这样的说法，对于那些同样功勋卓著的本土球员而言，显然是不公平的。无论中超还是亚冠赛场，首发 11 人里最多只能同时派遣 4 名外援，更多的主力位置，依然需要中国人自己顶上去。六年来，恒大的外援群体固然璀璨夺目，但一批批前赴后继的本土英雄，同样配得上我们的尊重与掌声。而在广州队史的荣誉簿里，也注定会留下他们浓墨重彩的一笔。

2015 年 11 月 17 日晚，中国男足梦断香港旺角，遭香港再次逼平的结果，几乎宣告冲击 2018 年世界杯梦碎。赛后的混合采访区，压抑得让人窒息，国足队员们纷纷低头加速闪过，没有理会任何采访请求，直到郑智的出现。这位年过 35 岁的老队长，是这个夜晚唯一敢于面对镜头的人，十几年国脚生涯，他经历的失败远多于成功，但勇气和担当从未在他身上褪去。这一夜，郑智的谢幕充满感伤，网络上一片唏嘘感慨——中国足球欠郑智一次世界杯。

四天后，广州天河体育场，悲剧变成了喜剧。广州恒大两回合总比分 1-0

击退迪拜阿赫利，三年内第二次站上了亚洲俱乐部之巅。而两次代表全队从亚足联主席手中接过冠军奖杯的，都是队长郑智。他高举着奖杯放声欢呼，仿佛要将所有的阴霾苦涩一扫而空。铺天盖地的赞誉纷至沓来，郑智成为了中国足球面孔的最佳代表。人们似乎都忘却了他年轻时的乖戾嚣张，众口一词的夸赞中，郑智仿佛一位德艺双馨的老艺术家。

又过了十天，亚足联年度颁奖盛典在印度新德里隆重召开。作为亚冠冠军队长，郑智第二次入围亚洲足球先生三甲之列。2013 年，他成为了范志毅之后的第二位中国先生，但这一次他败给了比他年轻了 11 岁的哈利勒。国人纷纷感怀，中国足球还要靠郑智撑门面多久？下一个郑智又在哪里？数十年来，恐怕从未有过任何一名球员，能在一个时代成为独一无二的记忆点。郑智被舆论送上了万神殿中央，其余球员唯有远远遥望。

30 岁之前，他是公认的天才球星，22 岁当选中国足球先生，24 岁便被授予国足队长袖标。但他桀骜不驯的性格，以及无处不在的霸道作风，却又长时间饱受争议。而立年之后，他结束留洋重回国内，洗尽铅华褪去浮躁，用六年岁月亲手写下了一曲不老赞歌。郑智的传奇何时结束？这是近年来不断萦绕在他身边的问题，而他用实际行动给出了答案——与恒大再续五年长约，成为中国足坛的第一位"马尔蒂尼"？为什么不呢？

最后的老炮儿

"郑智，你看了南非世界杯吗？能点评一下西塞的表现吗？"

这是 2010 年 6 月 28 日，郑智加盟恒大新闻发布会上，遇到的尴尬一幕。在座的哄堂大笑，但郑智却笑不起来，他不痛不痒地简单回答了这个问题，心底却长出了刺。随后长达两个月时间，郑智对广州媒体都带着抵触情绪，无论场上表现如何，赛后永远不发一语。这就是郑智，一个从来不好惹的刺头，他向来将恩仇牢记在心，有恩报恩，有仇报仇。

生于 1980 年的郑智，亲历过甲 A 联赛最黑暗的年代——俱乐部不职业，打假球和拖欠薪水是家常便饭；球员更不职业，抽烟、喝酒、赌博样样精通。年轻的郑智，虽未曾沾染上前辈们的不良习气，但从那个时代走出来的球员，身上多少会带着些江湖气，他们就像草莽英雄一般，与一切自己看不惯的现象做斗争，绝不畏缩人后。

多年来，郑智也曾被舆论标签化，几乎成为了"球霸"的代名词。他会因裁判不与自己握手而将对方追得满场飞奔，也会在亚冠赛场上用脏话怒斥裁判，遭亚足联禁赛半年重罚，甚至敢在北京奥运会的舞台上肘击对手染红下场。而最为世人所熟知的，自然是 2006 年世界杯前踢断法国前锋西塞的小腿。其实，从任何角度来看，这都是一次动作并不大的普通犯规，但正因为制造这一出惨剧的主角是郑智，才会被无限放大为"恶行"。在之后郑智留洋的岁月里，英媒曾将这次断腿评为史上第四惨烈；更有杂志将郑智排进了"世界足坛 12 大恶人"之列，与坎通纳、齐达内等巨星比肩而立。

年轻时暴戾风光，年老时脾性不改，很多人说，郑智是中国足球最后的"老炮儿"。从苏超归来加盟恒大，是郑智职业生涯的重大转折，他放弃了前往英超伯明翰当替补的机会，决意为了出场机会重返国内。短短几年光阴，从英超到中甲，落差之大很容易让人心态失衡，被誉为留洋旗帜的郑智，也用了很长时间才真正找到新的归属感。

郑智回归首战，是 7 月 17 日恒大客战湖北绿茵，率先进球却被逼平的结局，让恒大众将心情极差，赛后的常规谢场，只是草草了事稍作敷衍。对此，远赴湖北助威的 300 多名球迷十分不满。得知情况后，随队督战的刘永灼立即找到李章洙，要求队员们 15 分钟后返场向球迷致歉。最终，在时任队长李健华的带领下，恒大全队走出更衣室重新完成谢场，而初来乍到的郑智显然对这一切并不适应，他的态度依旧没能得到球迷的认可。

▲ 2010年，郑智在恒大的首秀

▲ 2010年，郑智遭红牌罚下，后遭俱乐部重罚

在恒大打了几场联赛，郑智并未展现出高人一筹的实力，李章洙也无奈承认，郑智只发挥了大约五成功力。此外人们还发现，郑智在比赛中习惯于找裁判理论，而当时的他尚没有披上 10 号战袍，也没有队长袖标。郑智浑不吝的球风，最终在 8 月 25 日酿成大事，他与成都外援布兰登的激烈冲突，为他带来了回归后的第一张红牌。向来治军严格的恒大立即做出反应，公开重罚了郑智，中国足协也对其禁赛四场。

这次重罚，对郑智而言有如醍醐灌顶，这是他三十而立之后吃到的第一张罚单，也成为了他恒大生涯的转折点。恒大集团严格执行规章制度的作风，让郑智意识到再也无法恣意妄为，他接过了紧箍咒，主动戴在了头上。自此之后多年，郑智尽管在任何冲突中依旧毫不相让，却少了许多攻击性。他开始变得像冯小刚诠释的"老炮儿"，没事不惹事，遇事不怕事。他已经很久没有因场外因素染红下场了，最近一次在比赛中吃到红牌，还是无奈之下对河南建业外援伊沃的战术犯规。

恶棍变天使

郑智之变，必须感谢两个人。其一是恒大老板许家印，他赋予了郑智在这支球队中的领袖地位，甚至授命郑智作为他的个人代表，在俱乐部和国家队管理队友。其二是恒大草创时期的主帅李章洙，在 2011 赛季开始前，李章洙将梅尔坎留下的 10 号战袍和李健华手上的队长袖标，一并交给了郑智。铁帅的理由很简单，在恒大疯狂搜罗国脚名将之后，唯有郑智这样的大牌队长，才能真正在更衣室服众。

以身作则，成为了郑智职业生涯新的指导思想。他在第一次随队冬训时练得极为刻苦，连向来要求严苛的李章洙都不禁竖起大拇指："好好跟你们的队长学习，他比你们年纪都大，看看他是怎么训练的。"随后的赛季里，郑智开始真正扮演更衣室领袖的角色，当主教练部署完比赛后，郑智都要号召队友肩并肩搭成一排，自己再简短地说上几句，或是提醒站位，或是鼓舞

▲ 2011年，恒大队长郑智代表运动员宣誓

▲ 李章洙和郑智的女儿互动

士气。他成为了主教练在球场上的最佳延伸，恒大历任主帅都离不开他。而队友们都说，有智哥在场上，我们都踏实。

在面对裁判的错漏判时，郑智不再怒目圆睁恨不得杀死对方，而是尽力耐住性子给出解释。当身旁的小兄弟郜林、张琳芃们无法自制时，郑智还要扮演和事佬的角色，奋力拉开队友。2011年7月，恒大与辽足之战爆发大规模冲突，穆里奇拉拽肇俊哲头发引发巨大争议。在这场混战中，向来脾气火暴的郑智并未冲在第一线，作为队长的他一直在劝慰自己的队友，他先后拉开了赵源熙、保隆和郜林，避免恒大遭受进一步人员损失。

"我不敢说去教导年轻球员，我只是想成为他们的榜样。"时隔多年，回首这一路走来自己的改变时，郑智有过这样的表述。如何与年轻球员相处，对于郑智来说，也是一门新的学问。在李章洙时代，恒大征战客场时，郑智经常能享受与主帅一样的单间待遇，一方面体现了郑智的地位，另一方面也说明队友多少对他有些畏惧。不过，随着时间的推移，当越来越多的新援加盟恒大，他们都会纷纷主动来拜郑智这座"码头"。2013年恒大冬训集中日，在郑智的房间内同时出现了七八名球员的身影，郑智如同江湖大哥一样坐在中间，与大家一起谈天说地，欢声笑语不断。

对待媒体的态度，郑智也有了质的改变。自李章洙时代开始，郑智便成为了每一任主帅发布会必带到现场的"吉祥物"，他出色的表达能力和语言的准确性，让教练们格外放心不会出乱子。而在比赛后的混合采访区，郑智也是唯一一位每叫必应的球员，即便输球之后也不会躲着媒体绕道而行。除了极少接受私下专访之外，郑智几乎是媒体眼中的完美采访对象。对此郑智本人也笑言道："被你们说得我像是新闻发言人了一样。我只是觉得，采访是你们的工作，球队输球了你们也得工作，这是相互配合、相互尊重的事情。另外，有些话年轻球员不太敢说，我反正就倚老卖老了。"

比对媒体更亲切的，是郑智对球迷的态度。接过队长袖标后，郑智时刻牢记自己的身份与责任。无论公开还是私下场合，郑智对于球迷的追捧都是来者不拒，即便球迷蜂拥而上要求签名合影，他也不会逃避拒绝。有球队工作人员开玩笑说，智哥这些年签出去的名太多了，都不值钱了。但在郑智看来，这代表了球迷对自己的尊重和认可。作为回报，郑智会在每场比赛结束之后，都叫上全队一起，绕场一周向球迷感谢致意。2015年9月，广州德比恒大2-1赢球，由于是客场作战，安保阻止恒大球员走近球迷谢场，走在最前面的郑智一把推开保安，坚持带着队友一起与球迷庆祝。此举引发恒大球迷盛赞，纷纷高呼队长真男人。

曾经争议满身的"恶棍"，在广州六年破茧成蝶变成了"天使"，郑智的转型之路，走得相当成功。如今再提到郑智，更多会夸赞他所呈现的正能量，而不再是过往的黑历史。作为当前中国足球最优秀的代表，郑智开始受到各种跨界青睐，他以成功者的身份登上了央视《开讲啦》的舞台，接受了杨澜的长篇专访，还在各种综艺节目中频频露脸。2015年末，他与某国产运动品牌签下了数百万的代言，一跃成为了国内青少年学习足球的头号榜样。

居家好男人

"最近这两年，每次我赛后回家，儿子都会问我为什么没进球，但我现在平均每年才进一个球，实在是没法回答啊。"在谈到自己的孩子时，郑智总会不自觉地笑起来。

35岁的郑智，俨然是个人生赢家。在足球场上他斩获无数荣耀，在家中也有贤妻陪伴，儿女双全。他与妻子邵娜的故事，被传闻演绎了无数版本，但如今两人依旧夫唱妇随，便是最好的答案。他的女儿赛赛已经10岁，儿子乐乐也到了上学的年龄，除了忙碌的训练比赛之外，郑智几乎把所有的业余时间都用来陪伴孩子。而到了长假，与妻子来一次浪漫旅行也是必须的。

在传统观念里，许多本土教练希望球员能够"早结婚"，因为只有稳定的家庭生活，才能保证这些年轻人拥有更好的生活习惯。显然，郑智就是这样的代表，他24岁就与邵娜结婚，并很快迎来了第一个孩子，随即开始了职业生涯真正的腾飞。郑智的第二个孩子，是在他留洋时期到来，当时在英国出生的乐乐可以选择英国国籍，但郑智坚持选择了中国。"我们都是中国人，这是必须的事情，没有什么理由。"

选择留洋，是郑智职业生涯的最高追求，在那段独自打拼闯荡的岁月里，邵娜的存在更显得无比重要。"这么多年在外漂泊，她是给我最多鼓励和帮助的人，只要有她在，我就没有后顾之忧。"对于妻子的陪伴，郑智感恩在心。留洋期间，为了让郑智吃到可口的饭菜，原本不会厨艺的邵娜，特意将菜谱带到英国现学现做。"她是可以一起长久过日子的那种女孩。"或许，这已是郑智对妻子的最高评价。

旅欧归来，郑智选择了广州，依然是离家千里。但六年时光，足够他和妻子打造一个全新的家。他们买下了恒大地产的一套大房子，一家人其乐融融地生活在了一起。每逢恒大主场比赛，邵娜一定会带着孩子们一起出现在天河为郑智助威，她那辆拉风的保时捷跑车，早已被广州球迷所熟悉。在恒大的太太团中，邵娜是绝对的大嫂和领袖，2015赛季亚冠决赛，原定前往迪拜助威的邵娜临时有事放弃了行程，还让其他几个同行的小姐妹们一阵慌乱。

作为中国当前最成功的职业球员，郑智并没有坚持要求下一代走自己的路。他不像多年老友肇俊哲那样早早送孩子进行专业的足球培训，而是坚持一切随缘。在中超、亚冠乃至亚洲杯的舞台上，郑智都曾让儿子作为球童走进球场，但也仅限于感受气氛。郑智深知，要想成为一名顶级球员，需要走过一条多么漫长艰辛的道路。就像他自己这样，到了35岁之后，才终于有些成功者的样子。

▲ 皇马主席弗洛伦蒂诺和郑智合影

▲ 郑智在世俱杯对阵拜仁的比赛中护球

2010 赛季　南粤英杰传

冯俊彦——广州仔传奇

　　"年仅" 32 岁的冯俊彦，退役已经一年多了，但广州这座城市并没有将他遗忘。他依然有机会出席一些商业活动，带着"恒大传奇"的光环。谁也不知道，他是否会心有不甘，毕竟比他还年长 4 岁的郑智，刚与恒大再续五年长约，有望征战至四十高龄。

　　当郑智在 2010 年夏天加盟广州队时，冯俊彦已经在这里踢了七个赛季了。他拥有最纯正的广州血脉，是本地人从本地青训踢上一线队的杰出代表。他第一次身披广州队战袍登上职业赛场，还是远在 2003 年的甲 B 联赛。那时还没有中超的概念，如今说起来，都像是一段古老的故事。

　　从香雪到日之泉，从广药到恒大，冯俊彦全程亲历了广州足球的浮沉往事。他曾是兼具速度与技术的边路快马，风驰电掣踏遍敌营。沈祥福时代一度将他改造成后腰，同样能够完美胜任。2010 年他原本以为会带着一帮小兄弟征战中甲，没想到却等来了恒大。在新帅李章洙手下，冯俊彦依然是冲超赛季的绝对主力，26 轮联赛他踢了 21 场并打进 3 球，个人第二次夺得中甲冠军。

　　很多人说，如果不是恒大的强势崛起，冯俊彦的职业生涯，或许还能

延续很多年。他把最好的年华蹉跎在了替补席和观众席上，回首想来，是
否也是一种遗憾？但也有人说，如果没有恒大，冯俊彦绝无机会成为史上
收获最多团队荣耀的广州球员，四块中超金牌，一次亚冠登顶，这都是前
无古人的成就。

如人饮水，冷暖自知。究竟是否值得，只有冯俊彦自己最清楚。在恒大
最风光的四年里，冯俊彦总计出场时间不到 3000 分钟，还不到主力球员一
年的产量。他完全无法预知自己何时能进首发，甚至不知道能不能坐上替补
席，日复一日的投入训练，很多时候换来的只是最近距离的看客身份。在告
别前的 2014 赛季，冯俊彦总共只亮相了 10 次，其中绝大多数是替补身份。
这一年恒大连续第四次捧起了中超冠军奖杯，但冯俊彦却早在 5 月之后，便
再未在中超出战过。

依稀记得 2014 赛季最后的那几个月，每一次主场赛后，冯俊彦总是最
先穿过混采区离开，他不用沐浴更衣，因为他只是又看完了一场比赛。他不
再与相熟的媒体打招呼，而记者们似乎也不忍心再和他开玩笑。从身份上说，
他依旧是广州队的一分子，但实质上已然咫尺天涯。年纪偏大、合同即将到
期，这些都决定了冯俊彦无法再在关键比赛中被委以重任。他逐渐认清了现
实，并坦然接受了这一切。

2014 赛季结束，意味着冯俊彦与广州队的故事，真正走到了尽头。一
些广东地区的低级别球队向他发出召唤，但他选择了拒绝。2015 年 2 月 18 日，
在自己 31 岁生日这天，冯俊彦公开宣布退役，为从一而终的 12 年广州生涯，
亲手画上了句点。他的离去，让广州球迷满怀伤感，他们纷纷感慨，广州队
的一线阵容里，再无广州人的身影。这支曾以粤语为第一语言的球队，就这
样彻底地改天换地。

作为广州队的老臣子，冯俊彦离开时，还是留下了一项让后人高山仰止

▲ 郑智、荣昊、黄博文、冯仁亮、冯俊彦在替补席

的纪录——为广州队出战 248 场的数字，至今仍是后人追赶的丰碑。距离他最近的郜林，也至少还要一年时间去超越传奇。此外，冯俊彦留下的 7 号战袍，或许也存在着某种魔力，接班的阿兰很快遭受重伤，报销了整个赛季。很多人都在等待着，在冯俊彦之后，还有谁能让 7 号再度闪耀广州？

李健华 & 吴坪枫——好兄弟一辈子

这些年来，在广州球迷心中，无论提到李健华还是吴坪枫，总会迅速联想到另外一个。在广州队聚首之前，他们的人生并无太多交集，如今却成为了足坛好兄弟的代名词。在前恒大时代，他们前后脚加盟了广州队，在很长一段时间里同居一室，2013 年初又同时被打包卖给了广州富力。2014 年底，年长几个月的吴坪枫宣布退役；一年之后，李健华也在与富力约满到期后告别了广州足球。

李健华来自梅州，吴坪枫籍贯中山，他们加盟广州队时，还被视作非广州籍的"外地人"。2008 年初，吴坪枫率先从江苏舜天转会而来，投奔了国奥时期的恩师沈祥福；一年之后，已是深足队长的李健华，也在赛季注册报名截止前火线加盟。他们共同经历了拿到中超第 9 名的 2009 赛季，也一同选择了在被罚降级时坚守广州。

2010 年初，由于确认降入中甲，广州队开始大规模清理外援和外地球员，拉米雷斯和徐亮等名将纷纷离去。一度被足协托管的广州队，本意是以 1991 年出生的小将为班底征战中甲，而留守的李健华与吴坪枫，则成为了绝对的大牌球星。恒大的介入，和李章洙的到来，都没有动摇两人的位置，他们不仅是冲超赛季的绝对主力，李健华更是被委以重任的队长。

所有人都看得出来，恒大有意打造一个全新的时代。但作为旧时代的坚守者，李健华和吴坪枫，都不愿意轻易让位。2011 年冬窗，恒大重金引进四大国脚，其中张琳芃与姜宁的位置，正好与李健华、吴坪枫重叠。然而，这

▲ 最后的粤籍名将：吴坪枫、李健华

▲ 中甲三大功臣，好基友三人组：吴坪枫、李健华、郜林

恒大王朝

对年近而立的老将，在这一年告诉了世人，什么叫老而弥坚。李健华几乎打满了全年所有赛事，将年轻的张琳芃牢牢摁在替补席上；吴坪枫虽不再有打满全场的体能，却依然能在绝大多数比赛中占据首发，并一度凭借抢眼发挥，时隔十年重回中国国家队。

广州队史的首个顶级联赛冠军，功臣榜上必须有李健华和吴坪枫的名字。他们绝不是混来的这个冠军，而是实打实拼出来的荣耀。当广州的恒大逐渐变成世界的恒大时，李健华和吴坪枫这样的广东籍球员，反倒成为了珍稀物种，被球迷们视为南粤足球仅存的火种。一个右后卫，一个右边锋，两人包办了那一时期广州队的右路走廊。虽然李章洙将队长袖标交给了名头更响的郑智，但在恒大队中，副队长李健华和老大哥吴坪枫，依然备受尊重。

恒大的到来，让过了多年"苦日子"的粤籍球员，也开始享受到了日进斗金的福利。2011 年底，开了多年 10 万元本田飞度的吴坪枫，直接换上了奔驰 SUV，甚至一度载上郑智前往国家队报到。不久之后，李健华也在深圳宝安区开了家规模不小的幼儿园，开业庆典那天，吴坪枫和郜林都亲临现场捧场，三兄弟个个喜气洋洋。那时的他们，或许还没有预感到，自己与广州队的缘分，逐渐走到了尽头。

连续三年转会期，恒大在转会市场上一掷千金，顶级内外援纷至沓来，竞争之惨烈可想而知。更关键的是，2012 年 5 月里皮取代了李章洙，意味着又一个全新时代拉开帷幕。在银狐眼中，年过而立的李健华和吴坪枫，都不再是未来计划的一部分，尽管他们依然保持着不错状态，但还是无法避免被边缘化。随着张琳芃逐渐上位，郜林被巴里奥斯挤到了右边路，李健华和吴坪枫的广州传奇，已接近了终点。

2013 年初，里皮挥刀裁汰冗员，他明确告知了俱乐部，李健华和吴坪枫都不在计划之内。恰巧此时广州富力求购姜宁的邀约到来，恒大便一股脑地将三人一同让给了富力。有人说,李健华和吴坪枫不过是姜宁转会中恒大硬塞给富力的"添头",但实质上,两个人在告别前的 2012 赛季,依然保持了不错的出场率。如果不是里皮执意改朝换代,他们本可以将自己的美好故事再续写几年。

　　从恒大到富力,他们没有离开广州城,但职业生涯的下滑趋势,已经不可避免。李健华勉力维持了几个月主力身份,最终敌不过迅速蹿升的"90 后"唐淼;吴坪枫则从一开始就伤病缠身,自始至终没能得到重用。对于老将而言,长期只练不赛,状态和能力都会严重下滑,李健华和吴坪枫都开始意识

▼ 飞翔的矮脚虎吴坪枫

到，属于他们的时代，一去不复返了。于是，在被俱乐部彻底抛弃之前，他
们都选择了相对体面的告别。

李健华离开恒大后，他的 14 号战袍传递给了冯仁亮，但这位曾经的国
脚级边路快马，并未能在恒大证明自己，如今身披这件战袍的，变成了年轻
门将刘伟国。而在吴坪枫之后，传奇的 26 号更是多次易主，李彬、李建滨、
于汉超和王靖斌都曾接过前辈衣钵，但即便是最出色的于汉超，至今也没能
取代吴坪枫在广州球迷心中的地位。无论多少年后，广州球迷都会记住那个
小个子 14 号和更迷你身材的 26 号，他们都是为广州队出战过百场的传奇名
将，他们都见证了广州队史的第一次极致荣耀。

2011 赛季　国脚一代

张琳芃——"张莫斯"成长记

"张琳芃！张琳芃！回位！！"

夕阳西下，白云山基地上空，不断回响着李章洙并不算特别标准的普通话。老李站在一间破旧平房的屋顶，远远看着场地内的分组对抗。他撕扯着嗓子呼喊，只为提醒年轻的张琳芃注意站位。

那一年，张琳芃还未满 22 岁，他甚至没有踢过中超联赛。恒大掏出千万转会费将他引进时，他还与上海东亚的小伙伴们难舍难分。他是新晋国脚，也是国奥主力，但从未在真正的顶级联赛中证明过自己。

谁都能看得出来，以张琳芃的身体素质和年龄，未来必有远大前程。但李章洙并不急于求成，他还在不断敲打锤炼着这块璞玉。张琳芃自己爱踢中卫，但也踢过多年右后卫，当时他最大的问题，是在选位和回位上不够成熟，杀得兴起时，总会给对手留下巨大空当。

在中卫位置，年轻的张琳芃竞争不过成熟的保隆和冯潇霆；而在右后卫位置上，老队长李健华也牢牢把持着主力。整个 2011 赛季，张琳芃都是带着挫败感度过的，他从小便没有打过替补，年初更是以国家队主力身份出征

恒大王朝

▲ 还显稚嫩的张琳芃（左）

▲ 飞跃的张琳芃

了亚洲杯，但到了恒大，却长期枯坐板凳席。全年联赛，他仅亮相了 16 次，其中只有 8 次首发。直到赛季收官客战成都，才斩获了在恒大的处子球。

苦练，加练，成为了年轻的张琳芃唯一的应对方式。每当球队训练结束后，他总要在场上或是健身房独自加练，只为更快速地提高自己。从小到大，张琳芃都是上进心极强的人，他爱和自己较劲，并早早把目标锁定了"亚洲最佳球员"。2011 赛季的中超冠军，意味着恒大已是中国最佳球队，他必须要证明自己，能在这样的球队站稳脚跟。要想成为亚洲最佳，完成留洋梦想，第一步就是要成为中超最佳。

张琳芃的努力和进步，李章洙都看在眼里。到了 2012 赛季，老李终于将他升格到了主力。5-1 屠杀全北现代的亚冠开篇，张琳芃就首发并打满全场，一跃奠定了自己的位置。整个中超和亚洲足坛都开始意识到，一位拥有超强身体素质和助攻能力的顶级边卫正在冉冉升起。对于付出换来的回报，张琳芃备感珍惜，也十分感激。同年 5 月李章洙教练组集体下课时，性情耿直的张琳芃在微博直抒胸臆，直言"你们都是最好的教练，恒大失去你们是恒大的损失"，展现了血性男儿的一面。

恩师李章洙走了，但张琳芃的上升之势，已经不可阻挡。新帅里皮刚来时就说，自己在观察恒大的半年多时间里，觉得张琳芃是最有潜质前往欧洲留洋的苗子。而在世界冠军教练团队的培养下，张琳芃的潜力得到了更好挖掘。从里皮接手到 2013 年登顶亚冠，一年半的时间里，作为边后卫的张琳芃打进 9 球助攻 5 次，成为了名副其实的"带刀后卫"。在 24 岁的年纪，他已然超越了许多前辈，由于外形和球风神似皇马名将拉莫斯，他也被许多人送上了"张莫斯"的绰号。

唯一遗憾的是，张琳芃的成长之路，命运并不能完全由自己把握。2013年底，他出国留洋的意愿极其强烈，但里皮一句"只要我在，任何主力不准离开"，让他瞬间梦碎。2014赛季，张琳芃依然在努力提高着自己，他的传中脚法日益精湛，助攻次数大幅上升，但亚冠1/4决赛与西悉尼一战，他却又一次因不冷静吃到红牌，间接葬送了恒大的亚冠卫冕希望。

其实，私下的张琳芃与球场上那个作风强悍的他，有着天壤之别。他性格腼腆内敛，待人接物极有礼貌，是个典型的"乖乖仔"。他与妻子王乔治相恋多年，在刚满22岁生日达到法定结婚年龄那天，就领取了结婚证，且多年来从未有过任何负面新闻。2014年9月，张琳芃迎来了爱子"团团"的诞生，此后的时光里，他也成功扮演了优秀奶爸的角色。

婚姻幸福，家庭美满，事业有成，在很多人看来，张琳芃已是绝对的人生赢家。但在他自己心中，留洋梦想却从来不曾熄灭。2015赛季，张琳芃蓄满能量再出发，他开始意识到，在26岁的年纪，几乎是最后一搏的唯一机会。然而，卡纳瓦罗治下的恒大，却陷入了前所未有的伤病怪圈，张琳芃直到4月才完成了赛季首秀，却又在关键的亚冠淘汰赛提前伤退。养伤期间，张琳芃与恒大完成了续约至2020年的大单，外界纷纷议论，这是否意味着张琳芃已经放弃了留洋之路。

8月中旬，张琳芃终于伤愈归来，但才刚打三场比赛，就发生了一件大事。欧洲夏季转会窗关闭前三天，英超豪门切尔西突然向恒大发来报价，尝试引进张琳芃。这一消息让恒大震惊不已，他们很快被舆论推到了风口浪尖，陷入两难境地。在恒大看来，若是轻易放人，既无法获得高额收益，张琳芃也很难在英超豪门立足，起不到相应的宣传作用，而且还要冒着他出口转内销加盟其他国内俱乐部的风险。但如果拒不放人，又会被舆论炮轰为自私自利，不为球员个人和中国足球考虑。

关键时刻，张琳芃和他的经济团队，与恒大俱乐部一度产生对立。当恒大表达"担心张琳芃出国后没球踢"的态度时，张琳芃选择在微博上回击道：

"请遵守承诺，将风险留给我自己。"眼看事态无法内部平息，恒大只能与切尔西展开正式对话，而最终的结果，却是不欢而散。按照刘永灼微博透露的信息，切尔西并无十足诚意引进张琳芃，也无法保证其比赛机会。在转会窗截止前的最后关头，恒大决定强行留人。

尽管没能如愿以偿，但张琳芃还是以最职业的态度，继续留守在了恒大。在恒大冲击 2015 中超和亚冠双冠王的道路上，张琳芃依旧起到了不可替代的作用，证明自己仍是中国足坛最出色的右后卫。而为了安抚张琳芃，在 9 月下旬出访西班牙时，许家印还亲自与皇马主席弗洛伦蒂诺讨论了张琳芃留

▼ 张琳芃和队友赛后绕场感谢球迷

洋的话题，并口头达成了租借共识。但问题是，在非欧盟名额极其有限的西甲联赛，作为顶级豪门的皇马，实在无法拿出一个宝贵名额给中国球员。况且，刚刚完成换帅的皇马仍处于动荡期，在自身难保的情况下，意味着张琳芃事件只能继续搁置。

一转眼，张琳芃加盟恒大已经过去了五年时光。他不再是初生牛犊般的小伙子，而是一名 27 岁的成熟球员，甚至刚刚成为了新一期国足队长。常年征战水准并不高的中超联赛，意味着张琳芃在国内的上升空间早已遇到了天花板，但在这样的年纪，出国留洋也很难再有实质提高。就像刘永灼曾对切尔西代表所说的那样："你们有 20 多个外租球员，但我们只有一个张琳芃。"在竞争日趋激烈的中国足坛，恒大要想延续成功，也离不开正值巅峰期的张琳芃保驾护航。一边是梦想，一边是现实，唯有身处其中的人，才知道有多少纠结，多少遗憾。

冯潇霆——我不是"背锅侠"

冯潇霆已经年过三十，但很多人还是习惯叫他小冯。只能怪他成名太早，在大家心中最深刻的印记，还是年轻时的模样。18 岁就成为国青、国奥和成年国家队"三栖"球员，中国足坛已经很久没有这样的少年天才。但 12 年来，冯潇霆似乎从未获得过足够的认可和尊重。有人说他是本土第一中卫，但阿里汉、朱广沪、高洪波和佩兰，都从未将他带到亚洲杯的舞台；有人说他是恒大后防核心，但每当球队丢球或失利，他总会成为第一个"背锅侠"。

作为一名中卫，冯潇霆从来与强悍、铁血这些标签搭不上关系。无论从外形还是球风来看，处处都透着一股秀气，因此也有人将他比作前意大利名将内斯塔。与他相熟多年的辽宁记者们，普遍对他的评价是"小冯是个好人"，懂礼貌也够豪爽。有一次辽宁记者来广州采访，住在偏远的恒大基地，冯潇霆直接把自己的车钥匙给了他们，说有需要随便开出去都行。

2005 年世青赛上，冯潇霆与 85 届队友们闪耀世界。他也曾试训了几家欧洲球队，但结果都无疾而终。2011 年加盟恒大之前，冯潇霆经历了两年韩国 K 联赛的洗礼，在团队纪律严明的韩国足球环境下熏陶后，他变得愈发沉稳老练。冯潇霆是恒大引进的第一位国脚中卫，而他当时 25 岁的年龄，也意味着恒大在之后的五到十年里，都不用为后防核心发愁。

之后五年的故事，也印证了恒大的眼光。从 2011 赛季至今，冯潇霆一直都是恒大后防雷打不动的核心，他身边的搭档换了一茬又一茬，但无论是保隆、赵鹏还是梅方、刘健，都无法撼动他的位置。五年来，冯潇霆为恒大

▼ 冯潇霆（右二）和杨君正式签约恒大

出战总数达到181场，仅次于更早加盟的郜林与郑智，排名现役恒大球员第三。在恒大两夺亚冠的赛季里，冯潇霆出战总数都超过了40场，是不可替代的核心功臣之一。

然而，即便拥有如此多的光辉战绩，也无法为冯潇霆挡住外界的质疑。2012年9月，第一年参加亚冠的恒大，在1/4决赛客场2-4惨败沙特豪门伊蒂哈德，这场比赛的四个失球，或多或少都来自中卫冯潇霆的失误。一场惨败，几乎将冯潇霆钉上了耻辱柱，外界的炮轰呼啸而至，直指他球风偏软，防空能力弱，不配恒大后防核心。很少有人注意到，这场比赛其实是冯潇霆伤停一个多月后的复出之战，太久没有正常训练和比赛，严重影响了他的状态。

这一年，恒大最终止步亚冠四强，冯潇霆被哈扎基完爆的镜头，则一遍遍在各大电视台和视频网站播放着。这就像一根根针，扎在他的心头。不幸的是，这还不是冯潇霆噩梦的极致，半年之后，在代表国家队比赛时，冯潇霆亲历了那场造成举国震动的1-5惨案。首发出场的冯潇霆，在球队连丢2球之后，被当作替罪羊早早换下，赛后山呼海啸的指责袭来，对他的国家荣誉感都产生了质疑。冯潇霆很冤，但他无处诉说，时过境迁之后，他才有机会向外界透露，当时首发是仓促上阵，因为他一直以为自己会得到轮休。

连背这两次"大锅"之后，只要恒大与国家队丢球或输球，人们第一个想起的罪人，肯定就是冯潇霆。对此，冯潇霆也很困惑，因为恒大的历任主帅，包括世界冠军级的里皮和斯科拉里，都反复强调他是绝对的顶级中卫，甚至有实力去欧洲打上主力。"可能是恒大太强大了吧，大家都觉得恒大只能赢不能输，甚至丢球都是不允许的，所以我这个位置才这么容易背锅。"谈到多年遭黑的历史，如今的冯潇霆，已经能够坦然面对。

能从最困难、最压抑的时期走出来，冯潇霆最想感谢的，是自己的妻子

赵盈。如果没有她的支持和陪伴，身处异乡的冯潇霆，或许要承受更多的痛苦。当然，冯潇霆是个懂得感恩的人，在他的生命中，陪伴妻子和女儿已经成了头等大事。当年从韩国离开时，他本有机会前往欧洲，但为了刚刚出生的女儿能得到更好的照料，他才选择了升班马恒大。如今看来，冯潇霆无疑做出了一个极为正确的决定，他在恒大成就的辉煌，早已超越了范志毅、李玮峰等前辈的俱乐部生涯。

2015年平安夜，恒大宣布与七大主力完成续约，其中就包括了冯潇霆。在三十而立的年纪，他与恒大续下的五年长约，几乎意味着他将在广州终老。在如今土豪遍地的中超，以天价签字费和高薪挖角冯潇霆的球队不少，但他最终还是选择留守恒大。"恒大能为球员做的事，很多俱乐部都做不了，有些事情与钱无关。"对于自己的这次续约，冯潇霆非常满意，而他接下来要做的事，就是在未来的五年里，复制曾经的辉煌。

杨君——门神的救赎

"君哥，你觉得这赛季能拿MVP吗？你可是丢球最少的门将。"

"这不可能吧，最佳一般还是会给前锋球员，进球多的。"

"哎，为什么中超不设置个最佳门将奖呢？"

"是啊，希望以后会有吧，门将也挺不容易的。"

这是2011年10月初，恒大提前四轮问鼎中超冠军后，我与杨君的一段对话。那是杨君加盟恒大的第一个赛季，他从5月底抢来了首发位置，一直保持到了夺冠之夜。在当时他出战的17轮比赛中，恒大总共只丢了11个球，在许多场次，是杨君挽狂澜于既倒，救恒大于水火。

从一年前无球可踢，到一年后登顶中超，只有杨君自己，才知道这一段路走得多么不易。在泰达的罢训事件，让杨君长达一年时间无球可踢，他失去了经济收入，也失去了国家队的位置。2010年底，他原本计划投奔陕西人和，

恒大王朝

但刘永灼的出现，却改变了他的人生轨迹。"刘总亲自来天津几次，让我放心等待，恒大一定会引进我。哪怕泰达开出转会费，他们也不会放弃。"杨君坦言，自己选择加盟恒大，完全是被诚意打动。

当时的恒大，主力门将还是李帅，一位与杨君早在青岛就是老相识，并且同在李章洙手下效力过的同龄人。从风格来看，李帅更加粗犷豪放，杨君则更沉稳内敛。作为恒大冲超功臣，李帅在 2011 赛季初期依旧把持着主力门将位置，而一年没打正式比赛的杨君，只能在替补席上等待机会。5 月初，久未露面的杨君在足协杯宣告归来，他在进入点球大战前的最后一分钟换下李帅。只可惜，虽然杨君吓飞了曲波的射门，并扑出了巴哈利卡的点球，但队友们都没能抓住机会，随着郜林一脚打飞，恒大 12-13 饮恨出局。

一场点球大战，或许不足以说明杨君已经找回自我，但起码证明了他不

▼ 训练中的杨君

怵大场面的底气和能力。真正属于他的机会，半个月后就来了。5月29日，恒大主场与亚泰战至66分钟，李帅出击时与队友保隆相撞，肩部受伤被迫下场，等待已久的杨君，终于重回中超舞台。在李帅养伤之时，杨君迅速坐稳主力位置，他的稳健表现让李章洙极为赞赏，即便李帅伤愈归来，也没能抢回位置。如果不是夺冠后全队大意，造成了2-5惨败江苏舜天的事件，这个赛季对于杨君而言，可以算是近乎完美的王者归来。

惨败江苏，让许家印勃然大怒，主帅李章洙不得不亲自手写检讨书。而杨君也因此一战失去了首发，最后两轮联赛，站在门前的变成了李帅。不过，偶然的失误，并不会彻底动摇杨君在李章洙心中的地位，拥有更多国际比赛经验的他，依然是恒大首次出征亚冠的首选门将。2012年3月，杨君与队友们一起，在全州亲历了那场震惊亚洲的5-1，赛后刚一回到酒店，他就迫不及待地用微信向妻子报喜。这一战，恒大单场奖金高达1400万元，首发并

▼ 杨君飞身扑救

打满全场的杨君入账近百万元，这也是他在恒大三年生涯中，最巅峰的瞬间。

2012 赛季，杨君与李帅基本均分了出场机会。杨君拥有更出色的上半赛季，一路护送恒大杀进亚冠八强。但在亚冠 1/4 决赛首回合，他被伊蒂哈德四度洞穿球门，防守范围不够大的弱点暴露无遗。这一场惨败，像极了一年前被江苏舜天屠杀，因为杨君的下场，就是再一次丢掉了主力位置。次回合再战，守护恒大球门的又换成了李帅。自此到赛季结束，李帅包办了恒大双线作战的所有比赛，为恒大卫冕中超、斩获足协杯冠军立下汗马功劳。杨君在恒大的谢幕，实际上在 2012 年 9 月就已定格。

为了冲击亚洲之巅，里皮治下的恒大，决意升级门将。他们从河南建业挖来了 25 岁的国门曾诚，意味着年过而立的李帅与杨君，将同时沦为替补。尽管依旧捍卫了 1 号战袍，但杨君在里皮手下，已被牢牢钉为第三门将，连坐上替补席的机会都寥寥无几。2013 赛季，是恒大最风光的一年，也是奠定王朝的一年，但无论在中超卫冕还是亚冠登顶的欢庆中，杨君都多少显得有些尴尬。他没有获得哪怕一分钟的出场机会，最终在悄无声息之中离开。

告别广州之后，杨君先是加盟了沈阳中泽，兼任球员与门将教练。一年之后，他便落叶归根，回到了老家天津，成为了天津松江的一员。让杨君没有想到的是，仅仅半年之后，平民多年的松江，突然迎来了出手阔绰程度不亚于恒大的金主权健。尽管还是一支中甲球队，但权健已豪掷数亿打造全明星教练与球员班底，其中就包括斥资 7000 万元天价拿下辽足门将张鹭。已经 35 岁的杨君，不再寄望还能争夺主力，他只想站好最后一班岗。

2015 年底，杨君在朋友圈表态，如果新赛季权健冲超成功，他很可能宣布退役。我回复他说，不想着再打一年中超吗？杨君笑道，真害怕到时已经踢不动了。岁月无情，与杨君竞争多年的李帅，也在 2016 年初挥别恒大，但恒大王朝的奠基岁月，必然有着他俩不可磨灭的功劳。无论多少年后，当世人讲述恒大王朝的故事时，永远不会忘记他们。

姜宁——超级替补

　　对于长达六年的恒大王朝而言，只停留短短两年的姜宁，更像是一个匆匆过客。他在恒大踢了 45 场比赛，其中绝大部分是替补出场，他一共斩获了 9 个进球，其中 7 个是以替补身份出场打进的。无论在他之前还是之后，恒大再未出现过这样效率奇高的超级替补，仅凭这一点，姜宁也有足够资格被视为恒大王朝的本土英雄之一。

　　对于姜宁的职业生涯，很多人都在假设，如果没有那么多的伤病，他本可以达到怎样的高度？ 19 岁那年，姜宁就已在青岛中能打上主力，至今仍是中超完成帽子戏法最年轻的球员。在他初出茅庐之时，曾有过中场启动连过数人破门的经典瞬间，这也让他一度被誉为"中超梅西"。但遗憾的是，接连不断的伤病摧残，最终将他的灵性消磨殆尽。

　　加盟恒大时，姜宁刚满 24 岁，依然是充满无限可能的年纪。但在那之前，他就已经因伤打打停停，露出了玻璃人的一面。正因长期没有稳定的训练和连续比赛，姜宁并未迅速在恒大站稳脚跟，在外援三叉戟不可动摇的前提下，他必须与郜林和吴坪枫争夺位置。赛季的前四次登场，姜宁全部是以替补身份，好不容易等到足协杯首发，却只打了 40 分钟就因表现不佳被郜林换下。而在那之后，又是一连串的替补出场记录。

　　整个 2011 赛季，姜宁的四粒入球，全部来自替补登场。但其中除了对深圳一战是绝杀之外，其余三球只不过是锦上添花。恒大首夺中超冠军固然欣喜，但只出场 710 分钟的姜宁，多少还是有些落寞。更关键的是，这样的情况到了 2012 赛季，并没有太大改观。三线作战的恒大本是用人之际，但姜宁的出场次数不增反减，他在中超、亚冠和足协杯都留下了出场记录，也曾有过连续三场破门的高光时刻，但唯一能给世人留下印象的，恐怕只有与江苏大决战时的那粒扳平进球。

那是 2012 赛季中超第 28 轮，恒大仅以 3 分优势领先江苏舜天，双方将在南京奥体进行天王山之战。比赛开始仅 7 秒，舜天就以迅雷不及掩耳之势闪电破门，吉翔的进球犹如给恒大的当头一棒。上座超过 6 万人的南京奥体炸开了锅，卫冕冠军恒大压力山大。关键时刻，里皮令旗一挥，上半场第 36 分钟，就用姜宁换下了李健华。而在登场仅仅 13 分钟后，姜宁就完成了一名超级替补该做的事，他以一脚技惊四座的世界波扳平了比分，并与队友们一起将平局保持到了终场。

一周之后，恒大凭借郜林的绝杀，提前一轮卫冕中超冠军。但许多人都在后怕，如果没有姜宁的进球，赢球的舜天积分将追平恒大，最后两轮鹿死谁手谁也无法预料。若是恒大没能卫冕成功，此后的王朝也就无从谈起。然而，立下如此大功的姜宁，并未彻底改变自己在里皮心中的地位。他凭借这粒进球，赢得一周后对辽足的首发机会，但他只打了 27 分钟就被早早换下，这也成为了他在恒大的告别战。

赛季结束，心灰意冷的姜宁想到了离开，在最需要比赛的年纪，他渴望更多的出场机会。恰巧此时找上门来的富力，很快成为了他的下一个东家。只不过，逃离恒大之后，姜宁依然无法摆脱伤病困扰，他在富力依然只是偶有闪光，再未回到过巅峰状态。2016 赛季，已经年近而立的姜宁，做出了或许是职业生涯中最后一次的赌博，以 4500 万元的高价加盟了升班马河北华夏幸福。但愿这一次，他能真正成为球场上的赢家。

▲ 超级替补姜宁，也曾留下功绩

2012 赛季　谁来接班郑智？

黄博文——从"叛徒"到新王

　　黄博文爱笑，又生得一张娃娃脸，这让他无论何时看起来，都像个长不大的男孩。可随着 2016 年的钟声敲响，黄博文也是个直奔 30 岁的"准老将"了。距离他在中超崭露头角并完成"最年轻进球纪录"，已经过去了整整 12 年光阴。而在刚刚过去的 2015 年，他度过了一个几近完美的赛季，他帮助恒大再次登顶亚洲之巅，并且第一次入围了亚冠 MVP 的前五名。

　　生于湖南，成长于北京，在韩国完成升华，最终在广州绽放。黄博文的足球人生，经历了一段从南到北，再从北到南的轮回。14 岁进入国安梯队，在北京成为中超新人王，甚至还娶了个北京媳妇，黄博文早已被京城球迷视为自家孩子。即便他决意前往韩国闯荡，人们更多还是送上祝福。但国安球迷始终无法理解，为何 2012 年夏天选择回国时，黄博文会加盟国安的最大对手广州恒大。

　　如果没有国安这层关系，黄博文加盟恒大，算得上是一笔双方获利的成功交易。黄博文加盟了实力最强的中超冠军队，获得了高达 700 万元的天价年薪，而恒大则得到了一位正值当打之年的国脚，并且还有过宝贵的亚冠决赛经验。但在北京球迷看来，黄博文则是典型的背信弃义——他曾承诺留洋后重回国安，最终却在巨大的经济诱惑面前，投靠了国安死敌。国安球迷的逻辑，直接导致了彻底与黄博文决裂。

　　2013 年 3 月底，京城仍在冬季严寒之中，黄博文第一次随恒大重返工体。赛前一天踩场时，数十名国安球迷守在了大巴入口，以最粗俗的语言高声咒骂着黄博文。而在双方 1-1 战平之后，黄博文不顾工作人员阻止，坚持绕场感谢国安球迷，但换来的是更猛烈的叫骂和水瓶水杯的袭击。黄博文哭了，像个受伤的孩子，他自始至终没有还击，而是低头忍受了这一切。他开始真正意识到，自己与这座城市的情感纽带，已经被彻底剪断，一切都无法回到原点。

　　黄博文没有了退路，他只能一路向前，在恒大站稳脚跟。2013 赛季上半程，黄博文成为了堪比孔卡的中场核心，仅用两个月时间就在中超送出 7

▼ 黄博文拔脚怒射

次助攻。在四大本土后腰里，黄博文已经领先赵旭日和秦升一个身位，成为了队长郑智的首选搭档。这一年，他脱下了初来乍到时的 42 号战袍，换上了韩国前辈赵源熙留下的 16 号，就此开启了属于 16 号的新传奇。

2013 年初，黄博文迎来了自己的儿子，初为人父之后，他坦言感觉自己"一夜之间长大了"。他不再是队友口中的小黄，而是有妻儿有家庭的一家之主。黄博文把父母从长沙接到了广州，在恒大基地附近租下了一套房子，有了家庭的温暖，保障了黄博文在 2013 赛季打出了生涯的又一个高峰。他全年出战 45 场，打进 5 球助攻 8 次，是恒大连庄中超、登顶亚冠的重要功臣。天河决战夜，夺冠后的恒大陷入疯狂，黄博文第一个冲向场边，接过了一面巨大的五星红旗，他披上国旗奔跑的画面，也成为了永恒的经典。有人感慨，此刻的黄博文，不再是国安或者恒大的，而是属于中国的。

辉煌的 2013 赛季之后，黄博文与大多数队友一样，经历了生理和心理上的低潮期。他在 2014 赛季依然守住了主力位置，但不再是战术体系中不可或缺的一环。他开始有了更多的替补出场，首发时也经常被第一个换下。恒大被西悉尼流浪者踢出局的两场焦点战，黄博文加起来只打了 60 分钟。这一年，恒大的中场核心从孔卡换成了迪亚曼蒂，他不再追求细腻的短传渗透，更多是大脚转移直接寻求边路传中。这样的战术，让中路的黄博文有些无所适从，他只能干起并不擅长的脏活累活，表现也黯淡了许多。

幸运的是，真正的强者，总是能做到王者归来。2015 赛季的恒大，经历了队史最大的动荡期，里皮挂印而去，球队伤兵满营，菜鸟主帅卡纳瓦罗一路走得磕磕绊绊。但关键时刻，本土球员成为了救世英雄，而黄博文便是其中之一。如果没有他在城南 FC 客场的惊天世界波，恒大很难在天河完成翻盘，更不用说重温登顶旧梦。二次转会期，恒大高价挖来世界级后腰保利尼奥，外界一度觉得黄博文必将沦为替补，然而新帅斯科拉里却为黄博文量身定做了"假边前卫"的位置，让他在坐稳主力的同时，有了更多接近禁区给予致命一击的机会。

显然，斯科拉里的妙招如愿以偿了，在此后的两轮淘汰赛中，黄博文又贡献了两粒精彩进球，成为了恒大杀入亚冠决赛的头号功臣。为了确保黄博文的位置，斯科拉里不惜牺牲郜林，足以体现他对黄博文的器重。与迪拜阿赫利的两回合决赛，黄博文全部打满，三年内第二次登上亚洲之巅。而如果算上全北现代时期的经历，他五年三战亚冠决赛的履历表，放眼亚洲也无人能及。

多年来，无论在恒大还是国家队，总会讨论谁能接班郑智的话题。凭借着 2015 赛季的高光表现，黄博文成为了第一候选人。在他心中，郑智是绝对的楷模和偶像，但他并不喜欢套上所谓的接班人枷锁。2015 年底，黄博文与郑智一样，都获得了恒大开出的五年新约，这意味着他们很可能还要携手奋战下去。在恒大，外援来去更替频繁，与黄博文同一天生日的好兄弟埃尔克森，也在 2016 年初闪电告别；但本土球员却往往能够成为长久的基石，黄博文已经加入了郑智、郜林和冯潇霆们的队伍，注定将成为恒大王朝的"开国功臣"之一。

赵旭日——铁汉柔情

赵旭日曾是微博界的话痨，但过去的两年，他发过的微博不超过 10 条，其中的绝大部分，还是与商业代言或广告有关。除了与广州球迷的作别之外，他最近的一次更新，是在 2015 年 10 月，转发了一张网友恶搞他与冯潇霆领结婚证的图片。这多少有些心酸，曾经也是一时风云人物的"赵一脚"，两年来唯一被媒体和球迷关注的点，只有与冯潇霆的撞脸话题。而在足球场上，很多人对他的评价只剩下三个字——过气了。

岁月的流逝，是职业球员不得不面对的残酷话题。以一脚世界波闪耀世青赛的那个夏天，转眼已是十年前的往事。赵旭日也从风华正茂的 20 岁，变成了年过而立的老将。自 2014 赛季开始，他就不再是恒大不可或缺的一员，到了 2015 年，他甚至连主力替补的位置都保不住了。2015 年 7 月 18 日，恒大客战辽宁宏运，那是赵旭日身披恒大战袍的最后一次首发。面对家乡球队，他打了 66 分钟就被换下，就像是走完了一个轮回。在那之后的半年，赵旭

恒大王朝

日彻底沦为边缘人，总计只打了 8 分钟比赛。

　　这样的冷遇，对于少年成名、早早打上主力的赵旭日来说，是前所未有的体验。无论在大连实德还是陕西浐灞，他都是后腰位置一夫当关的绝对主力，即便在恒大的前两年，他也是李章洙和里皮手下的爱将。2013 年恒大登顶亚冠的赛季，赵旭日全年打了 44 场比赛，即便不算是每场必上的天然首发，也是球队核心班底的重要力量。在与山东鲁能的冠军点战役中，赵旭日还打进了关键一球，为恒大提前夺冠立下大功。

　　2013 赛季，是赵旭日恒大生涯的巅峰，却也是最后的辉煌。在摩洛哥

▼ 赵旭日和里皮击掌

的三场世俱杯，他都获得了出场机会，其中与欧洲冠军拜仁一战，他更是赢得了里皮的信任，首发登场与拜仁群星鏖战了 76 分钟。三四名决赛面对米内罗竞技，赵旭日虽然只是最后时刻替补出场，却凭借一次禁区前沿的控球造成了罗纳尔迪尼奥的犯规红牌。这场比赛，成为了前金球先生在世界舞台上的谢幕演出，而赵旭日成为了最高光的背景板。

谁也没有料到，赵旭日的下滑曲线，会来得如此之快。2014 年初，恒大从巴西挖来后腰雷内，正是这位名头并不响亮的巴西小黑，彻底抢占了恒大主力后腰的位置。由于没有报名亚冠，雷内几乎打满了这一年全部的中超联赛，并贡献了惊人的 8 粒进球。他与郑智的搭档，成为了里皮的首选，而第一轮换人选则是黄博文。年龄日渐增大的赵旭日，甚至是排在小将廖力生之后的第三替补。

赵旭日并不甘心，他拼命苦练了一个冬天，甚至为了转运，将穿了 3 年的 37 号换成了 21 号。但问题是，21 号在恒大也绝非吉祥数字，此前穿过的姜宁、黄佳强和彭欣力，都成为了匆匆过客。在赛季初球队伤兵满营时，赵旭日还能捞到不少出场机会，但随着伤员全面复出，以及二次转会期引进保利尼奥，赵旭日的恒大生涯，看上去无限接近终点。在距离合同到期只剩一年时，恒大并未与赵旭日启动续约计划，分手已经不可避免。

2016 年 1 月，该来的终究还是来了。刚满 30 岁的赵旭日，并不认为自己已经彻底老迈，他还想再拼一次，争取生涯的第二春。他选择的下一站，是中甲土豪天津权健，像极了当年草创时期的广州恒大。带着四块中超奖牌和两块亚冠金牌，赵旭日结束了自己四年的广州生涯。作为一名中国职业球员，他在这里拿到了所能拿到的一切荣誉，结局也算善始善终。

在比赛中，赵旭日怒目圆睁与对手较劲的场景并不少见，在很多人眼中，他就是个爱斗气、爱咆哮的悍将。但事实上，赵旭日私下极为安静，接受采访时的轻声细语，让你完全无法与他的固有形象画上等号。在恒大队里，赵

▲ 赵旭日霸气怒吼

▲ 赵旭日在客场比赛时提振士气

旭日是与外援们走得最近的本土球员，即便语言不通，似乎也能畅通无阻地交流。2015 年 10 月，我随国足前往多哈采访时遇到穆里奇，他第一句话就问："旭日来了吗？"遗憾的是，当时的赵旭日在恒大都无法打上比赛，与国家队更是渐行渐远了。

"努力工作每一天，就能离梦想更近一步。"在赵旭日的个人微博上，曾频繁出现类似的心灵鸡汤。从他关注的事物和发表的感慨中，不难看出他铁汉外表下的柔情一面。而越是心思细腻的人，或许越无法接受人生中出现的巨大落差，从核心主力到连大名单都进不了的边缘人，的确需要足够的时间去理解消化。可以预见，加盟天津权健之后，重回主力的赵旭日必然会重新找回自己，找回足球的激情与快乐。而广州球迷同样不会忘记，在王朝建立的几年里，曾拥有过赵旭日这样的中场大将，他 134 场的出战纪录，甚至超越了穆里奇、埃尔克森、孔卡这南美三叉戟。

秦升——"八国哥"正传

2012 年初，冬日的寒潮尚未离去，李章洙的球队，正在清远基地进行着体能储备。

几名南美外援，因为各自不同的原因集体迟到，他们无法加入大部队的对抗训练，只能跟着体能教练在一旁慢跑。而在慢跑的人群里，还有一位新鲜的面孔，那就是秦升。

"秦升，25 岁，辽宁队转过来的。"对于这位新援，不只是媒体深感意外，俱乐部工作人员都了解不多。所有人都习惯了恒大的大手笔，根本不会有人想到，他们愿意引进一名从未入选过国家队的平民球员。秦升报到那天，几名记者当面和他约好了专访，但从傍晚一直等到深夜，秦升就像消失了一样，再没有接过电话。我们私下讨论说，这真是个怪人。

当然，李章洙钦点秦升加盟，自然有他的道理。当时的恒大，攻击线威风八面，但中路防守却是一大隐患。在赵源熙更多时候需要代打边后卫的情况下，只靠老队长郑智一人，显然不足以完成艰苦的三线作战。为了补强中场厚度和硬度，恒大先用杨昊加300万元转会费换来了硬汉赵旭日，后又从辽足挖来了秦升。意外的是，更晚报到的秦升，反而获得了象征主力的8号战袍，更早亮相且名声更大的赵旭日，则披上了奇怪的37号球衣。

初来乍到的秦升，处处体现低调一面，他没有豪言壮语，只是默默做好随时登场的准备。他知道自己没有过硬的履历，也不是2011年冠军队元老，要想真正在恒大占据一席之地，必须付出更大的努力，向李章洙证明自己准备好了。终于，在3月25日这天，秦升等来了身披恒大战袍的第一次首发，他与郑智和赵旭日组成三后腰联袂登场。他能获此机会的原因，是孔卡遭李章洙短暂封杀，多出来的一个中场名额，被秦升赶上了。

在为恒大出战的前三场比赛中，秦升全部打满，且球队一球不失。尽管还没有成为绝对主力，但比赛机会逐渐多了起来。5月中旬，恒大远征武里南是绝对的生死之战，秦升没能获得与主力球员一起专机前往的待遇，而是与替补队员一起远赴大连，在领队秋鸣的指挥下打了一轮中超联赛。也正是在这场比赛中，秦升打入了他三年恒大生涯的唯一进球。介于主力和替补之间的身份，是当时秦升的真实境遇。

武里南胜利夜，李章洙下课时，秦升还没来得及反应，就送别了恩师，迎来了里皮。在银狐眼中，秦升这样的拼命三郎，是很符合他的战术要求的。他就像是当年意大利队中的加图索，不仅防守面积大，还是球队的战斗精神源泉。整个2012下半赛季，秦升首发出战了绝大多数比赛，为恒大捧起中超与足协杯双冠立下大功。而在与伊蒂哈德的两回合大战里，秦升打满了180分钟，可见其在队中的重要性。

2012 这一年，恒大接连吃进赵旭日、秦升和黄博文三大后腰，三人平均年龄 26 岁，正是最好的年华，在他们身上，也都投射了接班郑智的期待。2013 年冬窗，恒大不再需要补强中场，而将名额都用到了门将和后卫身上。他们立志冲击亚洲之巅，赛季开始前，里皮找到了秦升，明确表示对他寄予厚望，他希望秦升与郑智的组合，能像加图索辅佐皮尔洛那样，为恒大开创前所未有的盛世蓝图。

但或许是造化弄人，秦升职业生涯的飞跃良机就在眼前，却因一次最不合时宜的受伤而前功尽弃。2013 赛季亚冠首战，恒大主场迎战浦和红钻，秦升与郑智、黄博文联袂首发。上半场第 25 分钟，秦升在中场一次鲁莽的铲球，不仅招来了黄牌，更伤到了自己，被迫提前离场。对于这次不必要的犯规和受伤，里皮既愤怒又无奈，而秦升在他心中的地位也一落千丈。一个月后，秦升伤愈归来，但他突然发现，球队里已经没有了他的位置。

在恒大最风光的这一年，秦升逐渐变成了可有可无的人。他首发出场的机会屈指可数，更多时候只能扮演拖延时间的打酱油角色。他在这个赛季的出场时间不到 1000 分钟，在球场上的贡献越来越少，更多时候被媒体关注的，是他的大动作拼抢和与对方球员教练的口角争执。在恒大这支王者之师中，秦升逐渐变成被媒体妖魔化的对象，人们甚至特意制作了秦升与各国球员发生冲突的集锦，传言他会"八国语言"。很多人嘲笑说，里皮之所以将秦升写进大名单，就是为了和对手互骂干架用的。

秦升很委屈，但他只能接受这一切。在回应所谓的八国语言时，秦升甚至自嘲道："是的，学完这些语言，我再去学哑语。"秦升成为了恒大队中的一个重要新闻点，但绝大多数时候与足球本身无关。他唯一无法接受的是，外界对他妻子的质疑和诋毁，在秦升看来，恋爱是所有人的自由选择，即便外界对他个人再不满意，也不允许将炮火转移到家庭。这是秦升作为男人的底线。

▲ 秦升在训练中

2013 年亚冠登顶，是秦升恒大生涯的最后荣光，尽管他只是在伤停补时阶段换下了穆里奇，战术拖延了几分钟时间。在恒大队中，秦升与外援的关系一向不错，他背起孔卡在天河欢庆的画面，也必将成为经典的历史时刻永久留存。此时的秦升，或许还不知道未来会发生什么，他根本无法想象，几个月后会被里皮彻底抛弃。随着雷内的加盟和廖力生的崛起，恒大后腰群体变得无比臃肿，而第一个被牺牲的，就是秦升。

秦升尚在队中，但他的 8 号战袍，已经被新来的雷内占据。恒大甚至没有将他写入一线队大名单，而是直接下放到了预备队。在预备队，秦升遇上了此后多年的好兄弟李建滨，同是天涯沦落人，迅速建立起了革命友情。同样是在这里，秦升也遇上了一位"敌人"，那就是预备队主帅德罗索。这位里皮钦点而来的光头教练，似乎是有意整治秦升，几次刻意刁难之后，终于引发秦升的猛烈回击。在一次训练中，秦升故意踢飞皮球，甚至推倒了球门，如果不是队友将他拉开，甚至会和德罗索拳脚相向。

与教练的公开矛盾，注定了秦升在恒大无法久留。二次转会期，秦升与恒大解约，转身加盟了中乙球队梅县客家。短短半年时间，秦升经历了从亚洲之巅到中乙的巨大落差，但他并不认命，还想重新证明自己。在冲甲失败之后，秦升重回老东家辽宁宏运，又一次站到了中超赛场上。而一年之后，表现不俗的秦升更进一步，获得了上海申花的青睐。2016 年的中超，秦升终于真正有机会与恒大了却恩怨。

在恒大王朝史册中，如何对秦升定位，是个不小的难题。说他是功臣，但仅打了一个赛季好球的表现，似乎仍有些差距；说他是恶人，却又实实在在为恒大在比赛中争取到了不少利益。他终究没能成为第二个加图索，也没能成为第二个郑智，但他成为了第一个秦升，一个中国足球历史上特殊的存在，一个特立独行的"秦升"。

2013 赛季　防线之魂

曾诚——低调的伟大

　　恒大王朝六年时光，前三年杨君、李帅交相辉映，后三年曾诚一人捍卫边疆。很多人说，曾诚堪称恒大"队草"，是绝对的型男一号；也有人说，曾诚最大的缺点是不爱笑，总是一副冷若冰霜的面孔。曾诚的魅力有多大？郜林给出过最生动的回答："经常有女球迷冲过来找我，激动地说，郜林郜林，曾诚在哪里呀？我的礼物帮我转交一下！"

　　作为一名门将，曾诚与王大雷堪称是截然相反的两种人。曾诚天生低调沉稳，王大雷则更加开朗豪放。在社交平台上，王大雷堪称中国球员里最受欢迎的人，微博为他带来了不小的商业价值；而曾诚虽然同样拥有众多拥趸，但他几乎从不会花时间去经营与粉丝之间的关系，全心专注于训练和比赛，才是他最想做的事情。

　　恒大队中，喜欢秀恩爱的球员不少，郜林、冯潇霆和张琳芃们，都经常会放出自己与妻儿的合照，向全世界秀出幸福。低调的曾诚并不喜欢这样，他的妻子田甜是一位相貌出众的大学教师，但更多时候只是曾诚背后的女人。2015 赛季亚冠决赛，田甜也曾与王晨一起前往迪拜助威，然而在尚未锁定冠军之前，曾诚并不希望她被曝光太多。直到最终完成二次登顶，曾诚才终于卸下心防，大方地带着妻子出现在了湖南卫视的舞台上。在那次节目录制中，人们惊讶地发现，原来曾诚的口才还不错，并且也有搞笑的一面。

对于曾诚而言，职业生涯的最佳转折点，就是 2013 年初从河南建业投奔恒大。在那之前，他不过是"弱队出好门"的代表，但在加盟恒大之后，他的历史地位飞速上升，三年三夺中超、两夺亚冠的壮举，让他成为了中国足球有史以来在俱乐部成就最高的守门员。在这三年来，曾诚都是雷打不动的主力，其中 2013 年和 2015 年连夺中超最佳门将奖杯。

◀ 国家队的曾诚

▲ 曾诚飞身拿球

▲ 曾诚飞身扑救

　　当然，这些成功绝不是轻轻松松获得的，曾诚为之付出的代价也不小。加盟恒大后不久，国家队就遭遇1-5不敌泰国的惨案，尽管那场比赛曾诚并未出场，但还是与一众国脚一起，被推上了风口浪尖。7月在韩国举行的东亚杯，是中国队的救赎之战，在关键的中韩对话里，曾诚的一次舍命扑救，遭到对方球员严重侵犯，锋利的鞋钉将曾诚的脸部和脖子刮得血肉模糊。关键时刻，曾诚尽显硬汉本身，他坚持战斗到了最后，保住了0-0的平局。而他也成为了恒大"国八条"政策实施后，第一位获得拼搏奖的球员。

　　如果说中韩之战上的流血事件还属于皮外伤的话，那么两年后的亚冠赛场上，曾诚则真正经历了惊魂一刻。2015赛季，恒大客战宿敌西悉尼流浪者，曾诚在一次防守定位球时，面部与金英权重重撞到一起。由于情况严重，现场治疗时间都超过了10分钟，曾诚很快被送往当地医院进行进一步检查。这次受伤，让曾诚远离赛场长达一个半月时间，而他自己透露，这次受伤让他的颧骨凹陷，如今是靠着几根钢钉在支撑着面部。

　　曾诚的稳健与勇猛，广州球迷都看在眼里，对于这位国脚门神，所有人一直都很放心。2015年6月，曾诚在恒大主场与北京国安的比赛前，领取了代表广州队出战100场的纪念球衣。而截止到2016赛季开始前，他已经将自己在正式比赛中的出场次数累积到了121场。刚满29岁的曾诚，还有一段漫长的巅峰岁月，与恒大续约五年的结果，意味着他有希望朝着队史出场纪录发起冲击。毕竟，在他身前的郜林和冯潇霆们，都会因为年龄增大和位置原因逐渐减少出场频率，作为门将的曾诚，则丝毫没有这样的顾虑。在国际足坛，许多豪门的队史出场纪录都由门将把持，曾诚能否在广州队史写下自己的传奇？我们拭目以待。

荣昊——最佳第12人

　　2015年10月21日，日本大阪，恒大与大阪钢巴的亚冠半决赛正在激战着，记者席上突然出现了一个熟悉的身影——没有进入比赛大名单的荣昊，实在找不着合适的位置看球，索性坐到了记者席，与大家一起抱团取暖。此时，距离荣昊上一次代表恒大出战，已经过去了一个多月的时间。恒大这一年拼杀到 12 月底才放假，但荣昊的最后一次登场，依然定格在了 9 月。显然，他已经成为了边缘人。

这是四年恒大生涯中，荣昊第一次在没有严重伤病的情况下，被主帅排除出轮换阵容。他从来不是恒大的绝对主力，但一直是不可或缺的"最佳第12 人"，他能打除了门将、中卫和中锋之外的所有位置，是团队中重要的万金油球员。里皮时代的恒大，几乎每一次换人调整，都会首先考虑荣昊，很

▼ 荣昊

多时候，正因有他的存在，才让里皮的阵型和战术显得千变万化。对于荣昊的特点，有过一段最夸张的描述——恒大的替补席只要坐两个人就够了，一个门将，一个荣昊。

荣昊是被恒大当作 2011 年的圣诞礼物送给广州球迷的。那时的荣昊，是当红国脚，他主打左边后卫，24 岁的年纪，也被视为孙祥的天然接班人。在国家队，荣昊已经逐渐取代孙祥，到了恒大，则是这一计划的延续。因此，尽管初来乍到的荣昊就因脚伤被迫手术，但是恒大也从未放弃过他。对于这段历史，荣昊从来不忘感恩，恒大花了上千万元转会费和几百万元年薪，换来的是荣昊长期休战，中超绝大多数俱乐部，不可能做到这一点。

在长达 9 个月的养伤期，荣昊错过了主帅李章洙，他在恒大的第一位教练，就是世界冠军里皮。不得不叹服银狐的魄力，对于大伤初愈的荣昊，他给予了非同一般的信任。无比关键的亚冠 1/4 决赛首回合，居然成为了荣昊的首秀。与伊蒂哈德一战第 74 分钟，荣昊换下了李健华，以右后卫身份开启了自己的恒大征途。但他的上场并未改变恒大的命运，比赛结束前不久，哈扎基又一次力压冯潇霆头球破门，4-2 的比分几乎宣判了恒大死刑。

两周之后，双方移师天河再战，荣昊一跃跻身首发，成为了穆里奇伤缺时的替身。从右后卫到左边锋，荣昊的第一次大挪移，就足以让世人震惊。虽然恒大最终没能翻盘，但荣昊在里皮心中已经拥有了位置。接下来的 2013 赛季，荣昊真正打出了身价，全年出战 43 场，贡献 2 球 7 助攻，为恒大三线挺进立下大功。他并非铁打主力，更不是场场首发，但只要球队需要，他可以出现在一切关键位置，这就是荣昊的最大价值。

可以说，在里皮手下，荣昊从未失宠。2014 赛季上半程，荣昊依然扮演着替补奇兵的角色，助恒大杀进亚冠八强。但在主场与西悉尼流浪者的生死战中，被赋予首发重任的荣昊，却在第 34 分钟重伤下场。这一意外情况打乱了里皮的部署，早早浪费一个换人名额的恒大，最终无力回天。至于荣昊本人，则是时隔近两年后再遭重创，在 8 月就宣布赛季报销。

等到荣昊伤愈归来，恒大已经完全变了天。最赏识他的里皮挥别广州，菜鸟主帅卡纳瓦罗临危受命。更关键的是，在荣昊最擅长的左后卫位置上，恒大连续引入了李学鹏和邹正两大悍将。在球队伤病不断时，荣昊尚可凭借多面手特质赢得出场机会，但随着斯科拉里的到来，荣昊立即被打入冷宫。大菲尔接手后的恒大，几乎场场都是不能输的决战，他必须使用每个位置上最好的球员，而不是荣昊这样的万金油球员。荣昊突然发现，自己在所有的

▼ 荣昊曾是里皮爱将，如今却不得斯科拉里欢心

位置上都缺乏足够的竞争力，甚至连进一次替补名单，都成了奢望。

显然，新官上任的斯科拉里，志在开创属于自己的全新时代。作为里皮时代"遗老"的荣昊，已经年近29岁，并不适合他的长远规划。荣昊曾以左路一条龙见长，但恒大的左边路，已经云集了邹正、李学鹏、于汉超和郑龙等国脚名将，荣昊的生存空间变得愈发狭小。恒大每个位置都有两名以上的高手存在，荣昊不再是球队必需的"第12人"，反而更像是无关痛痒的"第23人"。这样的境遇，显然是骄傲的荣昊，所无法接受的。

早在2014赛季结束时，荣昊就曾想到了离开，他一度与上海申花走得很近，但最终还是留了下来。然而一年之后，荣昊的处境不仅没有更好，反而变得更糟。在中超转会市场日渐疯狂的大环境下，恒大为荣昊标上了高达6000万元的价签，这也让追求者们望而却步。由于主力左后卫邹正在世俱杯重伤，一旦放走荣昊，恒大将面临没有左后卫替补的窘境，这也是他们自始至终没有松口放人的根本原因。

至于荣昊本人，离开的念头依然强烈，他担心在恒大再荒废一年后，自己的竞技状态会大打折扣，到时恐怕更难找到满意的下家。在29岁的年纪，荣昊还想在足球场上写下更多的故事，他不希望自己总被外界调侃为"荣老板"，仿佛就只是个会卖潮牌和小龙虾的生意人。2016年初，荣昊注销了自己的微博，似乎想和外界完全隔离开来。未来的路怎么走，他无法决定，只有等待命运的安排。

2014 赛季　新星出世

在成王败寇的顶级赛场，锻炼新人永远是一种奢求。如果你不是 C 罗、梅西、内马尔般的天之骄子，想早早在豪门立足，几乎是不可能完成的任务。在恒大王朝的草创时期，也曾有过杨一虎、高志林这样一闪而过的流星，他们留下了些许印记，又很快消失在人海。直到 2014 赛季，已经拿到亚冠奖杯的恒大，才终于开始对培养新人有了些耐心，之后的每一年，都会在之前的基础上递进升级。如果要选出一个恒大"新星出世"的年份，非 2014 赛季莫属。

新人王传说

对于东莞南城队的 7 名孩子来说，2012 年 10 月的第一天，就像是一场梦。在无缘中乙复赛后不久，东莞南城正式转让给梅州，变成了梅县足球队。而以国青主力门将方镜淇为首的 7 名小将，则被中超冠军广州恒大打包收购。7 人里，除了方镜淇和杨超声之外，大都是无名之辈，其中就包括了 19 岁的廖力生。

收购这 7 名小将，是恒大教练组考察已久的决定，但更多人在质疑，以恒大全国脚的厚实班底，怎么可能有这些孩子的出头之日。2013 赛季，是"南城七少"在恒大的第一年，最先打上一线队比赛的，是杨超声和胡威威。在足协杯与杭州绿城的比赛中，里皮启用了不少新秀，但入选了大名单的廖力生，自始至终没有等来出场机会。"那场球赢了，但我还是有些失落，挺羡慕那些出场的小伙伴们。"廖力生曾如此说道。

▶ 廖力生在训练中

　　显然，廖力生并不是天赋异禀的天才型球员，他的成长之路，更多是依靠勤奋刻苦。早在东莞南城效力时，他就是队内的第一定位球手，被队友送上绰号"廖克汉姆"。但到了恒大，只有定位球这一招鲜显然是不够的，在后腰这样重要的位置上，廖力生还有太多需要提高的地方。幸运的是，廖力生遇到了里皮这样的名师，银狐给了这批孩子多次与一线队合练的机会，让他们受益良多。此前将哈维和亚历山大·宋视为偶像的廖力生，已经可以近距离偷师郑智、黄博文等前辈。

　　尽管早在2013年底就迎来了恒大处子秀，但几乎没有人记得，这个身披2号战袍的小孩究竟是谁。廖力生真正让世人记住自己的名字，是在2014

▼ 廖力生在比赛中救球

赛季的亚冠首战。当恒大半场 0-2 落后墨尔本胜利时，里皮用廖力生换下了头号射手穆里奇。这一调整显然出人意料，就连媒体席上，也有人匆忙开始搜索廖力生的资料，而现场的球迷们，更是对这位新人一头雾水。生死关头，里皮居然放弃了亚冠金靴，换上一名 20 岁的后腰？

更重要的是，廖力生的出场，并不是对位换人，而是将阵型从 4-2-3-1 变为 3-5-2 的彻底调整。郑智回撤打起了三中卫，将中场指挥权交给了廖力生。所有人都不敢相信自己的眼睛，但此后 45 分钟发生的一切，让所有人都目瞪口呆。恒大完成了半场 4 球的惊天逆转，功臣除了梅开二度的迪亚曼蒂之外，就要属登场后让恒大重新抢回比赛控制权的廖力生，正是他在第 71 分钟的精准长传助攻，制造了埃神反超比分的单刀破门。

十年寒窗无人问，一战成名天下知。年轻的廖力生，把握住了或许是职业生涯中最重要的一次机会，向队友和里皮证明了，自己配得上在恒大占据一席之地。此后的故事，就显得顺理成章了，廖力生成了银狐力捧的新人王，在这一年出战了 28 场比赛，绝大多数是首发登场。在 21 岁的年纪，廖力生就捧起了生涯第一座中超冠军奖杯，他不再是一年前打酱油的身份，而是堂堂正正以自己努力拼来荣耀。

不过，或许是老天有意给廖力生更多的磨砺，当他充满期待开始全新的 2015 赛季时，伤病却很快找上门了。刚打两场比赛，廖力生就遭遇跖骨骨折，不得已飞往意大利进行手术。在恒大急需用人之际，廖力生只能遗憾错过。关键时刻，又是里皮的出现，给了廖力生足够的信心和勇气，已经卸任恒大主帅的银狐，亲自前往医院探视廖力生，如慈父般给予他鼓励和支持。廖力生最终能在长期养伤后王者归来，必须感恩此生的贵人里皮。

当然，顶着"恒大超新星"和"里皮爱将"的光环，廖力生的国字号之路也愈发顺畅，他开始成为了国青队和国奥队的常客，甚至一步登天入围了

恒大王朝

2015年亚洲杯的国家队终极名单。尽管在这届亚洲杯上，廖力生没能获得亮相机会，但近距离观摩学习大赛所累积的经验，足够让他飞速成长。2016年初，当廖力生以主力身份出征奥运会预选赛时，就显得游刃有余，他用两脚精彩的直接任意球破门，再获国内一致盛赞。在重伤休战了近一年后，他正在用最强硬的方式，向着重回恒大首发的目标坚实迈进。

接班正当时

廖力生的脱颖而出，是恒大开启新时代露出的第一朵小荷。在随后的2015赛季里，同为93届的王上源，也获得了不少出场机会。到了年底，恒大更是放弃曾经"只买成年国脚"的传统，抢先拿下了徐新和李源一这两名

▼ 廖力生激情庆祝

国奥小将。再加上队中原有的杨超声、方镜淇和刘伟国等青年才俊，恒大未来的核心班底，似乎已经有了雏形。

为恒大打下王朝江山的球员，大多来自"81"和"85"两代"超白金"。但中国球员的巅峰岁月，大多只有 5 到 8 年，一个轮回过后，换血不可避免。在杨君、孙祥和赵旭日等人先后离开之后，恒大核心班底中"85前"的队员，只剩下了郑智和刘健。而郜林和冯潇霆都已年过三十，步入了老将行列。即便是更年轻的"87"一代，也很难在三五年后依然撑起恒大王朝。

世界是我们的，也是你们的，但归根结底是你们的——对于恒大的年轻一代而言，接班老大哥是迟早的事。比"93"一代稍长的"91"一代，就属于尴尬的夹缝年龄，他们遇上了大哥们最巅峰的岁月，在最需要比赛机会的时候无力竞争，最终四散天涯，泯然众人。而"93"甚至更小的"95"一代，则赶上了好时候，当恒大王朝进入换血期，他们的机会来了。

2015 赛季，在恒大陷入伤病潮之际，20 岁的王军辉横空出世，以极具特点的速度与突破技术征服了球迷，成为了这一年比肩王上源的新人王。新赛季，恒大将他租借给了石家庄永昌，希望他得到更多的比赛锤炼，为重回广州接班打牢根基。像王军辉这样，恒大手握所属权的年轻人还有不少，比如杨超声和弋腾，恒大多年来坚持"只租不卖"，正是为了有一天收归己用。

在恒大淘宝俱乐部新三板敲钟日，曾明确提出了"六年内实现全华班"的远景目标。当时很多人觉得，这不过是一句假大空的虚话，因为谁也不相信恒大会以战绩为代价培养新人。但如今看来，随着恒大在国奥、国青年龄段不断布局潜力之星，待到他们成才之后，六年内全华班并非是天方夜谭。别忘了，恒大与王朝一期的元老们，正好是续下了五年长约，而第六年的开端，或许就是恒大历史全新的一页。

2015 赛季 "青帮" 传奇

在 2015 赛季的恒大阵中，拥有郑智、冯潇霆、李学鹏、于汉超、赵旭日和张佳祺等人的"辽宁帮"堪称第一大帮，但全年最闪耀的却是郑龙、李帅、刘健和邹正组成的"青岛帮"，尽管老东家青岛中能与恒大已势同水火，却并不影响他们在广州享尽球迷的追捧与爱戴。2015 赛季恒大的夺冠征途，便是一部最好的"青帮"传奇。

"青帮" 在恒大传承

说起"青帮"在广州的老大哥，必须是刚刚转会离开的老将李帅。2007年初，尚未满 25 岁的李帅从青岛中能投奔广州医药。在被问及"从中超到中甲是否有落差"时，年轻的李帅显得不屑一顾："那有什么？明年广药就升上去了。"李帅说到做到，广州队拿到了 2007 赛季中甲冠军，全年只丢了 15 个球。李帅与队友们一起，骄傲地站上了中超舞台。

不过，广州队与青岛真正开始产生大规模的密切联系，还是在恒大时代开启之后。恒大王朝的第一位主帅李章洙，曾在青岛执教过两个赛季，而他组建的教练团队成员中，门将教练王维满和体能教练姜峰，也都在青岛担任过助教。2011 年初，在李章洙接手后的第一个冬窗，他又带来了杨君和姜宁——一位是前青岛队门神，一位是正在青岛效力的当红国脚。

▲ 2010年的李帅（左二）

在姜宁加盟恒大之前，刘健、郑龙和邹正，都是他在青岛中能的队友。年长两岁的刘健是老大哥，年轻两岁的郑龙和邹正则是小兄弟。当时的姜宁，肯定不会预料到自己只会成为恒大的匆匆过客，而另外的三个人或许更想不到，有一天居然能同时在恒大并肩作战。各种因缘际会，妙不可言。

相比于姜宁加盟时的友好合作，"青帮"后来者们抵达恒大的道路，则都有太多曲折。2013年夏天，由于冯仁亮重伤手术，边路人手短缺的恒大迅速启动应急计划。里皮提出的第一人选，便是此前曾进球绝杀过恒大的郑龙。然而，作为当时青岛中能的进攻核心，郑龙虽也有意投奔平台更高的恒大，却苦于俱乐部不愿放人，双方谈判陷入僵局。关键时刻，有消息传出恒大动用了某些"上层力量"，让中能只能无奈放人。在当时中国足球遭遇 1-5 惨案的大背景下，"有关方面"对征战亚冠的恒大非常支持，而恒大也正是打着"为中国足球争光"的旗号，挖角郑龙成功。

只不过，郑龙这一单转会，让双方多少结下了梁子。半年之后，恒大与中能之间爆发了更大的冲突，诱因便是恒大再度将目光盯上了中能，而且目标直指队长刘健。与郑龙不同，合同到期的刘健完全有自主选择下家的权利，在中能降级的情况下，他也有着更高的追求，那就是尝试一次从未体验过的亚冠。然而，中能不愿放手，于是发生了轰动中国足坛的"刘健案"。这一事件前后耗时超过半年才有最终定论，并且是三败俱伤，中能遭受罚款扣分，刘健长达百日无法比赛，恒大则耗费了太多精力回应此案，干扰了俱乐部的正常工作。

就在世人以为两家必将老死不相往来时，命运又把他们撮合到了一起。2014 赛季后，老将孙祥离队，急需补强左后卫的恒大，备选有两人，其一是辽足的丁海峰，其二又是青岛中能的邹正。最终辽足没有放人，恒大又和中能做成了一笔交易。当时外界盛传邹正已是自由身，完全可以依照刘健的道路加盟恒大，但或许是为了修复与中能的关系，恒大最终还是掏出了 2000 万元转会费拿下邹正。

"青帮" 2015 赛季闪耀世界

2015 年亚冠决赛，天河再度聚焦亚洲目光。恒大的首发阵容里，邹正与郑龙组成左路走廊。上半场第 39 分钟，主力门将曾诚与队友相撞受伤，又一个青岛人李帅临危受命登场。比赛结束前三分钟，意在稳固防守的斯科拉里，用成长于青岛的淄博人刘健，换下了体能透支的郑龙。至此，在全亚洲级别最高的一场焦点大战中，恒大"青帮"全部完成亮相。

▶ 邹正在进球后激情庆祝

恒大王朝

对于青岛足球来说，这同样是一种荣耀。自家培养的四名球员，成为了站在亚洲之巅的重要力量，即便不是代表青岛出战，也是中国足球的荣光。而且，他们在比赛中都不是边缘人物，郑龙助攻了埃尔克森的唯一入球，李帅挡住了对手潮水般的反扑，邹正和刘健则为恒大守住城门不失，立下了汗马功劳。

回首整个 2015 赛季，几乎处处有着"青岛帮"的影子。3 月初亚冠客战西悉尼，曾诚重伤逼出了久未露面的李帅，他连续打了一个半月首发，这是 2013 年之后再未有过的待遇。在恒大伤兵满营的低潮期，老臣李帅扛着球队渡过了难关。到了 5 月中下旬，则进入了郑龙的表演时间，他连续五场比赛贡献 3 球 2 助攻，堪称恒大头号明星。在重伤蛰伏了一年半后，郑龙用实际行动，讲述了一个完美的励志故事。

初来乍到的邹正，同样没有任何的适应时间，就融入了恒大的攻防体系。在卡纳瓦罗手下，他一度要与李学鹏分享出场时间，但在斯科拉里到来之后，他很快锁定了绝对主力的位置。只要没有伤病，邹正就是左后卫第一选择，在与鲁能和富力的焦点大战中，他甚至都取得过进球。而老而弥坚的刘健，则凭借自己的稳健风格征服了斯帅，取代荣昊成为了球队的"最佳第 12 人"，无论后腰、中卫还是边后卫，"健哥"都能即插即用，毫不让人担心。

亚冠决赛登顶，依然不是"青岛帮"的终点。在日本举行的世俱杯上，他们更是集体成为了焦点人物。首战墨西哥美洲，李帅数次神扑震惊世界，一度成为 FIFA 官网头条，而郑龙则刻下了更伟大的里程碑，成为了在世俱杯舞台上进球的第一个中国人。次战巴塞罗那，是恒大向宇宙队发起挑战的伟大时刻，但这场比赛的胜负，全部被邹正的重伤所冲淡。在拼抢中脚踝移位的邹正，让全世界都为他感伤，巴萨锋霸苏亚雷斯也为他亲手写下祝福。

▲ 郑龙头球解围

恒大王朝

　　"兄弟，我们不管胜负，只要你回来。"——这是邹正重伤之后，"青岛帮"的一致态度。显然，在足球场上，有些情感还是要高于成绩的。遗憾的是，世俱杯既是"青岛帮"的巅峰之作，也同时是告别之作。作为老大哥的李帅，第一个选择离开，而邹正则至少要经历半年的恢复期，回归之后是否能重回巅峰也未可知。郑龙和刘健，则获得了恒大续约嘉奖，将在广州城续写属于他们的"青帮"传奇。

▲ 飞跃的刘建

▲ 世俱杯对阵巴萨，邹正受伤倒地

003

王朝之幕后奉献

幕后功臣——恒大足校

"我希望再过几年，恒大能和巴萨再次在世俱杯相遇，我要为今天的结果复仇！"

恒大 0-3 脆败巴萨之后，一名恒大足校的小球员，对着前来探访的西班牙《马卡报》说出了这样一句话。这代表了一种态度和一个梦想。

在如今的恒大足校里，这样的孩子还有很多，截止到 2015 学年，在校生已经超过了 2700 人。他们依然没有停止扩张的脚步，二期和三期学区正在动工，尽管已经获得了吉尼斯官方颁发的世界最大寄宿制足校的认证书，但他们还在追求创立时的目标——万人足校。

"振兴中国足球，培养足球明星"是恒大足校最醒目的标语，从有构思概念的那一刻起，就肩负起了为中国足球的未来作贡献的重任。2015 年底，恒大淘宝足球俱乐部在新三板上市敲钟仪式上披露了未来规划，其中最让中国足球人为之一振的，是恒大力争六年内实现一线队全华班。而要成就这一目标，恒大足校自然任重道远。

世俱杯上，恒大输给了巴萨，但从某种意义上来说，巴萨是比皇马更好的学习对象。在巴萨一线队核心框架里，虽也有苏亚雷斯、内马尔等天价豪

▲ 恒大足校开学，小学员宣誓

购，但拉玛西亚青训营的血脉始终不断。未来的恒大淘宝是否能走到这一步，将是世人对他们最大的疑问和期待。

一年拔地而起的奇迹

从中甲到中超只要一年，足校从无到有也只要一年，这就是恒大速度。

2011年夏天，弗洛伦蒂诺率皇马访华，广州是他们的第一站。这是一支星光灿烂的球队，C罗、卡卡、本泽马、卡西和拉莫斯们，瞬间引发万人追捧狂潮。而当时的恒大，尽管尚未拿到中超冠军，但已凭借源源不断的大手笔收购，成为了公认的最强者。只可惜由于赛程频密，李章洙选择了替补阵容出战皇马，创下了天河迄今为止的最大惨案：1-7。

球场上与皇马的较量，对中国球队而言无异于以卵击石。拥有超前眼光和战略规划意识的恒大集团，更不会在意一场比赛的得失。在皇马匆忙的行程里，许家印将弗洛伦蒂诺请到了恒大御景半岛酒店，进行了战略合作的深入探讨。"中国皇马"与正牌皇马的结合，也成为了当时中国足坛的一大盛事。

8月2日，恒大与皇马正式签约缔结长期战略伙伴关系。双方尚来不及细化合作项目，只能确定几个大的合作方向，比如青训、商业比赛、球员引进与培养，以及品牌合作推广。其中，恒大最看重的便是青训合作这一项。自接手广州队以来，恒大一直自我标榜要为中国足球作贡献，而培育青训人才，便是最能服众的做法。

以恒大的办事作风，凡事要做就做最好。青训计划刚一出炉，一项宏伟的计划便开始浮出水面，恒大决意与皇马合作，共建一所"文化教育与足球训练并举的全日制封闭式足球学校"，并且喊出了世界最大的万人规模。在当时，一半人将此计划视为天方夜谭，另一半稍微乐观的则预计，这一项目至少也要三五年才能有基本雏形。

显然，所有人都低估了恒大速度。自8月敲定项目规划之后，恒大在此后的半年时间内，雷厉风行，高效推进了恒大皇马足球学校的各项建设工作，相继完成了全球足校调研、公布恒大皇马足球学校首期设计任务书、三次公布足校设计效果图并全球征集建议、学校选址及与清远市政府签订协议、向全球招聘等工作。在这一时期，恒大还完成了一次重量级挖角，让广州市体育局局长刘江南放弃官位，前来恒大足校担任校长。

2012年3月，恒大再次召开盛大发布会，与皇马俱乐部、华南师范大

▲ 许家印亲自考察足校食堂

学和中国扶贫基金会签订合作协议，就足球专业教育、文化教育和贫困帮扶等方面展开深度合作。在这次发布会上，恒大足校确立了两件大事，其一是确认学校将在同年 9 月正式开学，其二是公布了每年 3.5 万元的学费。发布会后不久，恒大足校的招生简章就开始铺天盖地地传播开来，但凡有恒大地产分公司的地区，都承担起了宣传足校、帮助招生的任务。

瞠目结舌，是外界对于恒大动作如此迅猛的真实反应。将头脑中的概念变成现实，究竟需要多长时间？恒大给出的答案是不到一年。在广东清远市郊，恒大世纪旅游城附近，一块面积相当于 1.5 个故宫大小的土地上，拔地而起了一座充满欧式风情，被人们誉为哈利·波特魔法学院般的"景点式"学校。恒大集团以其多年地产领域的经验和资源，加班加点造出了这一堪称奇迹的梦幻校园。

2012 年 9 月 3 日，恒大皇马足校如期开学。借助恒大首夺中超冠军的名声，以及合作世界第一豪门皇马的噱头，首期招生就突破千人。开学典礼上，恒大再造热门话题，宣布一线队主帅里皮兼任恒大足校校长一职，让宣传力度进一步升级。这一年圣诞节后，皇马主席弗洛伦蒂诺再次受邀前来广州，他从白云机场直接被接到了恒大足校。作为欧洲著名的建筑大亨，"老弗爷"都被眼前恒大足校的壮丽场景所震惊，他盛赞恒大足校是以不可思议的速度造就的完美之作，并祝福中国足球的未来从这里崛起。

非典型中国式足校

很多人说，恒大足校的设计风格，就像是哈利·波特里的霍格沃茨魔法学院。而他们的目标，就是培养未来中国足球的"魔法师"。

中国足球最红火的岁月里，全国一度拥有超过 4000 所足球学校，但近十年的凋敝，让这一数字下滑到了两位数。传统的中国足校，只练足球，忽视文化，站上金字塔尖的成功者屈指可数，绝大多数的普通人，成为了人生道路上的陪葬品。在发现足球道路走不通时，也错过了文化学习的最好时机，连找一份正常稳定的工作，都成了困难。

历史的经验教训，让恒大早早确立了文化与足球并举的办学理念。在完成了全球足校调研之后，恒大更坚定了保障文化课学习的态度。在恒大足校的第一批签约伙伴中，就包括了享誉广东地区的华南师范大学，而在一年之后，他们就将教育资源升级为全国领先的人大附中，并一口气签下了长达 10 年的合作计划。在恒大看来，足球领域选择了世界第一的皇马，文化领域选择国内第一的人大附中，这样的"人大附中恒大皇马足校"，才算真正完美。

▲ 足协主席蔡振华考察恒大足校

"文化为根、足球为本、成才为旨"，这十二字理念，成为了恒大足校的指导思想。学校基础教育设施，全部按照广东省一级学校配置，配备了3900平方米小学教学大楼、4400平方米中学教学大楼、8700平方米实验大楼、1500平方米图书馆、3000平方米体育馆、1800平方米大礼堂等；足球专业设施均按专业标准配置，拥有6000平方米全球最大足球中心大楼、2000平方米体能训练中心大楼、50片足球训练场和比赛场；并配备21000平方米学生宿舍楼、16000平方米教职工宿舍楼、5000平方米饭堂及超市、3000平方米学生之家。

在恒大足校，处处可见对文化教育的重视。他们招收的学员大都是9～13岁，处于小学三年级至初中二年级的年龄段，这也正是基础教育的关键时期。从上午8点到下午4点之前，是必须保证的文化课学习时间，而真正的足球训练通常只有两个小时。在恒大足校的文化课设置中，除了基本的语数英政史地之外，还包括了科学、信息等课程，以及西班牙语学习。"先学好文化，再好好踢球"，是恒大足校老师和教练们同时给孩子们灌输的理念。

"在巴西、意大利、英格兰等足球发达国家，孩子们的足球训练一般都是一个半小时左右，只要强度适中，时间安排得当，是完全足够的。"一位恒大足校的西班牙籍教练曾这样说道。而外籍教练团队，也是恒大足校领先于传统中国式足校的重要环节。2012年建校时，就有15名来自皇马梯队的年轻教练前来恒大足校支援，而足校技术总监更是曾在皇马一线队打过比赛的费尔南多。时至今日，来自西班牙的教练已经接近30人，他们与恒大特聘的中方教练团队通力合作，力争研究出最适合中国球员成长的训练模式。

请进来，走出去

恒大足校建校时，许家印曾明确提出了"三年四冠"的要求，目标是包揽亚洲和国内的U13系列冠军头衔。如今，恒大足校成立已过三年，尽管距离亚洲冠军的目标还有差距，但不可否认正走在一条快速成长的道路上。

在国内国际各项赛事上所取得的成绩，以及对中国各年龄段国字号球队的输送，都有着不俗的表现。

截至 2015 年底，恒大足校各代表队共获得国际比赛亚军 1 个、西班牙马德里杯赛亚军 1 个；全国冠军 2 个、全国冬（夏）令营比赛一等奖 2 项、全国锦标赛季军 4 个；粤港澳比赛冠军 2 个、亚军 2 个；广东省冠军 2 个、广东省亚军 3 个、广东省季军 2 个；广州市冠军 8 个、广州市亚军 10 个、广州市季军 11 个。其中，2014 年 U12 代表队赴日本冲绳参加第 24 届冲绳国际青少年足球大赛获得亚军，创造了中国青少年球队参加本项赛事以来的最好成绩。为国家队输送人才方面，学校先后有 37 人 62 次进入国青、国少队。

在恒大足校，还有一大特点，便是绝对的公正公平。在数千名学员中，恒大足校选拔了大约 400 人的精英团队，分为普通队、尖子队、梯队和海外分校队四个层级。而区分这些层级的标准，全部都按照皇马教练的要求执行，他们有着严格的训练体系、竞赛体系和考评体系，足以保证不会遗失任何一块金矿，也不会揉进任何一粒沙子。传统中国足校靠给教练塞钱获得机会的丑恶现象，在这里绝对不可能发生。

众所周知，在年轻球员的成长道路上，足够多的比赛机会最为重要。在训练上，恒大足校安排得并不多，每周一到周五只安排四次训练，其中小学 1 小时，中学 1.5 小时。但在比赛上，恒大足校却是安排得红红火火。每到周六周日，恒大足校就会举办盛大的校内联赛，每天进行的场次超过 60 场。此外，恒大足校还会积极联络兄弟学校举办校际对抗赛，比如 2015 年 9 月与鲁能、绿城和富力足校联合推出了"足校联盟杯"。

拥有如此豪华的场地设施，恒大足校近年来也在进行一系列的"请进来"工作，邀请了许多国内国际球队前来比赛，给学员们提供了尽可能多的实战机会。而另一边，恒大足校的优秀选拔队，也会代表足校积极前往海外，参加一系列的国际比赛。在对抗中找到差距，认识不足，从而尽快弥补提高。当然，如此多的比赛安排，自然花费不菲，恒大足校虽然学费从当年的 3.5 万元涨到了如今的 5 万元起步，但依然处于亏损之中。但正如刘江南所说，许家印对于中国足球的支持，不会因为亏损而止步。

自 2014 年开始，恒大足校开始有了一项更大胆的尝试，那就是在海外设立分校，真正让孩子们走进先进足球国家里，在最好的熏陶和培养下，取得最快速的进步与成长。2014 年 10 月，恒大足校首家海外分校在西班牙成立，目前已派遣两批共计 50 名学员前往。2015 年初，恒大开始筹备第二所荷兰分校，而此后还会有源源不断的海外分校陆续推出。在恒大看来，必须要让最顶尖的足球苗子，在海外接受最纯粹、最正宗、最直接的"三最"国际化教育。

六年全华班，有戏吗？

2015 年 11 月，恒大淘宝新三板敲钟仪式，在披露俱乐部未来战略规划时，明确提出力争六年内一线队实现全华班的远景目标。一时间，国内足坛一片哗然。

恒大之所以能取得速效成功，最为人熟知的方式，就是重金砸球星，而且必须是正值巅峰、来之能战的成熟球员。在这些顶级内外援的通力合作下，才有了恒大中超五连冠、亚冠两称王的壮丽诗篇。

然而，待到 2015 年再夺亚冠之后，恒大开始决定换个活法。在转会市场上，他们的引援目标不再对准当红明星，而是着重长远规划，国奥年龄段的徐新和李源一相继来投，让恒大一线队的平均年龄降低不少。此外别忘了，早在这两笔收购之前半年，恒大还完成了一次大动作——他们将足校近 3000 名学员的产权一次性注入了恒大淘宝足球俱乐部，将与阿里巴巴的股权比例变更为六四开。

　　恒大敢于喊出六年内实现全华班的目标，最大的信心根基，便是来自这座世界最大的足球学校。在目前的恒大足校里，最大的是 1998～1999 年龄段，这批孩子将很快成年，符合进入俱乐部预备队的条件，再经过几年磨砺锤炼之后，在 23 岁左右的年纪跻身一线队，也绝非天方夜谭。在日韩联赛中，20 岁左右的天才少年打上首发早已不是新闻，只是在中超这样的例子还不多见。向来敢为人先的恒大，或许又将成为第一个吃螃蟹的。

　　不过，在恒大的内部展望中，更加期待的一拨，是 2000～2002 年龄段的孩子。这个年龄段的孩子入学时间较早，技术风格和思维处在启蒙阶段，

▼ 恒大足校内景

对于先进足球理念吸收得更好。而在 U13 和 U15 的两批中国国少队中，这两个年龄段的恒大学员分别占据 10 人，是足够庞大的基数。六年之后，他们也都将到弱冠之年，即便无法成为先发主力，起码也是重要补充。

从目前的发展趋势看，恒大集团的确也有着让年轻人接班的长远计划。在最新一次大规模续约里，郑智、冯潇霆、郜林等功勋老臣都是续约五年，而这五年他们除了继续为恒大争夺荣誉之外，还要肩负起传帮带年轻球员的任务。可以预见，未来的五年里，恒大依旧会凭借顶级内外援冲击荣耀之巅，但也会一步步地给予年轻人更多机会，达到真正为中国足球培养人才的目标。如果终有一天，恒大真能将冠军放在第二位，将培育人才当作首要任务，那对于中国足球来说，将是真正的善莫大焉。

恒大球迷会——向世界嗌出广州的声音

2015 年底，在长沙举办的中超颁奖典礼上，广州天河又一次当选了最佳人气赛区。与恒大俱乐部连续五年称霸中超一样，作为恒大主场的天河体育场，也是连续五次荣获这一殊荣。唯一能与广州天河比肩的，是中超老牌劲旅北京国安的主场——工人体育场。"南天河，北工体"逐渐成为了中超联赛的地标性建筑，是向全世界展示中国足球的窗口。

与拥有超过 20 年顶级联赛历史的工体相比，2011 赛季才迎来广州恒大的天河体育场，可以算是足球领域中一夜爆红的新贵。恒大在这里的每一场决战，都让天河之名响彻中国乃至亚洲。而撑起天河这座魔鬼主场的最关键因素，无疑是"同袍一心"的恒大球迷。是他们的不懈努力和坚持付出，打造了天河"万里山河一片红"的壮观奇景，真正做到了"向世界嗌出广州的声音"。在很多人眼里，天河已然是当之无愧的亚洲第一主场。

恒大球迷遍天下

对于一家职业俱乐部而言，得到球迷的支持与认可，永远是一切工作的根基和目标。2016 赛季，广州恒大淘宝足球俱乐部的套票价格尽管依然高企，但在市场上仍是供不应求。2500 元的最高价，超过了北京国安最高票价一倍有余，也没能阻碍广州球迷的热情。25000 张套票很快被一扫而空，体现了这座城市对足球的热度和对这支球队的认同。

▲ 天河球迷区拼出色块，壮观的图景让对手感到震慑

▲ 广州球迷阵营

遥想前恒大时代的广州足球，曾经很久没有过如此风光。自太阳神队陨落之后，广州足球也曾长期蛰伏次级联赛，容量仅有两万人的越秀山体育场，也逐渐变得门庭稀落。即便广药接手后重回中超，也只是稍稍回暖。2010 年恒大接手，由于尚处于中甲联赛，且全年主场不定四处奔波，球市也并未呈现爆炸式增长。直到 2011 赛季将主场迁往天河，才算真正为新时代拉开了帷幕。

从容量两万人的球场迁到五万人体育场，即便是大手笔频出的广州恒大，也曾对球市前景有过担心。为了迅速引爆天河的人气，恒大不仅斥资 5000万元打造了史上最豪华的中超开幕式，还在当年联赛的前六个主场比赛前，邀请顶级歌星现场暖场，李克勤、陈慧琳、萧亚轩和潘玮柏等明星纷纷登台

▼ 韩红、陶喆等巨星献唱开幕式

献艺，让球迷们大呼球票超值。那一年，恒大的套票销售总数就逼近一万元，同样创造了历史新高。

恒大接手之前，广州足球能叫得响的球迷组织，只有广州球迷联盟一家。虽然广州足球一直不乏关注，但真正愿意入会的球迷，常年只有千人规模，在越秀山占据两个区的看台。而伴随着恒大在中超狂飙突进的五年，广州球迷组织的人数也迅速壮大。截至 2016 年初，恒大官方认可的球迷组织已经超过了 15 家，人数达到了两万人之巨。他们在天河体育场常年占据六个区域看台，成为了广州队主场比赛时最有力的后援。

在目前的恒大球迷协会中，人数最多、影响力最大的主要有四大会，分别是最老牌的"广州球迷联盟"、以远征助威为特色的"十二卫"、发起于早年 QQ 群体的"网络球迷联盟"，以及致力于宣传南粤文化的"南粤球迷会"。这四大球迷会的人数都达到了数千人规模，堪称广州铁杆球迷的最大集中地。此外，恒大出色战绩所带来的影响力，还辐射到了整个广东地区，佛山、湛江、潮汕、清远、肇庆、东莞等地区，也都成立了专门的恒大球迷会，他们让"广州的恒大"变成了"广东的恒大"，同样是不可忽视的中坚力量。

凭借着三年两夺亚冠的骄人战绩，在不少人看来，恒大早已超越了广州乃至广东的局限，变成了中国足球的代表。在广东之外的很多地区，同样有不少人在关注着广州恒大的比赛，他们对于"广州"二字的情怀不如本地球迷，但对恒大的认可程度同样很高。作为球迷组织中以远

▶ 广州球迷齐声加油助威

征为特色的"广州十二卫"，近年来就在不少国内城市成立了分会，一旦恒大前往该城市打客场，便能迅速组织起助威方阵。

　　除了在国内拥有超出地域局限的影响力之外，伴随着近年在亚冠和世俱杯的高光表现，恒大之名在海外也愈发受到欢迎。在恒大多次出征亚冠客场的日本、韩国和澳大利亚，目前都已经成立了当地的球迷分会。每逢亚冠比赛日，恒大总能在这些客场拥有上千人的助威团队，制造出的声势甚至不输主队。而在 2015 赛季亚冠决赛客战迪拜阿赫利之后，恒大也感受到了迪拜当地华人对球队的关注与支持，迪拜球迷分会的建立也正在进行之中。

尊重球迷有传统

2015 年亚冠决赛次回合，当恒大淘宝出台天价票价方案时，曾有人评论道："即便是一边骂着街，广州球迷还是会将天河填满。"如果说在中国职业体育领域还有人愿意花几千元甚至上万元的代价去看一场比赛，这样的情况，恐怕只可能发生在广州队身上。几年来，每逢广州队正式比赛，天河体育场几乎没有不爆满的时候。虽然现场播报人数限于公安要求，总被虚化为"不到 4 万"，但实际到场人数基本都超过了 4.5 万。

有人质疑，广州之所以球市火热，只是因为成绩出众而已。这样的说法显然有失偏颇，一家只有成绩的俱乐部，是不足以与球迷之间形成情感纽带的。恒大淘宝能如此受欢迎追捧，除了自身实力成绩过硬之外，与俱乐部乃至整个集团在球迷工作上的努力也是分不开的。"做广州队球迷是一件幸福的事"，成为了绝大多数球迷的心声。

恒大对待球迷的态度之好，归根结底还是源自老板许家印，这位地产起家的商业巨头，深知球迷与消费者一样都是上帝的道理。2010 年接手广州队之后，恒大中甲首战在增城开打，那场比赛恒大就组织了数十辆大巴免费接送球迷现场观战，制造出了中甲赛场上罕见的热闹场景。也正是在这一年，恒大首创了"包机"请球迷去客场的大动作，在客场与上海、成都和沈阳的三场焦点大战中，恒大都包下了数百张往返机票邀请球迷现场助威，斥资百万也毫不在乎。凭借这一系列的大手笔，恒大在广州球迷心中的认可度激增。

2011 赛季，已经升上中超的恒大，迫切希望尽快扩大市场。在打造了一场完美的中超开幕式后，他们决意将主场正式从越秀山迁往天河。但这样的做法，在一些球迷看来，意味着抛弃了广州足球60多年的传统。关键时刻，为了平息民怨，又是许家印亲自出马，邀请各大球迷会领袖聚餐吃饭。席间，许家印言辞恳切地请求球迷理解恒大的决定，甚至向球迷们发出了自己的个人名片，直言说"有任何不满意的地方，可以直接找我"，让在场球迷大为感动，争议也很快消散于无形。

在恒大接手后的前两年，球队与球迷之间的关系可以说极为密切。几乎每隔一两个月，俱乐部就会组织一次球员与球迷之间的联谊活动，增进双方之间的感情。此外，恒大还会安排一系列带有公益性质的活动，让教练和球员们将温暖送给需要关心爱护的特殊人群。而在每个赛季结束后的庆功宴上，都会有几桌专属于球迷的位置，许家印和省市领导们，都会主动走到球迷桌前敬酒致意，这样的尊重在国内足坛显然并不多见。

有许家印这样的榜样在前，恒大俱乐部从上至下，自然都把做好球迷工作视为重要任务。主管俱乐部的刘永灼，同样对球迷极为上心。2013年亚冠决赛，在球队夺冠庆功时，一位激动的球迷不幸从看台上跌落，这件事并无太多人看见，但刘永灼知晓后，立即安排俱乐部工作人员前往医院探视慰问，并主动承担了医疗费用。同样在那一晚，看到球迷们聚集场外久久不愿离去，刘永灼带着俱乐部十几名工作人员一起，手拉手举着亚冠奖杯，集体三鞠躬向球迷致意，让在场之人无不动容。

值得一提的是，2013年夺冠夜的花车巡游环节时间过短，让许多球迷抱怨不断。这也让俱乐部吸取了教训，并很快知错就改。2015年亚冠再称雄，恒大花车绕场时间大大增加，特别是在球迷会区域停留了最长时间，李帅掌旗、郜林拿着扩音喇叭与球迷共同欢唱的画面，注定将成为经典。而为了保证花车停留更长时间，恒大工作人员甚至冒险站在花车前进线路上，以防司机"不懂事"开得过快。

如果说这些尊重和礼遇还稍有些流于表面的话，恒大在实实在在的大事上，也总会尊重铁杆球迷的意见。2013 年，百度公司找到恒大俱乐部，希望合作认证广州 FC 的官方贴吧。消息传出后，这一号称"广州球迷最大网络阵地"里的球迷们纷纷表示不满，他们希望贴吧成为畅所欲言的自留地，而不要变成又一个官方发布平台。在了解到球迷心愿之后，恒大俱乐部很快放弃了"收编"计划，迄今为止，贴吧仍是球迷们最热衷的自由平台。

2014 年，马云增资入股恒大是国内足坛头号大事。但在阿里巴巴入股之后，广州球迷又担心这支球队会被过度商业化，导致其失去广州本土特色。于是，当时六大球迷会联名向恒大俱乐部发出建议，希望将队名改为更为中性的"广州 FC"或者"广州华南虎"。出于商业化诉求，恒大虽然最终没有完全依照球迷意愿执行，但还是主动将球队队徽中的恒大集团 Logo 抹去，只凸显了广州符号。而在随后注册球队官方微信公众号时，也选择了"广州队"之名，全无恒大淘宝字样。

更加难能可贵的是，恒大虽然在知名度和影响力上不断攀升，但对待球迷的态度依然始终如一。2015 年世俱杯，恒大与宇宙队巴塞罗那的比赛万众瞩目，而仅这一场比赛，恒大就花费了超过 200 万元人民币购买球票，免费赠送给前往日本助威的球迷。最近几年，恒大每年在球迷身上的花费都达到数百万元之巨，有如此亲民的投资人，和如此贴心的俱乐部，怎会愁人心不齐？

秘籍：规章不可缺

按公司章程条例办事，向来是恒大集团的规矩和特色。传闻中，许家印亲自参与拟订了恒大上万条管理条例。而在俱乐部层面，也是有样学样，刘永灼曾透露，仅亚冠打前站订酒店这一项，他就为工作人员定下了 300 条细则，必须全部落实到位。因此，在球迷管理和对接上，恒大的秘籍依然是"按规矩办事"，这也是最值得国内其他俱乐部学习的地方。

在恒大接手广州队的前两年，俱乐部大多数时候还在按照传统方式来进行球迷工作。但在 2012 赛季结束之后，随着球迷群体的迅速扩大，恒大也意识到必须要有明确的规范来保证一切工作顺利进行。这一年年底，刘永灼参与拟订了一份《球迷团体管理办法》，在恒大集团内部与球迷会内一同公示。这一管理办法的出台，标志着恒大球迷团体的管理工作正式步入正轨，从此人情摆在一边，凡事按章执行。

"公平、公正、公开"——这是恒大进行球迷会管理工作的第一原则。随着球队战绩攀升，越来越多的人想要组织球迷会加入官方行列。对于新增球迷会，恒大的态度是欢迎的，但也绝不允许滥竽充数。有意加入的球迷会，必须提供翔实的基本资料，经由俱乐部初审之后，再提交给赛区和公案进行复核，才有望在一年之后成为官方组织的正式成员。在整个流程中，一切都有详细的规章条例来评判，绝不涉及请吃送拿。

在国人的传统思维中，凡事必须有利可图才会蜂拥而至。为了防止借球迷会之名来圈钱，恒大对于旗下官方球迷会有着严格的要求。在管理办法中，有一项明确规定，俱乐部随时有权对球迷会进行查账。球迷会在收取会费之后，每一笔较大的支出都必须有明确记账，只有承诺愿意遵守这一规则，才有资格被吸纳进恒大的官方组织之内。

成为恒大官方球迷会之后，也并不意味着一劳永逸。每个赛季结束后，恒大都会组织一项评分活动，将 100 分的满分，分为"球迷会互评"（40 分）、俱乐部评（30 分）、赛区评（15 分）和媒体评（15 分）。如果最终得分不到 60 分，会被俱乐部视为不合格球迷会，将必须勒令整改，以观后效。若是新赛季再无改善，就可能遭官方除名。而那些得到 80 分以上的优秀球迷会，则可以享受在新赛季套票分配、座位安排时的优惠政策。

而且，对于新成立的球迷会，恒大对于会名的要求也非常严格。一切带

恒大王朝

▲ 恒大出征世界各地，广州球迷一路追随

▲ "十二卫"球迷会

有企业称号、有潜在广告意图的都不会被允许通过，恒大鼓励更多像"十二卫""华南虎"等中性名称的团体出现。同样，对于球迷横幅标语的内容，恒大也有着极为严格的审核，除了禁止广告之外，也不允许粗俗辱骂的横幅进场。"路再远我哋一路追随"和"向世界嗌出广州的声音"这两条著名横幅，则成为了标杆。

对于入场观战的球迷，恒大一直在灌输一个理念，那就是作为铁杆球迷会成员，到现场的意义就是去战斗的，为球队助威的意义高于观赏比赛。在这里，任何懈怠的行为都是不被允许的，他们希望看到每个人都斗志昂扬地为球队积极呐喊鼓掌。此外，恒大还力主在比赛进行中消除各大球迷会之间的分界——所有人不要再有单个球迷会理念，而要将心往一处想，劲往一处使，喊着同样的口号，唱着同样的歌曲。

没有对比就看不出高下，恒大对球迷会管理的成果，让一些中超兄弟球队汗颜。在部分中超场次，恒大会与客队采取"换票"方式，即各确定一定数量的球票进行交换，不用球迷到了客场再去购票。然而就是这样一件小事，许多客队也无法处理到位，常常无奈表示"无法确定到时去现场人数"。反观恒大，只要确定球票数量，就会立即组织球迷报名，所有人按章办事，没有任何纰漏。例如，2015赛季恒大客战上港，争冠大战只有1000张客队球票，恒大立即确定分配方案，按照广州出发、省内出发、省外出发、上海当地等几个层级排列报名顺序，成功完成合理分配的同时，也让人无话可说，无可置疑。

当然，恒大与球迷之间，绝非只有硬性的管理条例，更多时候呈现出来的是互惠互利。都知道恒大球票抢手，对于球迷会，恒大的套票总会以六到七折的价格卖给这些铁杆球迷，让利幅度很大。而到了亚冠决赛，即便球票整体价格偏高，但拥有优先购买权的球迷会成员，还是能够确保买到相对低价的球票，满足入场观赛的心愿。部分场次，恒大甚至会将球票

▲ 2015年世俱杯，广州球迷打出"亚洲之王"的横幅

▲ 走出国门，我们就代表中国

先给到球迷会手中，出售之后再回款即可，双方并未签订任何书面协议，完全出于相互信任。

梦想接轨世界级

几年来，恒大南征北战不仅走过了祖国河山，也打遍了亚洲甚至冲向了世界。在这个过程中，陪伴球队征战的俱乐部工作人员和球迷们，也见识到了许多国外球迷的样子。令人欣慰的是，无论是工作人员还是球迷自身，都有着向国外先进运作管理方式和球迷呈现方式学习的心态，取他人之长补己之短，唯有如此才能取得更大进步。

作为拥有曾经亚洲第一主场的球队，日本 J 联赛豪门浦和红钻名声极大，在恒大与浦和的亚冠交手中，恒大工作人员也有意识地去了解和学习浦和的运作模式。当他们了解到浦和有超过 100 家官方球迷会时，也被深深震惊了，因为这意味着恒大在发展的道路上，还有很长的一段路要走。而在 2015 年的世俱杯上，恒大球迷也被现场河床球迷的声势所震撼，将他们视为了新的学习对象。

在恒大 2015 年初出台的新五年规划中，明确提出要与世界一流接轨。除了球队成绩和青训体系之外，球迷文化的进步同样重要。从 2016 赛季开始，恒大将提出一个大的现场助威概念，打通所有球迷会，打造出一个整体的"天体南看台"。这样的构思，来自于举世闻名的多特蒙德威斯特法伦球场的南看台，那是全欧洲最具代表性的球迷聚集地，总能成为客队的梦魇。

不过，在迈向世界顶级的道路上，恒大不仅需要"与天斗地斗"，还需要一些"与人斗"。出于安保需要，国内大型体育场的管理都极为严苛，虽然这样保障了赛事的顺利进行，但对丰富球迷看台文化来说，却是极大的限制。2015 赛季，恒大尝试在亚冠决赛拼出观众席的分区色块，已经算是不小的突破，但总体效果依然难与世界顶级比肩。再比如带动现场氛围的 DJ 主持人设置，也一直没有得到赛区和公安部门的允许，至于彩带、冷焰火和纸片等带动气氛的道具，更是不可能带入现场。

　　平心而论，恒大的球迷文化，在各方面已经做到了国内顶尖。广州赛区连续五年成为最佳赛区之一，是最公正的评价。或许是性格使然，广州人多偏内敛含蓄，现场极少出现冲向对手或裁判的大规模污言秽语，更多传递的是正能量，这在中超赛场上是绝对的榜样。在这一良好的基础上，若能再增添更多的特色，制造更棒的声势，恒大坐实亚洲第一主场便再无争议，在若干年后接轨世界级，也不再是奢望。

神奇的品牌部

2013 年初，恒大集团完成了一次盛大的"搬家"，从租用的天伦大厦，搬到了广州 CBD 里全新装修的"恒大中心"。在这次万人大迁徙中，最大的亮点，无疑是位于恒大中心 39 层、面积超过 2000 平方米的恒大展厅。这是一个从 2010 年 10 月就启动，历时两年半才完成的浩大工程，而它存在的意义，便是向全世界展示属于恒大的荣耀与骄傲。

为了打造这一号称世界第一的超级展厅，恒大集团聘请了国内国际三家顶级设计公司，最终确立了以"金木水火土"为指导的五行万象理念，分别打造五大展区。前后总投资近 1 亿元人民币，体现了恒大对于集团形象的极高重视，而每一位来过这里的客人，都永远不会忘记这段奇妙的参观旅程。这正是恒大所追求的效果，无论投入再大，也要将企业的门面擦得锃光瓦亮。

自 2010 年接手广州足球以来，恒大之名迅速传遍中国乃至亚洲，而在这堪称疯狂的传播风暴中，关于恒大的正面宣传报道占据了绝大多数。除了因自身战绩绝佳备受追捧之外，也不能忽视人为作用。作为恒大集团唯一的新闻出口，品牌部在恒大足球的发展壮大历程中，同样扮演了幕后英雄的角色。"冠军耀广州，美名扬天下"，品牌部与俱乐部一样，当记上大大一份功劳。

品牌是第一生产力

在恒大集团的官网上，对于品牌的地位曾有这样的一段描述："企业的品牌，是雄厚实力的代表，是经营文化的体现，在全球一体化的市场经济中，品牌是决战市场的制胜法宝，更是基业长青的根源动力。"而恒大地产在最初向全国大规模扩张时，就已经有了自己的品牌战略方针，打造产品与企业的"双金品牌"，一直是恒大的最高目标。在恒大的发展规划中，清晰地描绘了未来蓝图——全力打造 21 世纪规模一流、品牌一流、团队一流的具有国际竞争力的世界顶级企业。

恒大的荣誉室里，最长久的一座奖杯，是连续 12 年排名中国房地产十强。相比之下，恒大跻身中国房地产品牌十强的年份，则只有 8 年。而在 2010 年进入足坛声名大噪之后，恒大的品牌价值更是呈倍数激增，截止到 2015 年底已是连续 6 年领跑全国。2009 年底，恒大的品牌价值仅为 41.54 亿元，但到了 2015 年已达到惊人的 320.67 亿元。在可以预见的未来，恒大继续领跑的可能性也极大。

在网络上，流传着一份印发于 2008 年的《恒大地产集团品牌建设及维护管理办法》文档，这份管理方案共分 11 个章节，细化为 49 条，与整个集团"精准化、细分化"的管理风格一脉相承。其中，重点强调了集团和分公司的"新闻发言人制度"，在恒大集团总部，只有一名新闻发言人对外回应相关事件和新闻报道。如有特殊情况，也需新闻发言人书面授权相关人员代为回应，但回应内容必须严格按照授权要求执行，不得有任何增减变更。

正因如此，成立时作为恒大集团子公司的恒大足球俱乐部，在对外宣传造势上，也必须与更早成立的集团品牌部协商决定。在中超诸强里，但凡有健全架构的俱乐部，都有专门的媒介部，或是至少一名常设的"新闻官"。但在恒大俱乐部，却并没有这样的角色。几年来，除了前董事长刘永灼之外，没有任何一个俱乐部基层或是中层员工，能够代表恒大俱乐部发出任何声音。

任何官方消息，都必须经由品牌部审核之后，再由品牌部员工统一对外公布。

严格的把控，带来的好处是显而易见的。无论转会引援还是其他任何重大事项，关于恒大的流言蜚语从来不会从俱乐部内部流出，俱乐部工作人员不会私下向媒体透露任何实质性内容，而有时候甚至连他们自己也不清楚将要发生什么。相比之下，中国其他俱乐部总会出现流言满天飞的闹剧，一堆所谓的"内部人士"声音传出，对俱乐部自身的工作反而产生许多影响与干扰。

像爱眼睛一样爱品牌

"任何人不得在任何时候，散布对集团品牌不利的言论。"这是恒大对旗下员工的基本要求，做不到这一点，就当不了恒大人。飞速发展的恒大目前已有近8万人的规模，而位于集团总部的品牌部只有几十名员工，靠品牌部监控全局显然不现实。在这里，讲究的是人人自觉，一言以蔽之，就是要"像爱护自己的眼睛一样爱护公司的品牌"。

在中国社会，房地产总被视为带有"原罪"的行业，日益高企的房价，让国人叫苦不迭。但在所有人都疯狂逐利的大环境里，恒大却一直在努力做到不同。他们提出了"盖老百姓买得起的刚需房"这样的口号，作为政协常委的许家印，也曾在两会上提出过"房地产商利润不应超过5%"这样的惊人提案。为了让企业更得民心，恒大可谓殚精竭虑，而进入足球领域，便是擦亮招牌的重要一步。

恒大足球与恒大集团，从诞生那一天开始，便是一荣俱荣、一损俱损的关系。这也直接决定了，恒大搞足球只许成功不许失败。在恒大集团看来，搞好足球必须重点抓两大方向，首先自然是要以为国争光为精神指导，任何时候不能忘记为中国足球做出贡献，这是民心所向的关键一环；其次是要通过建设俱乐部，展现恒大的企业实力和现代化管理、运营风格，让全世界都知道恒大是一家拥有超前思维和前瞻战略的领先企业。

恒大王朝

俱乐部成立之初，正值中国足球反赌扫黑的最低谷，球迷们渐渐远离球场，电视台不再转播比赛。如何以最快的速度将球迷请回球场，也成为了恒大俱乐部与品牌部的首要任务。在这段时间里，恒大所做出的一切努力，都是在为这一目标服务。引进知名主帅李章洙，挖来郜林、郑智等国脚，再斥资 5000 万元打造历史最炫开幕式，恒大几乎成为了那一时期中国足坛唯一的主角，他们的影响力迅速走出广州，辐射全国。

以人为本，是恒大对待球迷的指导思想，他们的许多举措，虽是俱乐部负责执行，但也都有着品牌部的参与。在俱乐部成立的前几年，恒大的球票价格定价，常会邀请球迷代表参与讨论会议；而逢年过节，恒大也会给忠实球迷送上小礼物表示心意；近年来恒大套票销售火爆，当球迷们在寒风中排队等候时，恒大俱乐部员工也会送上热茶和点心，让球迷感动不已的同时，也大大增加了双方的黏合度。这些看似细小的细节累积起来，便是恒大品牌形象的大大提升。2015 年，恒大注册官方微信公众号时，放弃了商业气息浓厚的"恒大淘宝"，直接命名为"广州队"，也让球迷感动不已。

除了笼络球迷的心，恒大对媒体关系的把握也很到位。每逢宣布重大事件，恒大的习惯性动作，是将全国媒体邀请到广州共襄盛举。从宣布与皇马达成合作到万人足校开学，从引进世界冠军主帅里皮到公布震惊足坛的"国八条"，恒大的每一次大手笔，都得到了全国范围内的热烈宣传，让"中国足球救世主"之名被叫得更响。而完成这些邀请工作，并提供充满"焦点"和"高度"新闻通稿的，都是出自品牌部之手，在事件本身已经足够轰动的基础上，是他们的妙笔生花，将宣传效果推上了万众仰望的高位。

这些年来，每逢恒大获得重大胜利时，总不会缺少老板许家印的声音。如果说接手足球时的许家印还只是门外汉的话，那么如今他的对外形象，俨然已是最懂球的足球投资人，甚至多次被神化为中国足球救星。能够取得这样质的变化，自然也离不开品牌部的贡献，许家印每一次内部讲话，都会被提炼为精准的方针政策，通过媒体和互联网传遍千家万户。即便是不看足球的人，也都知道中国有家公司叫恒大，知道恒大的老板叫许家印，知道他既是精神动员专家，也是具有爱国情怀的企业家。

品牌助推恒大王朝

成立于1997年初的恒大，在2009年制订了"第五个三年计划"，这一时期他们的理念是稳健经营，再攀高峰。也正是从这一年开始，恒大先成立了女排俱乐部，随后又接手了无人问津的广州足球队。通过体育打响品牌，恒大可谓做到了极致，2009年他们的年销售额只有307亿元，而在2011年首夺中超冠军那一年，这一数字已经激增到804亿元。在那年的夺冠庆功宴上，许家印就曾豪情万丈地表示，我们的地产一年销售800亿元，拿几个亿搞足球还是没问题的。

可以说，恒大足球的强势崛起，不仅奠定了自身在足球领域的王朝根基，对于整个集团的跨越式发展，也贡献良多。恒大足球俱乐部成立之际，正值恒大地产向全国战略扩张之时，当时他们已在全国120个主要城市拥有超过200个地产项目，这些项目要想销售火爆，先决条件是要让潜在买家们知道恒大的名字，并且认可这个名字。而相比于在纸媒和互联网上铺天盖地做硬性广告，恒大足球成功这样的"软广告"反而更容易深入人心。

显然，如何将足球的宣传融入恒大母公司业务，任务也落到了恒大品牌部身上。在品牌部的几十名员工里，常年负责体育类别的最多不超过三人，更多人负责对接的还是集团的主营业务。从恒大首次问鼎中超冠军开始，有关恒大足球的介绍文字，就开始出现在恒大各地分公司和楼盘宣传的广告中。恒大足球的成功，让恒大地产套上了一层"质量过硬、品质保障"的光环，销售取得爆发式增长也在意料之中。

在进入地产千亿俱乐部之后，恒大集团开始启动转型计划。2013年，恒大先后与哈佛大学和清华大学达成战略合作，并首次进军快消行业，成立恒大矿泉水集团。2013年亚冠决赛，恒大首次登上亚洲之巅后，借势推出的恒大冰泉，至今仍是营销界的传奇案例。而到了2014年，恒大更是一鼓作气揭牌了恒大粮油、恒大乳业集团，将品牌传播力辐射得更深更远。在这段时期，但凡与"恒大"二字挂钩，仿佛就代表了美好的前景和成功的希望。

2015年，恒大进入"夯实基础、多元发展"的第七个三年规划期，目标在夯实民生住宅的基础上，努力完善文化旅游、快消、健康和体育等构成的多元化产业布局。而要完成这一浩大工程，品牌的助推作用自然是重中之重。2015赛季，许家印之所以严令球队必须夺得亚冠冠军，也正是基于集团战略的需要。有了亚洲之王的荣耀，对恒大推进旗下各产业发展都大有裨益。恒大足球的品牌，永远与集团相辅相成。球员们用血汗拼来了球场上的恒大王朝，而品牌则助推了商业上的恒大王朝。

恒大品牌启示录

在恒大之前，中国的足球俱乐部极少成为母公司的招牌和亮点，更多时候反倒是负面和累赘。但在恒大开启成功先例之后，越来越多的投资人开始相信，足球及其相关产业也是能够带来正能量的选择。恒大的成功，不仅让自身获得了长足发展，更带动了其他俱乐部甚至整个中国足球的崛起，这都是必须承认的历史功绩。

回顾恒大足球的发展之路，可以明显看出其所迈出每一步的内在逻辑。早期重金引援换帅，赢得冠军和知名度；中期开始接轨国际，与世界顶级俱乐部展开全方位深度合作，探寻中国职业俱乐部发展之路；后期更是拉来阿里巴巴这样的知名巨头企业，联手打造国际知名的俱乐部品牌，并最终成功上市成为"亚洲足球第一股"。早在2012年，恒大俱乐部的商标价值就高达6500万美元，排名全球第35位。随着此后两夺亚冠冠军，这一数字和排名，显然还会大幅提升。

在恒大淘宝足球俱乐部新三板敲钟仪式上，时任俱乐部董事长柯鹏在发言中明确表示，恒大将开启中国足球企业化、市场化、资本化的先进运营模式，从更高层面为中国足球改革发展贡献力量。恒大所引领的这股潮流，显然已经开始影响到其他中国俱乐部，恒大品牌价值的飞升，也带动了兄弟俱乐部的价值激增。2015 年底，江苏舜天俱乐部宣布转让，接盘的苏宁花了超过 5 亿元的代价，这比当年恒大接手广州队足足翻了五倍有余；而老牌劲旅北京国安随后在谈判股权转让时，更是一度报价 20 亿元。

受恒大品牌恩惠的，还包括中国足协和中超联赛。恒大成功的品牌造势，让中国足球重新获得了举国关注，甚至是全亚洲的侧目，这也让中国国家队获得的赞助水涨船高，各大商家纷纷在世预赛前签约国足，金额都比过往大大提高。而有恒大参与的中超联赛，则被竞拍出了 5 年 80 亿元的天价转播费。遥想前恒大时代，中国俱乐部不得不付费请电视台转播的光景，恍如隔世的同时，或许也应该对恒大说一声谢谢。

恒大翻译团

翁书荡——身已远，心仍在

从上海回老家的火车上，小翁一直刷着微博，五个小时的车程，他一刻也没有停下。这一天，是 11 月 21 日，恒大亚冠决战之夜。从赛前到赛后，小翁不愿错过任何一个细节，他打心底为恒大再次登上亚洲之巅而骄傲，尽管他早已不再是球队的一员。

小翁，大名翁书荡，海南人。刚来球队时，他才 23 岁，甚至还没有大学毕业，很自然被大家叫成了"小翁"。他出自北外意大利语专业，是老师同学公认的优等生，他还是个勤奋朴实的年轻人，早早开始靠兼职翻译补贴家用。他并不高大，近视也比较严重，他很少上阵踢球，但常常是场边喊加油声最大的那个。

当恒大的面试机会摆在眼前，小翁有些纠结。他喜欢足球，但对恒大并不了解，甚至完全不知道作为一名足球翻译，究竟要做哪些事情。尽管恒大招聘意语翻译的消息早已传开，但最终让他下定决心南下广州闯一闯的，还是刘永灼的出现。"刘总亲自来北京面试了我，可以说对我有知遇之恩，我最终选择了这份工作，很大程度上是出于对刘总的信任与尊敬。"无论何时何地，小翁都在强调，自己常怀感恩。

那时的恒大，在国内已然声名鹊起，他们刚刚成为新科中超冠军，并喊出了剑指亚冠的口号。很多人知道了他们，但更多人依然充满疑问，谁也无法预料，这支已经一步登天的球队，还能走多远。

2012 赛季伊始，有关恒大请来意大利语翻译的消息，在小范围内传开。刘永灼并不否认和里皮有着长达 10 个月的联系，但那毕竟还是李章洙时代，更新换代的一切动作，都只能私下进行。在银狐到来之前，小翁的主要工作是翻译素材，将一切有助于里皮了解恒大集团、了解俱乐部、了解中超联赛的素材翻译成意大利语。这是一项繁重的任务，但难不倒向来以勤奋好学为习惯的小翁。

5 月 17 日，里皮如天神下凡般降临，央视面向全国直播的发布会，是小翁在恒大的出道之作。他和另一名混血翻译马杰修并排坐在台侧，负责将里皮的开场白传到千家万户。只不过，或许是紧张，或许是疲劳所致，两位翻译的表现在当天并不如人意，马杰修的中文水平让人挠头，而小翁偏快的语速也让一些记者不太适应。正巧当时足球圈正在炮轰时任国足主帅卡马乔的翻译拙劣，影响沟通，恒大的新翻译们也跟着躺枪。

仅仅三天后，里皮对于马杰修的不满就公开爆发，他直言翻译不畅导致球员无法理解自己的技战术，这是必须解决的问题。很快，银狐就通过私人关系，挖来了中文表达能力更强的文千石。至于小翁，则凭借自己扎实的基本功，很快适应了新的角色，逐渐赢得里皮的信任。从年纪来看，年近古稀的里皮是小翁的爷爷辈，但工作中两人却是合作关系，对于这样一位刚刚走出校门的年轻人，里皮给予了他足够的信任与尊重。

对于小翁的工作，我记忆最深的有两件事。第一次是 2012 年 7 月，上海金山体育场，在赛前发布会上，我连续向里皮发问关于孔卡申请转会的事，但银狐明显不愿谈论这个话题，愠怒写在脸上。当我不依不饶再三求证时，小翁紧张地朝我摆了摆手说："教练生气了，就别问这个了吧。"第二次是 2014 年 10 月，恒大本已布置好的夺冠庆典，被邵佳一绝杀破坏，赛后里皮异常愤怒，发布会火药味十足。在回答一位记者提问时，里皮用意语粗口发泄不满，但这都被小翁合理地省略了。尽管此事最终被媒体深挖并无限放大，但小翁审时度势的判断和把握，还是得到了大家的认可。

其实，能够成为里皮的翻译，是小翁打心底觉得骄傲自豪的事情。直到离开的那天，他都敢拍着胸脯说自己已经尽了全力，问心无愧。三年的时间里，小翁从未有过迟到早退，他以最严格的要求进行着自我约束，只为不愧对这份工作。而在我们眼中，小翁最大的特点是"口风紧"，哪怕和你再怎么友好，也不会透露一星半点队内情况。"我非常清楚自己的位置，也知道自己的本职工作是什么，绝对不会越矩。"这是小翁一贯坚持的信条。

▼ 翁书荡和里皮参加新闻发布会

在恒大的这几年，是小翁人生中重要的成长阶段。他见证了恒大王朝的巅峰岁月，首夺亚冠的那个夜晚，他也登上了花车与全队同欢。不过，在任何场合，小翁都不是爱出风头的人，他不会接受任何媒体的采访，尽可能避开一切镜头。三年时间里，无论是里皮还是卡纳瓦罗，与他的合作都非常顺畅愉快。而卡帅突遭解职的那一夜，小翁也深深地为之感伤。小翁说，两位意大利名帅，都是极具人格魅力的优秀人物，从他们身上学到了很多，对他们感激不尽。

三年时光，小翁除了业务熟练程度上日益精进之外，更大的收获是，在广州找到了自己的真命天女。在背井离乡打拼的岁月里，一位同在恒大集团工作的漂亮姑娘走进了他的生命，两人最终喜结连理，写下了一段佳话。2014 年 6 月，小翁和他的新娘，就在留下自己最多时光的恒大御景半岛酒店举行了盛大的婚礼，恒大俱乐部多人出席道贺，给了他们最美好最难忘的回忆。

如今的小翁，已经是上海上港俱乐部的一员。在卡纳瓦罗下课之后，恒大教练组和翻译们散落天涯，小翁追随着队医科蒂一起加盟了上港。毫无疑问，恒大在小翁的人生里占据着重要位置，但和任何职业球员一样，如今他更期望看到的是，上港能够取得更伟大的突破。在恒大夺冠之夜，小翁在自己的朋友圈里动情地写道："祝贺所有坚守在恒大的朋友们三年内第二次捧起亚冠！也坚信明年上港三线作战能够取得好成绩！"

文千石——最长情的留守者

天河之夜，恒大再登亚洲之巅，欢庆的人群里，依然有文千石的身影。很多人不熟悉他的大名，但只要一提到里皮身边的"小红帽"，恒大球迷都不会陌生。

我们口中的阿文，在恒大翻译团队中，是特别的一个。他是唯一土生土长的纯老外，也是即将奔四的"准大叔"，在一帮刚毕业的年轻小翻译面前，

▲ 球场上的"小红帽"

他是绝对的大哥。而他来到恒大的方式也不一样，其他人都是俱乐部负责招聘，他则是里皮私人关系钦点而来。

学生时代的阿文，就对中国文化产生了浓厚兴趣，他在罗马学习了几年中文，很快就不远万里来到这个全新的国度闯荡。从2004年开始，阿文已经在中国生活十几个年头了，他所做的工作也五花八门，当过餐厅销售经理，也与朋友合伙做过生意，跟体育相关的同样不少，2008年北京奥运会他是意大利代表团翻译成员，之后还参与过意大利超级杯的工作。不过，直到遇见里皮之前，并没有人知道他是谁。

阿文与里皮的结缘，也仿佛冥冥天定。恒大为银狐请来的翻译马杰修外型抢眼，但中文功底一般，无法将银狐的训练指令准确传达。接手恒大后仅三天，里皮已经忍无可忍，无奈之下，里皮通过共同的朋友找到了阿文，邀请他来广州共创大业。

凭借2006年的世界杯冠军，里皮在意大利是全民偶像，能够和这样的伟大人物共事，没有一个意大利人会拒绝。接到里皮的电话，让阿文受宠若惊，他毫不犹豫地选择南下广州，成为里皮的左膀右臂。对于任何一名外教而言，翻译的重要作用毋庸赘述，里皮能够找到阿文这样的中国通，也是一种幸运。

阿文的性格中，有着老外奔放的一面，爱开玩笑也爱恶作剧，但他同时兼具了中国人的处事原则，待人待事都非常圆滑老练。只要你跟他打过交道，他就不会忘记你的名字，下次见面时，必然是主动上前握手寒暄。2013年我第一次专访里皮，就是阿文在身边做的翻译，采访结束后，还没等我跟他说声谢谢，他却主动过来说："刚才采访还满意吗？"让人大为感动。

在恒大当翻译，工作量之大常人难以想象。作为里皮身边的第一翻译，阿文几乎时刻都要处在待命状态。恒大为里皮提供了御景半岛的别墅居住，

恒大王朝

阿文就住在几百米外的酒店里，确保能够随叫随到。日常训练中，阿文负责将里皮的每一个指令传达给球员，而在比赛里，他更是场场紧跟在里皮身后，声嘶力竭地辅助他完成现场指挥。由于习惯性地在工作中戴着一顶红色帽子，阿文也被广州球迷亲切地称为"小红帽"。

背井离乡的日子，阿文早已习惯，但对于里皮来说却是头一回。银狐是一代名师不假，但他毕竟也是个普通人，也会思念自己的家乡、自己的亲人。相比于里皮的教练团队，阿文在生活中与里皮走得更近，他会带着里皮去尝试一家又一家的意大利餐厅，也会陪着银狐每天如一地去健身房锻炼。他几乎没有了自己的私生活，但他始终认为这些都是值得的。

▼ 文千石与恒大外援关系亲密

阿文说，自己和里皮的关系，有时会像是父子。他和里皮的儿子年纪相仿，也总是会以仰望的角度来看这位名帅。他说，里皮虽然人前总是不怒自威，但私下也会非常幽默，他会在饭桌上大开玩笑，也会偶尔和他讲讲自己当年执教的趣事。银狐在世界足坛叱咤风云三十年，点点滴滴都是宝贵的经验和财富。

在语言方面，阿文是不可多得的天才。里皮和卡纳瓦罗执教期间，每逢亚冠赛事，阿文都会扮演发布会上的英文翻译角色，无论是意大利语、中文还是英文，在他那里都能得到完美切换。这样的考验堪称魔鬼轰炸，百密一疏的阿文也闹过一次笑话，在一次亚冠发布会上，阿文在三种语言的快节奏切换中头晕目眩，说错之后自己也羞涩地笑了起来。

2015年2月，里皮请辞告别恒大，阿文并未选择离开；6月卡纳瓦罗下课，意大利团队各奔天涯，几乎所有的教练和翻译都离队了，阿文依然留了下来。除了中英意三语之外，阿文的葡语也很出色，斯科拉里带来的大批巴西帮正缺翻译，对球队极为熟悉的阿文，也很快进入了新的角色。他曾与里皮同时完成与恒大的续约，虽然银狐成为历史，但他的合同还在，他还想继续。

当然，也有人说，阿文之所以选择留下，除了对恒大感情深厚之外，不菲的收入也是重要原因。根据恒大俱乐部规定，队医和翻译都属于"球队编制"，可以加入奖金分配名单之中。因此，尽管恒大翻译团的普遍基本工资并不算高，但奖金收入却十分丰厚。几年来，恒大单赛季总奖金都过亿元甚至突破2亿元，球队的核心翻译成员，工资加奖金保守估计也有几十万元，这也是其他中超俱乐部同岗位人员可望不可及的数字。

如今的阿文，比前几年轻松了不少，他只要负责常规的训练翻译，不再需要每天围着主帅转，也不再需要嘶吼着帮助教练指挥比赛。他逐渐有了自己的时间，也开始有了自己的生活，他找了一位在广州工作的女友，过起了甜蜜的小日子。而对于恒大球迷来说，阿文的存在，也像吉祥物一样，自他那标志性的小红帽出现，四年来恒大已两夺亚冠，四捧中超。有人说，阿文的留守，是最长情的告白，既然缘分仍在，那就让一切继续吧。

宫耸——从正太到男神

五年时光随风而逝，转眼宫耸也是恒大的四朝元老了。从李章洙到斯科拉里，从白云山到佛山，恒大的队员和工作人员换了一茬又一茬，但宫耸一直都在。他还很年轻，却已完整亲历了恒大王朝的崛起之路，他是幸运的。

▼ 宫耸与孔卡、保隆、克莱奥合影

故事的开始，是 2010 年的夏天，携六冠王名头访华的巴塞罗那，引发了京城热潮，而在球队安排的系列商业活动中，选中了宫耸作为翻译。那时的宫耸，还只是中国传媒大学南广学院的大四学生，专业是国际传播系新闻学分支的葡萄牙语新闻。在南广求学的时光里，足球场是他和兄弟们留下最多回忆的地方，他们经常奔跑到夜幕降临，用汗水见证青春。

从哈尔滨到南京再到广州，3000 千米的距离，记录了宫耸的神奇际遇。大学期间他曾前往巴西交换学习，与当地人交流的最好方式，自然就是踢球。回国后为巴萨中国行的翻译工作，则真正为他打开了事业大门。恒大的邀约很快到来，但那毕竟只是一支中甲球队，开出的薪资条件也并不算诱人。前往广州，意味着与家乡南北相隔，年轻的宫耸站在了人生的第一个十字路口，最终他决定南下羊城。

潮湿闷热，是广州给宫耸的第一印象。远离市中心的白云山基地，是宫耸开始追梦的地方，他和球员一样住进了集体宿舍——双人标间的配置。他的室友主要有两位，一位是此后因上《非诚勿扰》而红的刘智宇，另一位则是两年后为恒大亚冠打前站时遭意外离世的李雪松。最初的岁月，由于人生地不熟，且工作任务繁重，宫耸也有过纠结与迷惘。有时坐着公交车看着这座城市的繁华，思乡之情涌上，眼角也会有泪划过。

在恒大队中，宫耸第一个服务的对象就是穆里奇，这个只比他大了两岁的巴西小个子。初来乍到的穆里奇，很快风卷残云般征服中甲，除了自身实力高出一截之外，宫耸在训练和生活中的帮助也起到了很大作用。宫耸曾用三个角色形容过自己的工作，分别是翻译、秘书和保姆，他的任务范畴远不止于训练场，外援的一切生活事宜也需要他来打理。只负责穆里奇一人时尚可应对，但几个月后，随着克莱奥、保隆和雷纳托先后到来，宫耸开始发现一天 24 小时根本不够用。

恒大王朝

克莱奥抵达广州，是宫耸负责接机；穆里奇手机欠费，是宫耸负责充值；保隆家中欠费停水停电，也要宫耸出面搞定……由于语言障碍，几名巴西外援在宫耸眼中，都成了无法自理的小孩子，而他则要扮演保姆的角色，为孩子们提供最好最及时的帮助。训练比赛之余，宫耸还要带着外援们找好吃的餐厅，教他们打乒乓球，陪他们玩 FIFA 游戏。连轴转的日子越来越多，经常不经意间，就在忙忙碌碌中度过了一天。

雷纳托的离去，孔卡的到来，让宫耸的忙碌又上了一个台阶。他成为了中超第一球星的翻译，这是荣耀，也是责任。无数个采访申请，从全国各地而来，让宫耸有些应接不暇。2011 年底，在帮助我完成孔卡专访的那个夜晚，他又紧接着帮广州媒体完成了对穆里奇的长篇采访，完事已近深夜。而在采访过程中，他还不断接到克莱奥和保隆的电话，他们的任何一件小事，都无法离开这位翻译。

宫耸的葡语名字叫 Nuninho，外援们则会叫他的昵称 Nuno。恒大这些年，南美外援换了不少，但几乎每一个人，都成为了宫耸的朋友甚至是兄弟。"凡事为球员着想"，是宫耸的工作信条，他的高情商也让球员对他信任有加。在孔卡冷战媒体的时期，宫耸会刻意与他保持距离，让他不受媒体采访的干扰；而穆里奇与埃神交相辉映时，宫耸会尽量多帮助他们公开发声，提高影响力。他不可能满足每一家媒体的需求，但他总能把事情做到圆滑妥帖。

2012 年 9 月，穆里奇在伊蒂哈德遭遇重伤，直到新赛季开始才找回状态。宫耸在微博上公开发声，希望球迷不止看到穆里奇的高光时刻，也要看到他为了克服伤病所做出的一切努力。2014 年 9 月，恒大又一次亚冠 1/4 决赛出局，埃尔克森罚丢点球被视为罪人，又是宫耸站了出来，恳请球迷能多安慰"小熊"，因为他才是这个夜晚最伤心最自责的人。真心付出，自然会有回报，离开中国一年多的穆里奇，至今与宫耸保持着友好联系；而埃尔克森的家中，

▲ 宫耸成为中超第一球星的翻译

更是为他长留了一个专属房间。

2014 赛季，恒大客战申花，当晚赛后，穆里奇正式宣布离开恒大。我很快拨通了宫耸的电话，希望他能以朋友的角度，谈谈自己眼中的穆里奇。宫耸没有拒绝，他说出了许多心里话，而我也以自述的形式将其整理成稿。这篇文章在网络上被疯狂转发，宫耸与穆里奇的兄弟情谊，给许多人留下了深刻印象。在恒大，宫耸是陪伴穆里奇时间最长的人，在穆里奇 2012 年续约时，宫耸曾说"希望能陪 11 号直到退役"。当离别不可避免，唯有互道珍重。

随着恒大在引援上拨乱反正，意大利时代走到尽头，高拉特与阿兰先后到来，成为了宫耸全新的伙伴。这是宫耸在恒大的第五个年头，已经是最老资历的工作人员，在佛山里水基地，宫耸指着护栏上挂着的冠军条幅，挨个向高拉特和阿兰做着详细介绍。他希望让新来的外援尽快知道，恒大是一支拥有多么辉煌战绩的队伍，他们来到这里，绝不是掉价，而是荣耀。

比外援更替更震惊的消息，发生在 2015 年 6 月。卡纳瓦罗突遭解职，斯科拉里携巴西团队火线接手。五年来，宫耸的工作任务，第一次变成了对接球队主帅。他开始要频繁地出席赛前赛后发布会，也要在教练席上坐到距离主帅最近的位置，不断起身走向场边，将斯科拉里的临场指挥翻译给队员。在万人喧嚣的足球场，这其实是极大的考验，宫耸每一次翻译都像是面对一场战役，他必须先含上一块草珊瑚含片才能开始工作。尽管俱乐部火线招来了几名年轻翻译对接教练组成员，但不够成熟的新人们，还需要宫耸手把手地传授经验才能胜任。

作为翻译，宫耸对斯科拉里情绪和语气的还原，做得极为到位。2015赛季收官阶段，斯科拉里多次在发布会上说出"金句"，而这些宫耸都翻译得非常准确。一句"球队的成绩是靠中国人打出来的，中国球员绝不比任何

▲ 宫耸陪埃尔克森领奖

▲ 宫耸和斯拉里参加新闻发布会

人差"，让听者无不振奋。不过，也有尴尬的时候，恒大主场闷平河南建业的赛后发布会上，一位记者质疑斯科拉里放弃进攻的战术，引发大菲尔愤怒反击，宫耸直接还原语气翻译道："你踢过足球吗？"让现场一片寂静。发布会后，自感不妥的宫耸也找到了这名记者，表示自己是无心之举，希望不要介意。

五年前，初来乍到的宫耸，是个尚未大学毕业的"小正太"，他外型出众，大学时就拍过颇有文青气质的微电影。五年后，他已成为了许多恒大女球迷心中的男神，很多时候和球员一样受到追捧。从白云山基地到御景半岛，他也曾住过几年球队宿舍，但如今已是有房有车的多金型男。恒大这五年的崛起之路，也是他个人的励志传奇。

中超五连冠之夜，宫耸在微博上写下了长篇独白，这五年发生的点点滴滴，注定将成为他最美好的青春纪念。"记得每一次击掌，每一个拥抱，每一个'一二三，加油'，每一个恒大是最棒的，每一次教练的教诲与耕耘，每一个队员的汗水与拼搏，每一个工作人员的辛勤与奉献，每一个球迷恒大人的呼唤与呐喊！记得每一次感动，记得每一滴泪水，我想让我们都记住这五颗星的故事，记住属于我们的荣誉！"

程远思——孔卡身边的女人

2015 年初，程远思接到了一个熟悉的电话，另一边是她曾经的老板孔卡。孔卡告诉她："我可能要回中国踢球了，你还愿意来帮我吗？"

三天后，上海上港官方宣布签约孔卡。曾专属于广州城的"天体之王"，在阔别一年之后，重新踏上这块熟悉的土地。他第一个想到的人，就是陪伴自己家庭度过两年多时光的翻译程远思，再续前缘的故事，就这样神奇地上演了。

　　程远思与孔卡一家的缘分，始于2011年的那个夏天。刚从中国传媒大学毕业的她，在经过为山东鲁能外援奥比纳妻子的短暂翻译工作后，得到了恒大的召唤。当时的恒大，已基本敲定引进孔卡，程远思的定位，就是为孔卡的家庭提供翻译服务。

　　尽管籍贯济南，但生活了四年的北京城，已经融入了程远思的血液之中。刚来广州时，她经常会有些恍惚，总以为自己还在北京，还在定福庄东街的中传校园。孔卡到来之前，程远思的工作要求坐班，在恒大集团曾经的办公地天伦大厦，也曾留下过她加班到深夜的回忆。

▼ 程远思和孔卡的儿子本杰明

对于足球，普通女生大多一知半解，程远思也是来到广州之后，才会频繁去现场观看比赛。她也曾像小粉丝一样，找到因禁赛坐上看台的郑智签名。作为葡语专业学生，巴西媒体是她学习和工作中离不开的，有一天她在《环球体育》中看到了对恒大的报道，并且主人公是"即将前往广州的孔卡"，让她顿时自豪感爆棚。

2011 年 7 月 13 日，注定会成为中国职业足球的里程碑之一，"千万美元"先生孔卡正式亮相，引发全国追捧热潮。当孔卡坐在台上大谈加盟恒大始末时，坐在记者席前排的程远思和葆拉，也没有逃过媒体的追逐。从这一天起，程远思的生活，彻底被改变了。

在孔卡称霸中超的时代，任何能和他挨边的人都能红，更何况是一位拥有靓丽外型的美少女。几次公开露面并被媒体拍照之后，程远思的微博开始成为许多恒大球迷搜索的热点，私信中的搭讪源源不断，甚至有球迷因为评论得到了她的回复，都兴奋不已。

短短几个月时间，程远思与孔卡夫妇就成为了好友，而她也辞去了恒大俱乐部的工作，被孔卡聘为了私人翻译。生活中，孔卡和葆拉都离不开程远思的帮助，一切需要开口说话的时候，都要程远思出面解决。某种程度上，她已经成为了孔卡家庭的一份子，每逢生日都会得到孔卡与葆拉准备的蛋糕。2012 年初，程远思搬到了 CBD 的高档公寓，可见孔卡为她开出的待遇还算丰厚。

和谐美好的日子，并未持续太久，2012 年 5 月的一场"微博门"事件，将程远思推上了风口浪尖。孔卡微博深夜发出的炮轰，矛头直指李章洙及其教练组，程远思负责翻译的中文版，言辞犀利语气冲动，大有孔卡与教练组决裂之势。一时间，有关原文翻译是否贴切的话题被媒体热炒，甚至新华社专家都撰文直指翻译不妥。无辜的程远思，就这样被置于了争议旋涡，有关她想靠此炒作出名的质疑纷至沓来。

外界的巨大争议，让年轻的程远思有些不堪重负，她毕竟只是个23岁的女孩，大学毕业还不到一年。无助的时候，她找到了自己的大学老师，希望证明自己的翻译无误，却没有得到足够的声援。更恐怖的是，网络暴力的袭来，打击的早已不只是她的翻译内容，而是充满了人身攻击。有人讽刺她的外型，有人说她毁了孔卡，甚至有人说她想当小三上位……

关键时刻，还是孔卡站在了她的身边。孔卡再次公开表态，自己的原意就是不满教练组，翻译所做的准确无误。只是，这样的声援，已经无助于平息事态，孔卡很快收到了天价罚单，程远思也一夜间由红变黑。

一周后，面临亚冠生死战的恒大，还是决定带上孔卡前往武里南。在这样的时刻，葆拉决定陪在丈夫身边，她带上刚出生两个月的本杰明，和程远思一起踏上了前往泰国的航班。从广州到曼谷，再转乘狭小的廉价公司的飞机，一路上颠簸得厉害，但她们最终还是出现在了

▲ 程远思和孔卡一家

▼ 外型靓丽的程远思

武里南现场。当孔卡为恒大罚进制胜点球时，程远思抱着本杰明笑了，葆拉却哭了。

随着里皮时代拉开帷幕，孔卡事件也成为了历史。对外界的妖魔化报道，孔卡心存不满，他开始尽可能屏蔽采访。但在生活中，他还是努力做回自己本来的样子。在程远思看来，孔卡其实还是个爱开玩笑的大男孩，他会嘲笑程远思的发型，也会在万圣节戴上面具吓唬她，他们的日子没有变化，只是对外多了些许谨慎。

2012年底，孔卡的"不告而别"，又一次引起波澜。他将大部分家具运回了巴西，甚至退租了公寓。不过，外界却突然出现了一种说法，直指孔卡留下了一张写有"我不会再回来"的小纸条。对于这件事，负责孔卡退房事宜的程远思，是唯一有发言权的，她直言道："留张字条离家出走，是偶像剧里才会有的桥段吧，这个故事太俗。"算是为公众解开了谜团。

孔卡、葆拉和程远思之间，其实是在互相保护的。孔卡曾站出来为程远思解围，后者也多次为孔卡澄清负面新闻。2013年4月中旬，恒大联赛客场挑战大连阿尔滨，但在随队出征的球员中，却没有孔卡的身影。随后有粤媒爆料，孔卡缺席比赛是因携家眷前往亚龙湾度假，再次引发一片质疑。对此，程远思在微博中公开炮轰这名记者"无良"，并指出是因为本杰明生病入院，孔卡才向里皮请假，带爱子前往香港治疗。

唯一庆幸的是，这一次的风波，是孔卡恒大时代的最后一次。此后的半年时光里，孔卡打出了职业生涯的巅峰水准，将恒大送上了亚冠之巅。最后的离别时刻，孔卡开始为媒体打开家门，程远思为他安排了这一切。朝夕相处两年多，感情自然深厚，但回巴西一直是孔卡夫妇的心愿。对于程远思，孔卡夫妇是满意的，但事事都要通过翻译解决，也就丝毫没有隐私可言，这也是他们所无法接受的。

2013 年 12 月，孔卡从广州踏上了飞往摩洛哥的航班，临别前他对程远思动情地说，以后只能在相片中看到你了。而程远思给孔卡的告别礼物，是他这两年多来在恒大的全部进球集锦，和一系列重要的数据整理。这些都是程远思自发在网络上求助得来的，她心甘情愿为孔卡做这一切。几年来，她对孔卡的官方称呼都是老板或者老大，但他们终归还是朋友。

送别孔卡，程远思说，两年多的贴身翻译经验已经足够，自己不会再选择类似的工作。而应孔卡的邀请，程远思和孔卡在广州的司机一起，前往里约游玩了一番。半年后的巴西世界杯期间，程远思和孔卡又一次完成了聚首，她去葆拉开的顶级美发沙龙里，剪去了十年不曾改变的长发。再往后，就回到了开头的故事，孔卡选择重回中国，他第一个想到联系的人，就是程远思。而他们也将在上海，写下新的故事。

恒大太太团

2006 年德国世界杯最靓丽的风景是什么？或许在很多人的记忆中，并不是最终登顶柏林的"意大利男模队"，而是来自英格兰的著名"太太团"。在近代足球史上，球员家属随队出征大赛并不罕见，但直到英格兰国家队出现成规模的家属团队，才真正意味着"太太团"的诞生。在英文中，太太团的全称其实是"WAG"（太太们和女友们），即"Wifes and Girlfriends"，中文翻译则将其简化为了太太团。

每逢世界大赛，各国太太团赚尽眼球，但这样的故事，似乎一直离中国足球太远。在中国足坛，由于常年成绩糟糕，球员们的公众形象一直不好，绝大多数人都会选择将自己的另一半隐藏在公众视线之外，避免受到媒体与球迷的抨击。这一现象，直到 2013 年广州恒大杀进亚冠决赛，才开始有了质的改变。成绩出众的恒大备受追捧，连带着太太团也成为了"幕后功臣"，即便她们再怎样高调亮相，也会被视为情理之中。

作为恒大队长郑智的妻子，邵娜是恒大太太团里绝对的核心和领袖，言行举止都颇有大姐风范。曾经的恒大队副孙祥，如今已经转会回到了家乡上海，但他的"萝莉妻子"陈燕翡，也给许多球迷留下过深刻印象。而且，在当年郜林王晨初识时，陈燕翡也成为了王晨在广州最好的闺蜜和玩伴。除了她们三人之外，恒大最早一批的太太团班底中，还包括了冯潇霆的妻子赵盈

▲ 2013年11月，恒大太太团出征首尔助威亚冠决赛

▲ 郜林妻子王晨、郑智妻子邵娜、刘健妻子梁然在球场看台

▲ 孔卡与葆拉——广州明星夫妻

和张琳芃的妻子王乔治。

　　这五名球员，都是在中超元年甚至更早加盟恒大，而稳定的家庭生活，也是他们五年多来一直保持良好竞技水准的重要保障。随后几年里，恒大继续在转会市场上大撒金钱，带来顶级球员的同时，也让太太团的规模进一步扩大。时至今日，曾诚的太太田甜、刘健的太太梁然，都已经通过综艺节目为大家所熟知。此外，恒大的外援帮也为太太团增色不少，金英权的娇妻朴岁振气质惊人，高拉特的爱妻黛安身材火辣，她们都曾经在天河的看台上留下过倩影。

中超五连冠，亚冠两称王，恒大的球员已经超越了运动员本身，成为了中国体育的明星。而明星待遇所带来的连锁反应，便是私生活会被迅速曝光。2015年加盟恒大的邹正，不久后就被扒出了堪比高圆圆的绝美女友，两人随后的分手也让球迷遗憾不已；即将加盟恒大的小将李源一，虽然目前只有22岁，也很快被媒体曝光了美艳女友的照片，在没有比赛的淡季，这些新闻无疑是最吸引眼球的焦点。

恒大太太团之所以如此受欢迎，最重要的原因是她们不仅"从不误事"，反而经常扮演吉祥物的角色。2013年亚冠决赛，恒大太太团第一次集体亮相公众视野，她们组队前往首尔为恒大加油，最终恒大带回了2-2的优势平局；两年之后，太太团又赴迪拜再次助阵亚冠决赛，恒大同样扛过了艰苦的客场。两次出征见证两次捧杯，恒大太太团美名传天下。两次亚冠夺冠之后，太太团成员们也享受到了和球员一样的英雄待遇，登上花车在天河体育场巡游致意，获得了球迷们的掌声与赞美。

在恒大一众美艳太太中，王晨无疑是名气最大的一个，她与郜林相识相爱直到结婚生子的故事，也成为了广州球迷最热衷的谈资。限于篇幅，在恒大太太团中，我们着重来介绍这一对堪称城市代表的模范夫妇，他们的故事，或许会让所有人更相信爱情。

广州恋人

2012年深秋的一天，我刚结束在上海采访国足的行程，就马不停蹄地飞赴深圳。这里并没有任何大赛，甚至已不是中超城市，此行的目标，只为见一个人。她叫王晨，是刚刚从深圳大学毕业不久的"前校花"，也曾在不少综艺节目上频频亮相，但当时更为人所熟知的身份，是当红国脚郜林的正牌女友。

这是一次略显仓促的约见，却充满了诚意。我们微博互相关注已久，但只是在见面前两天，才刚加上了微信。我试探着打字问她，能不能做一次关于她和郜林的采访，那头传来了一段清脆悦耳的语音，她欣然接受了。约好时间后，我迅速将返程广州的机票改到了深圳，我开玩笑跟她说，这还是我这辈子第一次飞去找一个不是自己女朋友的姑娘。

从上海虹桥到深圳宝安，航程稍稍晚点，眼看已赶不上我们约定的午饭时间。我带着歉意跟王晨说，不好意思，让你久等了，她回复说没关系，依然是开心爽朗的声音。等我抵达华强北茂业百货时，已经过了下午两点，找好餐厅给她发个定位，不到五分钟，一个青春靓丽的身影就活蹦乱跳地出现在我面前。黄黑间条的针织衫配上黑色短裙，再加上挂满饰品的双肩包，还留存着不少校园气息。忽闪的大眼睛占据了脸上的大部分空间，在整齐的刘海下光芒四射。

　　"师父你好！"王晨笑着坐在我的对面。由于毕业后也进入了媒体行业，她对于绝大多数记者都以"师父"尊称。或许是年龄相仿，虽是初次见面，我们并没有太多尴尬与不适，而是很快热络地聊了起来。如果要用几个词汇来描述王晨，我会选择聪明伶俐、真诚直爽和高情商。三年多过去了，我依然能回忆起她镇定自若的回答和适可而止的分寸感。我们并不像做了一次正式的采访，而是像老友叙旧那样聊了聊近况。

　　关于自己，关于郜林，关于外界的种种风波，当年才 22 岁的王晨，已能处理得妥妥帖帖。我对她有着发自内心的欣赏，也预感她和郜林能够走到

▼ 郜林与王晨——中国版的卡西利亚斯&萨拉

最后。果然，就在我们见面后一个月，她接受了郜林精心策划的浪漫求婚。又过了一年，他们有情人终成眷属，携手走进婚姻殿堂，在三亚举办了轰动的超级婚礼。如今，25 岁的王晨，女儿郜梓萱都已经半岁了。最近一次见她，是在亚冠决赛首回合前的太太团出征仪式上，我笑着问："你居然舍得离开孩子？"她无奈地说："当然舍不得，但她还太小了，没法带出远门。"我突然感觉，当年清澈明丽的小姑娘，真的已经长大了，而她和郜林的故事，也到了可以写下的时候。

缘分天定，多远都要在一起

2010 年 3 月 14 日，24 岁的河南小伙郜林，只身一人南下广州。在与前申花老板朱骏彻底反目之后，他终于逃离梦魇般的上海，开始全新的人生之路。他的第一选择原本是陕西浐灞，却在刘永灼的反复游说之下改变了主意，投奔了彼时还在中甲的广州恒大。作为当红国脚，郜林的选择让人意外，却也冥冥中自有天意。如果他没有来到广州，那之后一切的故事，或许都要改写。

那一年的王晨，还是深圳大学的大二在校生。她祖籍山东，从日照第一中学考到了深圳，就读于 08 级表演系 2 班。她的父母常年在深圳经商，家庭环境优越，她也像许多年轻漂亮的女孩一样，拥有一个明星梦。2009 年，19 岁的王晨报名参加了香港亚洲电视台举行的亚姐选美，以出色的外形和突出的实力跻身十强行列，并收获了最佳才艺奖。她的名字第一次为外界所熟知，并且加上了一个光鲜的头衔——深大校花。

从河南郑州到山东日照，相距 600 千米；即便是广州深圳，也是相隔 150 千米的异地。但神奇的上帝之手，却让两条平行线完成了相交。初来乍到广州，年轻的郜林还没车没房，他与队友们挤在白云山基地的宿舍里，最多的娱乐活动，是与"广东土著"吴坪枫和李健华玩一种叫作"牛牛"的扑克游戏。或许是生活过于单调乏味，那段时间的郜林，几乎成为了微博界的话痨，直到有一天，他突然在电视上看到了王晨。

▲ Alexpan摄

恒大王朝

让王晨出现在郜林视野的节目，叫作《幸福晚点名》，是江苏卫视2010年初推出的晚间综艺节目，由彭宇和李艾搭档主持。这档节目效仿台湾综艺，邀请十几位各具特色的年轻人担任常驻的"观察团"角色，在亚姐比赛中赢得名气和校花头衔的王晨，以"宅男女神"的定位成为了其中之一。尽管每期露脸的时间最多几分钟，但她出色的外形和不俗的口才，足以让郜林一见倾心。

"他是通过微博找到我的。"回忆起两人的初识，王晨自己都感觉有些不可思议。当时的王晨微博名叫"幸福晚点名王晨"，郜林轻而易举地搜索到了，并很快加了关注。"我之前对足球并不熟悉，也不知道他是谁，而且我根本不相信网恋这种东西。"王晨笑着说，"他私信找了我，说他从没来过深圳，想来玩玩，问我能不能当他向导。我没想到没多久他就真的过来了，我都有点被吓到。"

显然，踢了多年中超的郜林，早已随队去深圳打过太多次比赛，所谓"没去过深圳"，只是借机接近王晨的借口。2010赛季中甲后期，随着广州恒大冲超基本成定局，郜林开始有更多时间向王晨发起猛烈攻势。每逢球队休息，郜林就驱车往返广深之间，迅速打入了王晨的同学和朋友圈子。"他每次过来就请我朋友吃饭呀，然后大家一起玩杀人游戏、三国杀什么的。"王晨说，可能因为大家年龄相差不大，也没有什么代沟，很快就熟悉了。

对于追求王晨的故事，郜林的版本差别不大，却更能展现出他的用心。"当时在看《幸福晚点名》的时候，每个嘉宾面前都会有牌子介绍来自哪里。当我看到王晨面前写着'深圳'时，我知道机会来了。"回忆起初识的岁月，郜林的记忆同样深刻，"那时候微博刚兴起，加V的并不多，我想着自己作为大V，应该会有点特权吧，可是几次给她评论都没回复，那是相当失落。好在我没有放弃，坚持不懈终于等到她。"

2010 赛季，是郜林在恒大最风光的一年。他在中甲出战 23 场打进 20 球拿到金靴，尤以收官战上演帽子戏法，助恒大力压成都夺冠最为抢眼。而那场越秀山之战，也是王晨第一次来到现场看郜林比赛，在随后的夺冠庆典上，王晨第一次以郜林女友身份出现在公众场合，摄影记者拍到的图片也很快传开。"郜林女友曝光，神似蔡依林"的新闻铺天盖地袭来，让年轻的王晨有些措手不及。

风波来袭，相互支撑渡难关

认识郜林之前，王晨的生活是天真无邪与世无争的。在多年好友眼中，她永远是爱咧着嘴大笑的姑娘，甚至有时显得没心没肺。她还是个宅女，热爱一切手机游戏和网络游戏，与年幼的弟弟玩闹嬉戏，是每天最大的乐趣。她虽被誉为深大校花，但更多是网络虚名，在学校里并不常被人认出。她虽然家境优越，却也会买打折爆款，更经常自嘲为"深圳小市民"。

但"郜林女友"的身份，却一夜间将她推到了风口浪尖。太多人想知道，这位超级中锋、个性球员的女友，究竟是何方神圣。一时间，有关王晨背景的新闻被各种深扒，她与郜林像娱乐明星一样被曝光在了世人眼中。当各种虚假的、并不友好的负面新闻袭来，一名年仅 21 岁还在上大学的小姑娘，的确有些无法承受。

但关键时刻，王晨与郜林并未就此退却，而是选择携手共渡难关。作为男人，郜林坚定地站在了王晨身后，在 2011 年 6 月第一次主动微博公开恋情，他在微博上写道："忠诚是我的信条，真心付出是我对这段感情的写照。"他承诺着，"爱的世界里洋溢着欢乐，让忧愁不在，泪水不再流，这就是我要给你的爱。"

"既然选择了他，我就会一直相信他，跟他一起走下去。"多年后再看那段风波，王晨已能坦然面对，"那段时间不开心的记忆，我都已经忘记了。"

恒大王朝

重新找回自己的王晨，逐渐淡忘了不快，她继续做自己的微博"段子手"，
继续享受着朋友亲人给予的温暖和祝福，也继续着与郜林的爱情。"我是学
表演的，但最后没有走演员这条路，或许我并不适应那样的环境，就平平淡
淡简简单单也挺好的。"王晨自己的人生信条，某种程度上也是她的爱情格言。

2011 上半年的那场风暴，对于年轻的郜林和王晨来说，都是一次成长
和洗礼。在赛场上，由于克莱奥和穆里奇的存在，郜林从中甲时代的主攻手
变成了辅助进攻的角色球员，上半赛季只打进 1 球，最多有过连续 9 轮进球
荒，甚至还因球场上冲撞裁判的不冷静举动，被恒大重罚 10 万元。幸运的是，

▼ 郜林带球

在生活中的阴霾逐渐散去后，郜林又重新找回了昔日的火爆状态，在 8 月到 10 月的赛季冲刺阶段，郜林疯狂打进 8 球，并在客场 4 - 1 击败陕西队的比赛中梅开二度，助恒大提前四轮问鼎中超冠军。

所有无法将你击倒的东西，最终都会让你变得更加强大。携手渡过风波后，郜林与王晨终于可以光明正大地享受着只属于两人的幸福与甜蜜。两人的微博互动逐渐频繁，而王晨也开始融入恒大的太太团里，与孙祥的妻子成为挚友。诋毁与污蔑渐渐消失，他们终于得到了绝大多数人的祝福与赞美。郜林与王晨这两个名字，也成为了整个羊城广州，最著名的一对儿。

佳偶天成，只羡鸳鸯不羡仙

真正的爱情，有时会让你做回自己，有时会让你变成更好的自己。郎才女貌佳偶天成，很自然会让人心生羡慕，但若只是纯粹拜金，得到的尊重与认可并不会多。而郜林与王晨，则很好地完成了公共形象上的默契协作——郜林负责高调展示"爱妻"，而王晨则以最接地气的方式化解仇富心态。广州球迷对他们的好感与日俱增，就像看着自家孩子终成眷属。

在放弃演艺道路之后，王晨选择了出镜记者的工作，她坚信工作中的女人更有魅力。2012 赛季初，正值毕业季的王晨开始了实习记者的工作，并在 7 月正式签入深圳电视台体育健康频道。王晨笑言，自己的工作五花八门，除了热门赛事之外，还要兼顾许多冷门项目甚至社区老年活动。当然，身为记者最大的便利，便是可以有正当理由前往现场采访恒大的比赛了，而她最大的优势，则是任意采访恒大球员。"我记得有一次月度任务没完成，赶紧找到智哥（郑智）做了个采访，才算合格。"

因为工作，王晨开始频繁出现在恒大主场，而超高的知名度和辨识度，也让她迅速成为看台上的"吉祥物"。每逢恒大赛事，总有众多球迷找到王晨合影，而他们发微博 @ 王晨之后，也总能得到后者的热情转发。不少球

▲ Alexpan摄

迷都感慨，王晨是他们见过最有亲和力、最没有架子的球星太太。而王晨自己则笑道："我也不是每一个都转发啦，得把我拍得好看的我才会转呀，哈哈。"这就是王晨的性格，开玩笑的特质已经深入骨髓，无法自拔。

王晨的微博，逐渐变成了恒大大事记，而郜林的行为，则更加高调。一辆价值80万元的粉色保时捷，是他送给王晨的礼物，这也成为了当时众多媒体的头条，可王晨直到一年后拿到驾照，才获得了车子的驾驶权。几个月后，郜林的求婚仪式则更加疯狂，在深圳地标性建筑京基100楼下，上百名好友见证了郜林在"2013.1.4"这天对王晨的跪地求婚，唯一的遗憾是大屏幕上原本要播出"王晨请嫁给我"的字样，因设备故障没能播放。这样的求婚对王晨来说是梦幻的，她多年前曾微博转发过别人在京基100求婚的图片并表达了羡慕，而有心的郜林则为她圆了一次公主梦。

求婚次日，便是恒大新赛季集中的日子。我问郜林，婚都求成功了，什么时候办婚礼呢？郜林笑着说还没决定，但肯定是赛季结束后，因为他们希望打出一个真正完美的赛季。后面的故事，大家都已耳熟能详了，郜林和他的兄弟们，在2013年完成了史无前例的壮举，将恒大送上了亚洲之巅。而在次年的1月18日，也就是王晨24周岁生日前夜，在三亚举行了堪称体育圈的"世纪婚礼"。

年轻时的郜林，有过叛逆也有过疯狂，但在婚后的日子，却扮演了完美丈夫的角色，连工资卡也早已老老实实地上缴。"他平时话也不是很多，但非常贴心，总会做一些让人温暖的事情。"在王晨看来，郜林一直在兑现自己的承诺，那就是永远把她当成小公主般对待。婚后一年多，这对年轻人很快迎来了新生命，他们为她取了个非常文艺淑女的名字——郜梓萱。"如果她以后长大也爱上了一名足球运动员，你会同意吗？"面对这个还非常遥远的问题，王晨笑道："我当然同意，但要问她爸爸的意见。"郜林接过话茬说："只要对她好，能让她幸福，我都没意见。"

为了铭记的纪念

鲁迅先生曾留传世名作《为了忘却的纪念》，追忆老友白莽、柔石。不敢与先生相提并论，我只能说，写下这篇文字的初衷，同样是缅怀两位永远无法再见的朋友。不为忘却痛苦，只为永远铭记。

六年时光，恒大王朝霸业已成，郑智、郜林等老臣们也都论功行赏。他们亲手写下了这段壮丽的史诗，如今可以笑看自己打下的江山。

然而，李雪松和刘树来，这两个同样不能被忘记的名字，没能等来这一天。

一个猝于盛夏时节，一个走于秋风之中，这是命运的无情，谁也无可奈何。只希望，无论多少年后，无论是谁来执笔，在记录广州足球的历史时，都不要忘了他们。

亚冠冠军，你看到了吗？

2013 年 11 月 9 日，恒大登顶亚洲之巅。万众欢腾之际，站在底线处的一位清瘦中年男子，悄然换上了一件白色 T 恤。他双目紧闭，双手指天，嘴里默念着些什么。在这件 T 恤上，清晰地写着几个大字："雪松兄弟，咱们拿亚冠啦！"

▲ 亚冠决赛夜，工作人员致敬恒大队务李雪松

　　这位男子，并非恒大内部人士，他是广州一家医院的医生，负责恒大比赛日的场边医疗工作。在常年的工作中，他结识了年轻的恒大队务李雪松。他们都不是比赛的主角，但都是不可或缺的服务者。

　　喧闹的现场，没有多少人留意到他的举动，但当这张照片在网络上出现后，还是迅速引发了广州球迷的集体追思。恒大首夺亚冠之日，距离雪松离开已经一年有余，但真正铁杆的广州球迷永远不会忘记，雪松当年正是在为恒大亚冠打前站时，不幸结束了自己年轻的生命。

雪松是沈阳人，从小受过专业足球培训，他速度与技术兼备，但身材比较瘦小。他没能走上职业球员之路，却在最好的时机，遇上了恒大。2010 年恒大接手广州队，在组建团队班底时，年轻勤奋、且有足球专业知识功底的雪松脱颖而出。他是恒大的老臣子，从白云山基地宿舍一直熬到了全新的里水基地落成。

印象中的雪松，朴实低调，勤勤勉勉。作为球队队务，干的都是些打杂的活儿，搬行李扛器材收拾足球，他永远冲在第一个。他为人实诚，哪怕并不太熟，也总会微笑打个招呼。在球队里，他几乎与所有人都相处融洽，张琳芃和姜宁都是他的好友。

踢不了职业联赛，空有一身本领的雪松，只能常踢野球过瘾。以他的能力，无论在俱乐部员工比赛，还是媒体联谊赛中，都是绝对的核心主将。2011 赛季中超，恒大客战河南建业，粤媒与当地媒体约战一场，雪松成为了我们的关键先生，几乎以一己之力斩获多粒进球。记忆里的那一天，郑州下着瓢泼大雨，雪松足足踢了一个多小时也没有停歇，他显得是那样地精力充沛，情绪高涨。

正因如此，当我们在 2012 年 8 月初听闻雪松突然离开的消息时，才会震惊得不敢相信。当时的恒大，大部队还在征战中超，但雪松已经陪着里皮的助手前往沙特，提前考察亚冠 1/4 决赛的对手伊蒂哈德。凭借着前两年的良好工作，雪松已从队务升级为技术分析师，职位也到了经理级别。

谁也无法预料，雪松的这一去，竟是永别。一个身体素质如此出色的年轻人，怎会在泳池中突然溺亡，至今没有人能给出合理解释。自担任球队打前站工作之后，雪松很多次出行前，都在自己的微博上祈祷"安安全全出门，平平安安归来"，没想到一语成谶，踏上了一条没有归途的路。

▲ 在恒大做队务时期的李雪松，是一个永远勤勉乐观的大男孩

对于雪松的离去，恒大俱乐部极为重视，他们很快安排专员陪同家属前往沙特，去见雪松最后一面。而在恒大队内，雪松离去的消息，也让所有人情难自已，他们纷纷通过社交网络表达哀思，深感失去了一位好兄弟。

不巧的是，在雪松离开之后，恒大恰逢连续客场，直到 8 月 22 日足协杯半决赛对阵辽足，广州球迷才有了在主场告别雪松的机会。恒大俱乐部为雪松制作了一段告别视频，在天河体育场的大屏幕上播出，现场球迷一边任由泪水决堤，一边自发地为他送上掌声。而在场外，恒大还特意赶制了印有"兄弟不离，足球不弃"的专属 T 恤，用以慈善义卖，所得款项全部捐献给了雪松家庭。

斯人已去，空余感伤。雪松离开我们，转眼已近四年。或许，每当恒大获得极致荣耀时，很多人都会发自心底地问上一句——兄弟，你看到了吗？

永远的好人刘大夫

刘大夫全名刘树来，我们尊称他刘大夫，队员亲切地叫他刘老头。

我至今依然清晰地记得，我与刘大夫之间的第一次对话和最后一次对话。

"刘大夫，克莱奥拉伤情况怎么样了？"
"比较麻烦，可能他在欧洲没经历过广州这么湿热的气候。"
这是 2011 年 5 月，恒大客战深圳赛前踩场时，我与刘大夫在惠州体育中心里的交流。那时我跟队不久，面孔陌生，但刘大夫的亲和，给了我莫大的勇气。

"刘大夫，曾诚这脚严重吗？能赶得上德比吗？"
"没什么大事，影响不大，但还要进一步看看。"
这是 2014 年 9 月，恒大的一次公开训练日上，刘大夫对我提问的回答。那次训练中曾诚扭伤了脚踝临时退出，我们都很关心他能不能赶上月底的广州德比。

是的，三年多的时间里，我与刘大夫的交流，绝大多数都仅限于球员伤病。他是球队的队医，最了解球员的身体情况，但他对尺度的把握能力绝佳，既不会让你吃闭门羹，也不会给出确切的答案。多年跟随球队的职业素养，让他很清楚自己的位置，对于球员是否伤愈、能不能踢这样的机密，只有主教练才是唯一的消息出口。

在恒大工作团队中，刘大夫给所有人的印象都是老好人。他永远一副笑眯眯的样子，让球员和记者都备感温暖。采访恒大前两年，每逢新年球队集

▲ 2014年5月，恒大全队在赛前悼念队医刘大夫

▲ 恒大球迷缅怀队医刘树来

恒大王朝

中，我总要完成让球员摆拍新年祝福的工作。留在酒店大堂等待显然无法抓准时机，而刘大夫的房门永远是敞开的。"没事儿，进来坐会儿吧。"刘大夫总会热情地招呼着。

来恒大之前，刘大夫曾在中国男足、女足国家队工作多年，此后又去了延边。恒大建队之后招来了延边人秋鸣担任领队，刘大夫也在他的牵线下加盟了恒大。在恒大早期的工作，对于刘大夫来说是一种折磨甚至煎熬，两名队医负责全队几十号人的身体，工作量之大难以想象。每逢比赛日后，放松恢复都需要队医亲手处理，刘大夫的房间灯火通明，干到深夜已是身心俱疲。

这一切，刘大夫都在默默承受着，但压抑久了，他也需要释放。李章洙下课之后，刘大夫在一次闲聊中，终于倒出了多年苦水："老李带队的方法还是十几年前那一套，管理极为严格，每天晚上都要查房。"刘大夫罕见地眉头紧皱，"你说球员太年轻，查房管理还情有可原，我们都这么大年纪了，还用得着吗？经常深夜打开房门查寝，感觉一点尊重都没有了。"

里皮时代的开启，让刘大夫重新找到了工作的乐趣。意大利班底的到来，让恒大教练团队分崩离析，但刘大夫留了下来。里皮带来了世界冠军级的专家科蒂，也没有忽视刘大夫这位"东方神医"。尽管语言不通，刘大夫和意大利团队还是很快成为了朋友，因为里皮给予了他极大的信任和自由。而刘大夫专长的针灸疗法，也曾让科蒂大开眼界，十分信服。

有了帮手的刘大夫，工作量不再像以前那么大，不再担任队医组第一负责人，也让他卸下了不少心理压力。2013赛季，恒大全年状态飘红勇夺亚冠，科蒂和刘大夫都是幕后英雄。刘大夫的工作重点，逐渐从治伤医疗，变为了疾病预防、营养配置和兴奋剂预防。在这些方面，心思缜密的刘大夫从不犯错，获得了全队上下的信任。

让人痛心的是，这样一个人人爱戴、备受尊敬的好人，却被无情的命运之手选中。2014年广州德比二番战，恒大在一场惊心动魄的大战中4-3绝杀富力，次日刘大夫与友人聚餐喝酒，却在返回住所后意外猝死。作为一名治病救人多年的大夫，他反而没能过得了自己这一关。在那个国庆前夕，刘大夫出事的消息传来，整个足球圈一片悲恸，所有人都在感慨，中国足球失去了一位好人。

10月5日，恒大主场迎战杭州绿城，比赛开始前，包括里皮和教练组在内的全体恒大人士，都穿上了一件印有"R.I.P."字样的T恤，在西方世界里，这是愿逝者安息的简称。朝夕相处数年，恒大上下对刘大夫都充满感情，即便是相处不到两年的外援埃尔克森，也在进球后热泪盈眶，掀起球衣致敬刘大夫。一天之后，刘大夫的追悼会在佛山举行，恒大全队集体出席，为此九大国脚还延期去国家队报到。在生命面前，一切都显得微不足道。

刘大夫走了，他没能看到恒大的中超五连冠，也错过了亚冠再次登顶。但他应该是了无遗憾的，因为他是史上第一位随队捧起亚冠奖杯的中国籍队医，恒大王朝时代的每一座奖杯背后，都有他的付出与贡献。苏轼先生曾留名句："十年生死两茫茫，不思量，自难忘。"而对于所有热爱广州足球的球迷而言，即便在比十年更漫长的岁月之后，或许也永远不会忘记敬爱的刘大夫，我们心中永远的好人——刘老头。

004

王朝之
争议荣辱

终身禁赛，不是玩笑！

2011 年 8 月 12 日，沈阳铁西体育场，辽足与恒大之战正在紧张进行着。这是两队在这个赛季的第二次交手，首回合恒大主场 2-1 获胜，但那场比赛中梅开二度的克莱奥，却因伤错过了这个客场。

这一年，是辽足征战中超以来的巅峰，肇俊哲与秦升搭档中场，锋线于汉超与杨旭双星闪耀。他们带着些辽小虎时期的精气神，一路杀到了积分榜前列。在他们眼中，恒大虽强，但毕竟只是升班马，在自己的家门口，必须血拼到底。

两回合交手前，辽足主帅马林都在说，赢恒大是所有中超球队的目标，谁能赢下恒大，就会像放卫星一般轰动。来沈阳之前，恒大已保持连续 19 轮不败，辽足上下都憋着一口气，希望终结恒大的神话。

他们很快取得了进球，金裕晋的头球攻门尽管被杨君捞出，但当值主裁判马宁坚持进球有效。恒大也很快还以颜色，穆里奇突入禁区制造了点球，但他亲自主罚却被张鹭扑出。此前一路顺风顺水的恒大开始陷入焦虑，而辽足球员防守中的大动作也让他们非常不满。终于，在上半场比赛行将结束时，火药桶炸裂了。

短短10秒时间，辽足队长肇俊哲连续侵犯了赵源熙、吴坪枫和孔卡三人，当孔卡摔倒在他的面前时，一旁的赵源熙怒不可遏地冲了上来。双方很快陷入大规模冲突，混战之中，穆里奇伸出左手，从身后一把拽住了肇俊哲的头发，将其拉倒在地。这一隐蔽的动作，逃过了当值主裁的眼睛，甚至连双方球员都没看清发生了什么。马宁向肇俊哲和赵源熙各出示了一张黄牌，算是平息了这场风波。他们都不会想到，真正的风波，还远未开始。

恒大凭借郜林的最后进球顽强扳平了比分，但郜林挑衅助理裁判的庆祝动作，再次招来了黄牌处罚。恒大惊险地延续了20轮不败，积分榜上也继续遥遥领跑，他们并无意再挑起事端，只在内部对郜林和穆里奇进行了处罚。然而，在家门口最后时刻被追平的辽足，却并不想大事化小，俱乐部副总林乐丰连夜组织工作人员整理视频及文字素材，下定决心要告上中国足协。

辽足喊冤：必须重罚严惩

对于恒大，辽足可谓积怨已久。首回合客场1-2落败时，他们就坚称恒大获得的点球是子虚乌有，并在赛后上诉过中国足协。只不过，对于比赛中裁判已经给予处理的既成事实，上诉通常无法改变任何局面。但这一次，穆里奇的行径被摄像机抓了个正着，并且逃过了裁判的眼睛，这也为追加处罚提供了事实和理论依据。经过两天周末假期之后，辽足在周一上午正式向中国足协递交了申诉书，直言"必须追究追罚穆里奇的非体育道德暴行"。

这次申诉，辽足上下可谓是信心满满。作为受害者的肇俊哲公开现身说法，还原了当时的情形："当时穆里奇上来抓住了我的头发，开始我还没在意，我还以为他在和我开玩笑，但是没想到他拽得很用力，这样的行为绝对是一张红牌。"辽足俱乐部同样对此义愤填膺，一名高层说道："穆里奇的行为是明显的球场暴力，不能因为自己球队落后，就把火撒到我们的球员身上，这样的行为必须重罚，不能让他在中国撒野。"

辽足申诉一出，舆论一片哗然，有人指责肇俊哲球风粗野，也有人觉得穆里奇罪有应得。中国足协迅速组织纪律委员会研究诉状，并召唤穆里奇、郜林前往北京出席听证会。在纪律委员会成员看来，处罚穆里奇是必然的结果，无论其有再多理由和苦衷，动手揪头发都是超出体育范畴的恶劣行径，尽管恒大方面也很快做出了上诉回应，但依旧于事无补。最终，足协将此事定性为"实施暴力但未造成人身伤害"，按照纪律处罚第54条，对穆里奇处以禁赛五场（含预备队赛事）并处25000元罚金的判决。

在纪律委员会上申辩无果，失望之极的穆里奇，甚至在回程的航班上流下了泪水。他始终认为自己本意只是劝架，拉拽头发只是混乱之中的无心之举。只不过，在既成事实面前，他终究难逃一劫。就连时任足管中心主任的韦迪，也站出来肯定了足协的做法："赛后录像很清晰地显示穆里奇拉拽了肇俊哲的头发，这种行为违反了体育道德，受到惩罚是再正常不过的事了。"

当时的中国足坛，场上没人能赢得了广州恒大，因此辽足这次场外战役的胜利，也引发了不少看不惯恒大强势的人跟风叫好。这样的舆情，是一路走来一直备受赞誉的恒大所无法接受的。为了避免球队被推上道德的审判台，也避免招牌球星被树立恶人形象，他们开始酝酿一次更强悍的回击。

恒大回击：终身禁赛禁哨

让恒大没有料到的是，在俱乐部做出二次回击之前，穆里奇这边先出了乱子。

被禁赛五场，再加上国际比赛休战日，意味着穆里奇将在长达一个多月的时间里无球可踢。这对于状态一路飘红、正在冲刺中超金靴的穆里奇来说，无疑是个沉重的打击。从北京归来之后，穆里奇与妻子阿丽妮彻夜长谈，并最终在一气之下做出了大胆的决定——主动要求转会逃离中超。

穆里奇用了一整天的时间，以葡语拟好了一份公开信，并让翻译译成中文发给了俱乐部。这封信中，穆里奇用了很大的篇幅来认错道歉，并向支持关爱自己的球迷表示感激。但在文末部分，穆里奇也直言自己这样的技术型球员，无法适应中国足球的粗野风格，甚至表示这会对他未来漫长的职业生涯带来损害。真正的重点在最后出现，穆里奇正式向俱乐部申请，如果条件允许的话，他希望在 2011 赛季结束之后告别中超。

队中最具威胁的射手申请离队，对于恒大而言同样是晴天霹雳。穆里奇是恒大接手广州足球后引进的第一位外援，他早已证明了自己在中超的巨星地位，恒大还指望靠他打下更大的江山，怎么可能轻易放人？不过，穆里奇这份言辞恳切的公开信，也为恒大的危机公关提供了新的思路，既然穆里奇受罚是不可改变的事实，那么何不趁此机会将本方推上受害人的位置，去争取民意和舆情呢？

经过俱乐部商议之后，恒大方面很快拟出了二次申诉的文稿。他们不再为穆里奇的行为辩解，而是选择将这次事件提升到整个中国足球的高度。拥有孔卡、穆里奇等天价球星的恒大，以球风华丽优美自居，而中国足坛的大环境，成为了粗野的代名词。恒大在申诉文中写道："为了治标治本，净化中国足球大环境，站在中国足球健康发展的高度，才做出了这又一次申诉。"

这纸诉状恒大很快拟好，却迟迟没有发给中国足协。整个集团对此事都高度重视，紧急商议了一天，才在 8 月 19 日正式递交。恒大的谨慎并非没有道理，因为在这张诉状里，提出了两个震惊足坛的要求，其一是终身禁赛"暴力球员代表肇俊哲"，其二是终身禁哨"纵容暴力足球的裁判马宁"。这两条要求莫说在足球领域闻所未闻，即便在整个体育界，也没有过先例。一时间，恒大和辽足再次被推上了风口浪尖。

没有赢家的战争

其实，恒大方面也很清楚，这样的诉状被中国足协受理的可能性微乎其微。但他们之所以选择如此极端的措辞，就是为了表达一个清晰的态度，展现出向暴力足球宣战的决心，从而将自己从"非道德行为"拉回到道德制高点。在恒大的逻辑中，穆里奇即便出手伤人，也是因为对方欺人太甚，而中国足球若是任由这样的足球风格继续下去，只会永无出头之日。

只不过，恒大强势引导的舆论逆袭，似乎并未取得足够的效果。尤其是那两条终身禁赛和终身禁哨的要求，更是让不少反对派嘲笑。作为当事人之一的肇俊哲，对此颇为无奈地说道："如果我这样的动作就要终身禁赛，那国际比赛根本没法踢了。南非世界杯上德容对阿隆索的那一脚飞踹，岂不是两国都要开战了？"

这是一场没有赢家的战争。辽足的申诉成功，不过是换来了穆里奇的禁赛，而恒大的回击，也一定程度上让辽足和肇俊哲，成为了不少人心中"暴力足球"的代表。恒大这边，则经历了建队一年多来最大的舆论危机，最后的危机公关也不能算是绝对成功。至于穆里奇本人，除了被禁赛五场之外，还被怀疑公开信动机不纯——由于孔卡的到来，年薪仅为阿根廷人 1/7 的穆里奇心态失衡，提出转会申请也被视为要挟恒大加薪的手段。

唯一值得肯定的是，通过这一段轰动足坛的博弈，中国足球或多或少地有所触动。越来越多的球队开始以恒大为榜样，在选帅引援上崇尚技术流派，而随着足协对粗野球风和不文明行为的严打政策出台，的确起到了净化中超赛场的作用。近几个赛季，中超赛场上恶意伤人的行为逐渐销声匿迹，从这一点来看，恒大当年看似"业余"的申诉，也并非没有积极意义。

"七外援"动了谁的利益？

2011 年 11 月 3 日，广州香格里拉酒店，首夺中超冠军的广州恒大，举办了盛大的庆功晚宴。多位省市高层领导出席共襄盛举，全国各地 180 余家媒体也受邀参加。酒过三巡之后，战场转移到了隔壁的会议厅，满脸通红的李章洙已经昏昏欲睡，但许家印依旧兴致高昂。

整个恒大集团，从上至下，人人口风严谨，生怕有一星半点差池。唯一的例外，便是许家印。作为掌舵人，许家印在太多场合说出过豪言壮语和经典名句，是媒体最爱的采访对象。庆典之夜，许家印自然开心，他对在场媒体说，不要有什么顾忌，任何问题都可以问。

"请问许主席，接手广州队两年，你怎么看待和中国足协之间的沟通？"这个问题显然触及了敏感地带，但似乎正中了许家印下怀。"我对中国足协有些地方是非常失望的，我向体育总局和中国足协提出过很多建议，但最后什么事情都没有办成。"许家印毫无顾忌地说道，"几天前我还向足协提出，中超引援不应该限定五个外援名额，有的球队要三线作战，只有五个外援怎么轮换？足协领导高度认可了我的建议，但之后下发的规定，依旧有五外援限制。依我说，足协有些规定就是腐朽的、陈旧的、落后的、错误的、有碍中国足球发展的。"

恒大王朝

中国足协多年来一直是媒体与球迷的"公共痰盂"，许家印话音刚落，现场已是掌声欢呼一片。恒大的成功，与当时卡马乔治下国家队的失败，形成了鲜明对比，这也让恒大的理念，有了先天的优势。不过，当时很多人都没有注意到，许家印提出的"增加外援名额"要求，并非只是酒后无心之谈，而是计划已久的一次公开逼宫。许家印接着举例说明："你看我们队的吴坪枫，多少年没进过国家队了，但在优秀外援的身边踢球，他30岁还能进国足；再看队长郑智，这么大年龄了还能保持这么好的状态，也和优秀外援的促进有关。"

这一夜，恒大和许家印，是高高在上的胜利者，让中国足协颜面扫地。但对于许家印的连番炮轰，大多数人还是一笑了之，毕竟足协已经出台了五外援政策，恒大再怎样不满反抗，也无法真正去改变规则。但所有这样想的人，都低估了恒大的决心和能力。

"七外援"前世今生

如今一提到"七外援政策"，人们的第一反应都是广州恒大。但事实上，恒大并非始作俑者。

2009年底，中国足坛掀起史无前例的反赌扫黑风暴，对外形象跌入谷底。为了改变现状振奋士气，时任足管中心主任的南勇，将中超球队外战亚冠联赛视为了突破口。2009年，第一次四队出征亚冠的中超，小组赛即全军覆没，而他们的借口非常一致，即球队没有充足的班底保证双线作战，为了联赛成绩不得已战略放弃亚冠。

那一年，亚冠小组垫底出局的北京国安，最终拿到了队史第一座中超冠军奖杯。但如果任由这样的状态继续，中超在亚洲的地位必将持续下滑。关键时刻，南勇想出了一系列照顾亚冠参赛球队的政策福利，其中就包括"外援引进没有名额限制"。尽管这一提议受到了主管联赛的杨一民的极力反对，但以南勇当年之强势，很快压住了内部声音。在南勇"打亚冠相当于国家队比赛"的定调后，中超诸强老总们，也唯有默许接受。

讽刺的是，就在主持完海埂会议后仅 10 天，南勇就被公安部"8·25"反赌专案组带走。一周之后，此前在水上运动管理中心任职的韦迪跨界而来，成为了南勇的接班人。初来乍到的韦迪，在尚未熟悉中国足球的情况下，并未推翻前任的决策。支援 BIG4 打亚冠的四大优惠政策也继续有效存在着。

让人意外的是，在那个"中超成绩重于亚冠"的时代，四家中超代表里，只有河南建业行使了增加外援名额的权利。在 3 月公布的新赛季大名单中，河南建业报名了 7 大外援，分别是宋泰林（韩国）、奥利萨德贝（波兰）、内托（巴西）、阿玛多（塞内加尔）、奥比（尼日利亚）、加夫兰西奇（塞尔维亚）、巴哈利卡（塞尔维亚）。北京国安和长春亚泰依旧只报名 5 人，山东鲁能更是只报了 4 名外援。

这便是当时中国足球的思维模式，亚冠被他们视为劳民伤财的"奢侈品"，更多球队看重的只是联赛成绩单。2010 赛季，中超四强没有再次集体倒在小组赛，北京国安历史性地杀进了 16 强，但在韩国劲旅水原三星面前，他们没能更进一步。为了这一次突破，国安付出的代价是跌出中超前四，与他们同样命运的，是河南建业与长春亚泰。反倒是亚冠小组垫底的山东鲁能，以 13 分的巨大优势，夺得了中超冠军。

随着韦迪逐渐深入了解中国足球，这一照顾亚冠球队的"特殊时期特殊政策"，很快走向了终点。其实，这些照顾措施，并非亚冠参赛俱乐部自下而上的申请，而是自上而下的"强行关爱"。在通过四大照顾政策时，当年的 BIG4 并不太买账，他们提出了更胆大的建议，那就是亚冠参赛队在中超享受"加 3 分"的优惠。显然，这一疯狂构想，不可能在中超委员会获得通过。为了保证中超 16 家俱乐部的利益公平，韦迪亲手废止了南勇计划。

三次提案终如愿

韦迪治下的中国足球逐渐走向正轨，但强势的"闯入者"广州恒大，让他有些措手不及。许家印公开炮轰足协腐朽陈旧，并不意味着他们愿意遵守传统规则。在谈到中国足协时，许家印说，如果我是足协主席，一切不合理的都要改掉。如果你问他为何不看重历史经验，他会反问你，中国足球有什么成功经验？

2011年12月10日，是中超年度颁奖典礼的大日子，而举办地正是广州。这天上午，恰逢中超各家俱乐部代表齐聚，足协紧急召开了临时会议，讨论恒大正式提出的"增加外援名额政策"。结果并不意外，除了提案的恒大之外，其余15家中超俱乐部全部投出了反对票。整场会议仅持续了三分钟，就宣告结束。

然而，恒大并未就此善罢甘休，他们带着不达目的誓不罢休的决心，寻找着一切可能的机会。2012年2月，中国足协香河会议期间，恒大代表第二次提出了增援请求，依旧没能得到通过。不过，这一次的会议，却让恒大再次看到了希望——为了实现管办分离，足协宣布成立全新的职业联赛理事会，取代曾经的中超、中甲委员会。这也意味着，中超球队的事情，将不只由中超球队自己做主，只要是理事会正式成员，都将拥有宝贵一票。

对于恒大而言，这无疑是个巨大的利好。如果继续维持中超委员会，他们恐怕永远也通过不了自己的提案，但当投票的基数扩大，一切也就有了运作空间。按照职业联赛理事会章程，只要有5家或以上单位共同提议，就能进入19人组成的执委会进行讨论，一旦执委会获得通过，便可正式提上全员代表大会投票决定。很快，恒大放弃了对中超俱乐部的公关，转而向中甲俱乐部、各地方足球协会、中超公司代表和特邀专家代表做起了工作。

三个月之后，恒大携广州富力、广东日之泉、深足俱乐部、广东省足协和广州市足协一起，信心满满地第三次提出了"增加外援注册名额"方案。这一次，他们提请的理由中，不再重点强调"增加外援竞争，提高球队水平"，而是将最大的卖点，定位在了"为中国足球争光"上。当时的恒大，已经杀进亚冠八强之列，有望冲击中超球队的历史最佳成绩。为了达成这一目标，他们重金换帅求来了世界冠军主帅里皮，随后又引进了球队第六名外援巴里奥斯。这也意味着，如果足协最终没有通过增援法案，恒大六大外援中，将必有一人无法出战中超。

可以说，这是恒大毕其功于一役的决战，只许成功不许失败。6月9日，理事会率先召开执委会议，正在武汉督军国足的理事会主席于洪臣也赶到现场。最终，执委会投票通过决议，同意让此提案进入全体表决大会。随后不久，时任恒大俱乐部董事长刘永灼赶赴北京，亲自对与会代表进行最后的公关。由于恒大的提案并不影响自身利益，不少没有直接关联的代表都被刘永灼的"国家情怀"所说动。在6月20日的表决大会上，61张投票中有43票赞成，超过了全员总数的2/3，恒大的提案终获通过。十天之后，恒大官方宣布引进韩国后卫金英权，正式凑齐了七外援豪华阵容。

公平还是不公平？

"增加外援注册名额"提案一经通过，引发舆论一片哗然。质疑声不可避免地铺天盖地袭来，理由言简意赅——由于中超其他亚冠参赛队已在亚冠出局，七外援优惠政策等于只为恒大量身定做。相比于2010年12队照顾亚冠4队利益，这一次则是15队共同托起恒大。以国安总经理高潮为代表的中超老总们相当不满，直言斥责恒大不遵守游戏规则："像增加外援名额这种大事，必须要在赛季结束后慎重讨论决定，怎么能在赛季中期临时修改？如果此时有球队提出取消升降级，理事会能通过吗？"

义愤填膺的人很多，但为恒大说话的人也有不少。有专家表示，限制外援名额的本质是一种贸易保护主义，外援少了并不能提升中国球员的水准，反倒会因为缺乏竞争而更不努力。而来自新华社的声音，也站在了恒大这边，体育部主任许基仁说道："从职业足球的角度来看，有一个超一流的联赛，比有一个超一流的国家队更加重要。"

而处在风暴中心的广州恒大，也有自己的逻辑。在他们看来，即便注册外援名额增加到 7 人，但实际报名比赛的人数依然会按照 3+1（三外援 + 一亚外）执行，并不会在比赛中与对手存在任何差异。更重要的是，恒大认定自身肩负着为中国足球争光添彩的重任，因此需要在政策上有所倾斜也是人之常情。而且，在新帅里皮到来之后，势必有意对球队人员做出一些调整，如果没有增加的外援名额，球队的升级换代将极为被动。恒大花费重金引进巴里奥斯和金英权，肯定不会让他们在半年时间里只打亚冠淘汰赛。

除了固有逻辑之外，其实当时的恒大也有一些苦衷。队内头牌孔卡与李章洙闹翻之后，一度产生提前逃离中超的念头，恒大即便有把握不放人，也会担心他在此后的比赛中心不在焉，出工不出力。此外，韩国外援赵源熙在亚冠1/8决赛中拼断了三根肋骨，初定恢复时间是 7 月底，但具体能恢复几成功力，谁也没有把握。两大意外状况，加上早已被打上"玻璃人"标签的克莱奥，恒大若不做超出常规的努力，也的确前景凶险。

遗憾的是，尽管恒大费尽心力争取到了七外援政策，但他们并没能因此在亚冠走得更远。亚冠二次报名时，恒大用巴里奥斯换下了克莱奥、金英权换掉了赵源熙，可依旧倒在了沙特豪门伊蒂哈德脚下。更关键的是，亚冠止步八强之后，恒大便不再有所谓的为国争光任务，但他们所拥有的七外援优惠政策，依然可以继续存在。回到中超赛场，本就拥有强大班底的广州恒大，其军火库资源更加远超竞争对手。

2012 赛季冲刺阶段，将重心全部转移到国内赛场的广州恒大，变得愈发不可阻挡。攻击线上，孔卡、穆里奇、巴里奥斯与克莱奥轮番上阵；而在防守端，保隆、金英权和赵源熙也能随时轮换。眼看着恒大一骑绝尘，憋屈至极的中超老总们在 9 月中旬召开了峰会，商讨重点就是夺回权力，真正实现"我的中超我做主"，避免再被中甲代表和地方协会绑架。尽管如此，2012 赛季的进程已经无法更改，恒大不仅成功卫冕中超冠军，还顺带夺得了足协杯。王朝之势，已现雏形。

时隔多年，再去讨论"七外援政策"是否公平，已经没有太大意义。我们更应该去关注的，是这项政策和它的延伸效应，对中国足球产生的影响。从 2013 年开始至今，中国足协废止了这一政策，并再未有过任何反复，而"只注册"五名外援的广州恒大，反倒在随后的 2013 赛季实现了亚冠之梦，并且赢得毫无争议。这也充分说明了，特殊时期的特殊政策，并非成功的必要条件，专注内功打造球队，会比大规模引进帮手更靠得住。

当然，恒大草创时期凭借外援收获的成功，也为中国职业足球掀开崭新一页做出了贡献。恒大的辉煌，将民众的视线重新拉回了中国足坛，从而间接促进了各家中超俱乐部来加大投入。在恒大的带动下，许多有资本实力的球队纷纷开始大撒金钱，在转会市场上网罗明星外援，既带动了队内本土球员的提升，也让整个中超更加繁荣精彩。如果当年的恒大没有顶级外援加持，中超与日韩劲敌抗衡乃至获胜的日子，还不知道要推迟多久。从这个角度来看，必须承认恒大在中国足球低谷时期所起到的促进与推动作用。

"国八条"越位了吗？

2013 年 7 月 10 日，恒大集团品牌部的员工们，度过了疯狂的一天。他们接到上级指示，必须在一天之内邀请全国主流媒体来到广州，集团将有重大事项宣布。这一天，整个品牌部只听见此起彼伏的电话铃声，但究竟是何大事，所有人都闭口不谈。

有人猜测，里皮可能前往国足兼任主帅；也有人说，或许是要宣布选址修建专业球场；甚至还有人突发奇想，难道要从皇马引进郁郁不得志的卡卡？然而，一切的悬念，都必须留到发布会上才能揭晓，恒大集团办事的保密程度向来极高，不可能走漏一点风声。

11 日下午 3 点，来自北上广深的主流媒体记者，已经云集在刚刚投入使用不久的恒大中心。在其中最大的一间会议室里，正中摆放了长长的会议桌，周边则有一圈多达三排的旁听席。最引人注目的背景板，则被一块巨大的红色幕布盖了起来。即便到了这时候，也没有外人得知恒大究竟卖的什么关子。

媒体落座完毕后，首先进场的是恒大球员，球队大巴特意从偏远的金沙洲将他们拉到恒大中心，赶在训练前参加这场会议，入场之后领队不忘提醒一句"外套拉链都给拉上"。随后便是集团高管，许家印不仅亲自现身，还

▲ 2013年7月，许家印宣布恒大"国八条"

带来了集团总裁夏海钧，与监察室主任潘小康。再加上主管俱乐部的副总裁刘永灼和主教练里皮，这场会议的规格之高，已创造了恒大足球历史之最。许家印落座之后，他背后的大幕终被拉下，上面赫然写着一排大字——"恒大国脚八项规定"传达大会。

为什么有"国八条"？

一场声势如此之大的"整风运动"，绝不会是毫无缘由。当时的恒大，在亚冠、中超和足协杯赛场三箭齐发，势头良好。唯一的问题，出在了国家队身上。

恒大王朝

"和泰国的比赛，我从头看到尾，忍无可忍，近乎耻辱！"许家印的开场白非常直接，他提到的比赛，正是震惊中国足坛的"6·15惨案"。2013年6月15日，中国男足在合肥奥体中心1-5惨败于青年队出战的泰国男足，成为了数十年来国字号层面最大的耻辱。而作为拥有最多国脚的俱乐部，恒大深感压力深重，责任重大。

与泰国一战，恒大队中的秦升、赵鹏和冯潇霆首发出战，赵旭日与郜林则是替补出场，他们在比赛中严重缺乏状态与斗志的表现，饱受球迷抨击指责。外界甚至开始出现一种声音，直指恒大国脚在俱乐部为了高额奖金奋力拼杀，到了国家队却敷衍了事。这样的说法，将恒大国脚推上了道德的审判台，舆论压力极大。而作为金元足球的推动者，恒大俱乐部也跟着遭殃，其重金打造俱乐部的模式也开始受到质疑。

许家印很生气，因为早在这一惨案发生之前，他就已经有过预警。2013年初，在国足飞赴西班牙集训备战亚洲杯预选赛之前，许家印特意赶到恒大酒店召开队内会议，明确提出了三大要求，首当其冲的就是"刻苦训练、奋力拼杀、为国争光"。许家印敏感地意识到，在世预赛早早出局之后，卡马乔治下的国家队由于没有大赛任务，开始变得松散混乱。作为国脚第一大户的投资人，他必须率先站出来做些什么。

那一年的冬训，恒大与国足同在西班牙境内进行，为了支援国家队，恒大只能做出牺牲。然而，得到各俱乐部支持的中国队，并未能给予足够的回报。亚预赛客战沙特，国足1-2败北，来自恒大的赵旭日打进一球，依旧没能拯救国足。此后几个月，国家队在长沙雨夜惊险绝杀伊拉克，只是临死前的回光返照，对球队全面失控的卡马乔，很快走向了绝路。

"国家队好，才是真的好。恒大只能代表俱乐部，而国家荣誉高于一切。"许家印慷慨激昂地说着，"恒大要有高度的责任感和使命感，支持中国足球的发展。对国家队的支持，要提到新的高度。"在为国争光的指导思想下，许家印亲自牵头，在 25 天内召开了 15 次专题会议，并在征得主帅里皮的同意下，最终出台了轰动中国足坛的"恒大国脚八项规定"。而关心中国政治的人，对于"八项规定"这四个字都不会陌生——几个月前，中共中央政治局在关于党风政风的建设中，正式出台了著名的八项规定。刚当选政协常委不久的许家印，自然要保持高度一致。

精神可嘉执行难

相比于此前绝大多数的决策与提案，恒大这一次出台的"国八条"，起码在出发点上引发了外界一片叫好。《人民日报》撰文称，恒大的"国八条"弥补了足协在管理上的缺位；而足协副主席于洪臣也承认，恒大的做法值得肯定，会对国足的训练比赛起到积极作用；以孙祥为代表的恒大国脚们则感慨，从此为国效力可以毫无后顾之忧了。

许家印和恒大的爱国精神值得尊重，但也有一些务实派指出，恒大的"国八条"看起来很美，执行起来却难度重重。比如，第二条对国脚"因自身不努力落选国足处罚 20 万元"的规定，就属于没有特定标准的判断，职业球员状态起伏是正常现象，落选国足也存在多种可能性，外人无法判断是否因为自身不努力；与之类似的是第五条中"对比赛里拼搏精神排名倒数第一的球员罚款 10 万元并停赛停训一天"，同样是没有量化标准的规定。对于受罚的球员来说，如何能让他心平气和地接受？

除了执行标准不清而导致困难重重之外，"国八条"引发的另一大争议，是被质疑存在"越位"插手国家队的管理。在中国足协的架构中，一直存在专门的国管部，有专门的团队对国脚们进行监督、管理和服务。恒大球员虽在国家队占据半壁江山，但毕竟不是整支球队照搬，恒大提出的这些要求和奖惩措施，以及专门派出的监察团队，多少会让国管部陷入尴尬。此外，恒大将国脚在国家队的表现与金钱紧密挂钩的做法，似乎也让国家荣誉感变得更加模糊。

无论外界如何评说，恒大监察团很快组建并正式开工了。"国八条"出台后不久，中国队在代理主帅傅博的带领下前往韩国出战东亚杯，与日韩澳的三场对决，成为了国脚们的救赎之战。首战日本的看台上，就出现了恒大监察团的身影，其中包括了俱乐部高管刘永灼、康冰，集团监察室主任潘小康，以及教练组代表里皮、李铁，和外聘专家团代表周穗安、国作金等。浩浩荡荡的恒大监察团，完全抢走了国足风头，比赛结束之后，他们连夜开会打分，最终确定"无人获得拼搏奖"，但有一人受罚的结果。中国足球史上前所未有的新鲜事物，就这样高调地起步了。

东亚杯上，国足连平日韩，末战击败澳大利亚，最终拿到了亚军，算是为1-5惨案挣回了点面子。只不过，三场比赛里的高光球员，都不是来自恒大，傅博一手打造的张稀哲、王永珀、于大宝和武磊组成的"新四小天鹅"里，并没有恒大球员的身影。唯一成为焦点的恒大球员，是在中韩之战中严重挂彩的门将曾诚，而他也成为了领取恒大拼搏奖金牌的历史第一人。东亚杯结束，恒大国脚返回广州，监察团来了次终极点评，曾诚、郑智和张琳芃三人成为了学习榜样。没有人知道监察团详细的打分标准究竟是什么，人们能看到的是，国脚们真的开始血拼对手，并取得了相对不错的成绩。

不求有功，但求无过

东亚杯上的高调，并没有成为恒大国脚监察团的常态。在陪伴中国足球渡过艰难时期后，监察团更多时候是隐形存在着。自2013年东亚杯至今接近三年时间，恒大监察团只有两次主动曝光。第一次是2014年6月，佩兰接手国足后独立执教的处子秀之前；第二次是2015年1月亚洲杯开幕之前。两次监察团都是前往国足酒店，召集本队国脚进行短时间的"国八条"学习。其余时候的国家队比赛，监察团通常只有总经理康冰一人在看台观战。

平心而论，在特殊的历史时期，恒大勇于率先站出来推出"国八条"，是值得称赞的举动，体现了他们的责任感与担当。而且，在恒大的带动下，当时另外两家国脚大户也纷纷跟进。大连阿尔滨出台了四条"国脚保障政策"，其中也有一些恒大所未提及的创新细节，比如给国脚升级至公务舱，以及负担国脚家属现场观战的机票、食宿费用。而山东鲁能则学习了恒大最受好评的条款，宣布会保障球员为国效力时所影响的俱乐部收益。这些政策的同时出台，的确让国家队的大环境得到了明显改善与提升。

遗憾的是，恒大"国八条"带来的大好形势，并没能真正帮助中国足球取得突破，这也让他们距离"功劳"二字，似乎总有一步之遥。随着卡马乔的离开，无论是过渡主帅傅博，还是执教两年的佩兰，都不再迷信恒大国脚。尽管从总人数来看，恒大依旧是第一国脚大户，但在主力阵容里，只剩下郑智与张琳芃二人。郜林和于汉超只能算是主力替补，曾诚则彻底被王大雷压制到了二号位，被誉为本土第一中卫的冯潇霆，甚至在亚洲杯开始前被临阵除名，遭恒大俱乐部20万元重罚。

近三年来，中国男足虽然在佩兰手下输球不多，但也并未取得真正意义上的成功。亚洲杯小组赛三连胜进八强，是唯一的高光时刻，球队所展现出来的团结拼搏面貌，可以算作"国八条"的延伸效应，能够记上一功。但除此之外，在最重要的世预赛舞台上，中国队的表现依旧难让国人满意，恒大国脚不仅没能成为救世主，郜林还因与佩兰的矛盾被逐出国家队。客场战平香港之后，中国队几乎确定连续第四次无缘十强赛，佩兰也在2016年初遭足协解职。"国八条"为中国足球立功的日子，或许还需要再等待一段漫长的时间，但起码在其诞生至今的三年里，尚没有成为阻碍中国足球前进的过错。

"刘健案"打了谁的脸？

2016年跨年夜，32岁的刘健与郑龙、曾诚等队友一起，以亚冠冠军队成员身份，登上了浙江卫视跨年演唱会的舞台。在自我介绍中，他一脸幸福喜悦地说，我是来自广州恒大淘宝队的球员刘健。这一刻，他或许已经淡忘，两年前的跨年之夜，是如何纠结痛苦地度过。

将时光倒退至2013年，那时的刘健，身份还是青岛中能队长。那一年，他和队友们拼到了最后一轮，仍充满悲情地降入中甲。在29岁的年纪，还拥有国脚身份，刘健自然不甘于去打次级联赛。他清楚地记得，自己与青岛中能的合约在2013年12月31日就将到期，他即将成为抢手的自由球员，他想迎接全新的挑战。

按照中国足协2009年修改后的球员转会政策，在合同只剩最后六个月时，球员有权向所在俱乐部提出转会意向，甚至可以掏钱买断剩余合同后自由转会。在清晰掌握了这些信息之后，志在补强中后场的广州恒大，将引援目标对准了刘健。而他们所要做的，就是等待刘健与青岛中能合同到期后，免费签下这位国脚名将。

但谁也没有想到，这桩看似简单的自由转会，最后会生出如此多的事端，甚至至今也没有彻底结案。而作为当事人的广州恒大、青岛中能和刘健本人，都消耗了巨大的时间与精力进行这场旷日持久的较量。这场大战也犹如照妖镜一般，照出了中国足球多年来的丑恶陋习，从中引申出值得反思与警示的内涵，对中国足球变得更加职业化，还是大有裨益的。

最纠结的刘队长

2013 年 11 月 19 日，亚洲杯预选赛的一场焦点战役，在陕西西安打响。虽是西北寒冬时节，但热情的陕西球迷，依旧将省体填得满满当当。中国队的对手是劲敌沙特，他们唯有赢下对手，才能提前锁定 2015 年亚洲杯决赛圈席位。

这是国足代理主帅傅博执教的最后一战，他很清楚自己的历史使命即将完结。在陕西省体的贵宾包厢里，出现了一个熟悉的身影——刚刚率恒大登顶亚冠的里皮。被媒体问及这次行程缘由时，里皮一直坚称自己只是来看看恒大的球员，因为之后还有足协杯的几场决战要打。但在不久后银狐出版的官方传记中，他又将这次行程描述为"一次单纯的旅游观光"。但一些内幕人士则猜测说，这场中沙之战的幕后指挥者，正是一直传闻有望接手国足的里皮。

这些猜测并非空穴来风，在中沙之战的首发阵容里，赫然出现了多达 7 名恒大球员，除了郜林顶在锋线之外，其余 6 人几乎包揽了中后场位置。唯一的例外，是青岛中能队长刘健，他与冯潇霆搭档打起了双中卫。这一用人在国足并非惯例，此前几年国脚生涯中，刘健更多时候都被当作后腰使用，即便在青岛中能偶尔救火代班，踢的也是边卫。在如此重要一战中，傅博为何敢于将他放在关键的中卫位置？

于是，更加大胆的揣测呼之欲出，将刘健安排进恒大中后场群体之中，正是为了方便里皮考察刘健与恒大队员的适配性。这一战，刘健表现出了出色的位置感和对抗能力，处理球坚决果断毫不拖拉，国足虽然没能击败沙特提前出线，但也保住了城门不失。刘健证明了自己的实力，也让恒大对他的追求更加坚定。

刘健有意离队，是青岛中能早已预计到的。他们虽然坚称与刘健早在

10 月底就完成续约，但从各路新闻消息来看，从赛季结束一直到 12 月，中能都还处在"挽留"刘健的谈判之中。在得知刘健正被多支球队追求时，中能选择率先出手，他们在中沙之战后仅三天，便向所有中超中甲球队发出函件，表明了绝不成为球员超市的态度，而即将合同到期的刘健，也被青岛中能以"签约球员"身份加入了非卖品的名单之中。

是否像中能所说，签订过直至 2017 年的续约合同，刘健本人最清楚。一边是国内最好的平台，拥有参加亚冠的机会，一边是有 15 年深厚感情的老东家，但却要去打中甲，职业生涯从未换过球队的刘健，陷入了巨大的纠结之中。他当然想加盟刚刚成为亚洲冠军的广州恒大，但一想到自由身转会让老东家颗粒无收，良心上又多少有些不安。2014 年的跨年之夜，刘健给青岛中能领队发了条短信，表示会与恒大好好协商，争取给青岛一个满意答复。

222 天真相大白

刘健铁心离队，让青岛中能大为光火。降入中甲时，中能老板乔伟光在工体流下的眼泪感动了不少人，而他们也将新赛季的目标定为了杀回中超，作为球队灵魂和战术核心的刘健，自然是最不能放走的重臣。此外，广州恒大此前已从青岛挖走姜宁和郑龙两位国脚，频繁针对一家的挖角让中能无法接受。再者，中能为刘健评估的身价高达 3000 万元，让他自由身转会意味着集团巨额损失，即便他自掏腰包补偿几百万元，也无法达到中能的心理预期。

双方的沟通一直没有停止，但随着 2014 年的新年钟声敲响，恒大不愿再等。1 月 3 日，恒大官方宣布正式签约刘健，当作送给广州球迷的新年礼物。然而，这一官宣很快遭到了青岛中能的回击，后者以一份措辞严厉的声明，直言刘健有约在身转会违规。埋藏已久的火药桶终被点燃，谁也无法阻止事态扩大。事发当晚深夜时分，刘健通过个人微博公布了自己手中与青岛中能的两份合同，一份是在中国足协备案的，一份是真实履行的，无论哪一份合同，其截止日期都在与恒大签约之前。而对于中能发出的续约合同图片，刘健断然否认，直斥老东家伪造签名。

对外公开合同详情，恒大与刘健以为使出了"撒手锏"，但没想到的是，对手仍旧没有罢休的意思。在随后的几天里，青岛中能一边继续确定续约合同真实有效，一边继续要求刘健归队，甚至表示"一切后果自负"。无奈之下，刘健在恒大俱乐部官员的陪同下，于1月6日飞往北京，直接找到中国足协申请仲裁。而另一边，青岛中能俱乐部则召开新闻发布会，俱乐部高管数次称刘健是"迷路的孩子"，青岛市足协主席更公开要求刘健"讲点感情、讲点政治"。

各执一词、互不退让的最终结果，只能让双方走向司法鉴定。但由于司法鉴定耗时较长，仲裁委员会也一度希望大事化小，让双方达成和解。然而，恒大提出的2000万元打包刘健、邹正和另一名小将的和解方案，并没能得到中能的同意。2月18日，仲裁委员会的第一次庭审会议未能得出结论，案件正式进入司法鉴定阶段。而这也意味着，刘健必将错过新赛季中超和亚冠的报名。对于球员自身来说，半年不打比赛的影响可想而知，恒大甚至一度计划将刘健运作去海外踢球来保持状态。

愈演愈烈的剧情，让"刘健案"一度成为举国关注的焦点事件。所有人都想知道，究竟谁是作假一方。此案之严重，已然超出了行业协会的内部纠纷，作假者不仅要被足协严惩，甚至可能受到法律制裁。只不过，事已至此，开弓没有回头箭，谁也无法在这个时候选择退让。恒大的新赛季正常开打，但刘健只能作为旁观者跟队训练。直到一个多月后足协重新开庭，真相才逐渐浮出水面。

4月初，提前获知司法鉴定结果的媒体，率先曝出了"青岛中能伪造签名"的消息。这一新闻再次引爆中国足坛，青岛中能被推上了道德审判台。在司法鉴定结果面前，中能俱乐部先是质疑足协选择的鉴定机构，随后又承认"只有一页签名不实，其余四页签名真实"。4月10日，许家印亲自对刘健案做出指示，明确表示拒绝和解，必须还全国人民一个真相。

　　一天之后，中国足协正式公布仲裁结果，宣布刘健确系自由身，有权签约成为广州恒大新援。而恒大俱乐部也立即在官网宣布签约刘健，并着手为其办理中超参赛证。这一天，恰好恒大做客挑战天津泰达，恒大俱乐部工作人员原本希望"人肉快递"将参赛证从北京送到天津，但最终因交通状况晚了一步。不过，刘健的首秀时间并未推迟太久，一周之后恒大主场对阵上海申花，刘健终于身披17号战袍站在了天河体育场的草皮上。

▼ 刘健带球突破

尽管青岛中能仍在不停地寻求各种渠道的上诉，但在铁一般的事实面前，一切注定无法更改。8月初，中国足协主席蔡振华亲自接管此案，并与青岛市副市长、山东省体育局局长约见沟通，提前预告了对青岛中能俱乐部的重罚。8月14日，中国足协官方宣布，对"弄虚造假，造成恶劣社会影响"的中能俱乐部，处以联赛扣7分，罚款40万元的严惩。至此，历时222天的"刘健案"，终告真相大白。

无辜恒大向谁诉？

从冬训准备期到赛季过半，恒大俱乐部被"刘健案"拖累了超过半年时间。对于人手并不算十分充裕的俱乐部来说，反复地收集证据和当庭对峙，消耗了他们太多的时间和精力。而在球队层面，恒大也受到了不小影响。这一年冬季转会期，恒大只引进了梅方、董学升和刘健三名国内球员，原本被寄予厚望的刘健，最终上半程只打了五场联赛，还错过了亚冠报名。作为亚冠卫冕冠军的恒大，小组赛就一度遭遇两连败的惊魂时刻，直到收官战2-1击败横滨水手才得以压哨出线。

亚冠二次报名，恒大终于将刘健加入了名单。但他只打了和西悉尼流浪者的两场比赛，就与球队一起含恨出局。可以说，这个赛季自始至终，刘健都没能融入球队的战术体系，这与他赛季初没能参与全队的合练和比赛有极大关系。相比于2013年的高光，2014赛季的恒大在各条战线都黯淡了许多，中超赛场也是最后一轮才锁定冠军。有很多原因可以解释恒大这一年的回落，刘健案的干扰和影响，便是其中的重要组成部分。

"刘健案"的争议之大，丝毫不输恒大此前所涉及的重大事件。但这一次，恒大显然是无辜的受害者。在球员合同只剩半年的情况下提前接触，符合国际国内法案，至于许诺巨额签字费和高额年薪，也是竞争中的手段，并无违规违法。他们唯一没有预料到的是，这次转会造成了此后长达数月的风波。

　　当然，"刘健案"对于中国足球的规范化，还是有着不小的意义。在刘健公布的合同详情中，清晰显示了多年来一直存在的"阴阳合同"，这本身就是刻意避税的违规行为。足协借此机会强调"只保护在足协备案合同的权益"，也是在警告各家俱乐部和球员，切勿再以身犯险，否则利益将毫无保障。此外，刘健通过正当合理的途径，最终获得自由身达成转会，对于那些多年来一直被部分俱乐部"绑架"的球员，也有着积极的启示意义。归根结底，运动员才是足球比赛的真正从业人员，他们的权益更应得到尊重与保障。

"换胸门"教训不能忘

2015年11月21日，是广州足球乃至中国足球的大日子，中超霸主广州恒大三年内第二次杀进亚冠决赛，为当时寒冬中的中国足球，带来了些许温暖。主席台上，许家印与马云二人身边坐着的是，广东省省长朱小丹和中国足协主席蔡振华。所有人都在期待，恒大能够再次登上亚洲之巅。

赛前一个半小时，恒大大巴抵达天河体育场。但当队员们走进更衣室时，他们敏锐地发现，每个人更衣柜前挂着的比赛战袍，与平时不太一样。胸前广告从东风日产启辰T70，变成了醒目的四个字"恒大人寿"。只不过，全身心专注于比赛的球员们，对此并没有太过在意，不少人清晰地记得，两年前的亚冠决赛，他们也曾临时将胸前广告换成了恒大冰泉。他们本能地认为，这是恒大集团与赞助商协商一致的安排。

赛前一小时，在震耳欲聋的欢呼声中，恒大队员们走出更衣室，进行最后的踩场热身。一切与往常并无二致，他们穿上了一贯的训练球衣，不论主力还是替补，都套上了亚足联官方准备的、印有亚冠决赛字样的专用背心。到这一刻，外界依然不知道，恒大将要在这场万众瞩目的大战中做出怎样的特殊举动。球迷们在忙着呐喊助威，记者们在研究首发阵容，对手阿赫利的队员们，更是纷纷掏出手机自拍，记录这一珍贵瞬间。

恒大王朝

赛前 10 分钟，换上正式比赛服的恒大球员，走入了球员通道。几分钟之后，他们在队长郑智的带领下，昂首阔步走进了天河体育场的草皮。在电视镜头的聚焦下，"恒大人寿"瞬间印入了亿万观众的脑海。几乎与此同时，后方的恒大俱乐部，正式将一封主题为"申请回购亚冠决赛单场胸前广告"的函件发给了东风日产公司。这一刻，东风日产才真正意识到，恒大选择了最强势的"霸王硬上弓"。

一次风险巨大的赌博

事情走到这一步，已是箭在弦上不得不发，但这也并非恒大所希望看到的局面。恒大的原计划是，走正常程序完成这一次的"换胸"目标。10 月 21 日，恒大客场 0-0 逼平大阪钢巴，锁定亚冠决赛席位。比赛次日，恒大俱乐部即向赞助商东风日产公司提出了回购亚冠决赛胸前广告的请求。这一做法并非没有先例，2014 年亚冠 1/4 决赛主场与西悉尼流浪者一战赛前，恒大就曾花费 800 万回购了单场胸前广告，并隆重推出了恒大粮油。

然而，这一次东风日产公司，却果断回绝了恒大。东风日产与恒大的赞助协议，从 2014 年 2 月至 2016 年 1 月，这也意味着这场亚冠决赛，将成为双方合作期内，最后一场在中国境内举行的大赛。可以说，东风日产当年斥资 1.6 亿买下恒大两年胸前广告权益，等的就是恒大再入亚冠决赛的一天。如今这一天终于到来，他们断然不愿放弃在全亚洲观众面前宣传自身品牌的大好机会。

一边必须要换，一边坚持不换，双方的立场都很坚定，常规谈判走入了死胡同。双方的沟通并没有中断，但自始至终都没有退让一步。无奈之下，恒大只能酝酿来一次先违约后赔偿的赌博，而在东风日产看来，恒大并不敢冒如此大的风险。亚冠决赛毕竟是两回合赛制，首战恒大并未拿到客场进球，面对兵强马壮的阿赫利，恒大并无绝对把握在主场战而胜之。一旦主场丢掉冠军，再加上商业违约，恒大或将陷入舆论的猛烈炮轰之中。

　　显然，东风日产公司低估了恒大的决心，当"恒大人寿"的字样赫然出现在眼前，他们才知道一切都已不可挽回。而在恒大这边，也深知这是一次极具风险的赌博，在冠军尚未决出之前，他们仍在尽量避免高调。主席台上，许家印一身西装亮相，并未像此前那样早早套上球衣宣传，他身边的马云和邀请而来的高层领导们，也都没有穿上球衣为恒大站台。此时的恒大，只有华山一条路，那就是拿到亚冠冠军，以强势的舆论引导，尽可能抵消违约的负面效应。

　　或许，这是许家印接手恒大以来，看得最紧张揪心的一场比赛，因为这场比赛的结果，不仅关系着俱乐部荣誉，更关系着整个集团的商业计划。球场上，主力门将曾诚早早伤退，阿赫利的反击个个犀利，慢热的恒大有些风雨飘摇，直到埃尔克森的神来之笔出现，才让许家印长出了一口气。他情不自禁地起身鼓掌，与马云一起大声欢呼，他开始意识到，自己快要赢了。

　　终场哨响，天河再度梦圆，广州恒大三年内第二次站上了亚洲之巅。许家印迅速换上了早已准备好的球员同款战袍，胸前依旧是"恒大人寿"，在现场摄影机的频繁聚焦下，与他那张洋溢着幸福的脸庞，一同走进了千家万户。与两年前隆重推出恒大冰泉的方式一样，一辆挂着巨大恒大人寿 logo 的大巴驶入了球场，闪亮的 LED 灯光四射，与狂欢庆祝的恒大球员们同辉。而许家印本人，就像刚刚指挥完一场伟大胜利的元帅，微笑俯视着打下的江山。

舆论围剿契约精神

　　一战功成，恒大再登荣耀巅峰。从中央到地方，各路贺电纷纷到来。然而，在一片赞誉声中，一份来自东风日产公司的声明，也吸引了许多人的关注。在这份声明中，东风日产公司将矛头直指恒大集团，为了做到精准打击，他们在第一段就明确写到"广州恒大淘宝俱乐部有限公司，以下简称（恒大俱乐部）"，意在排除另一位大股东马云与此事的关联。

恒大王朝

东风日产公司表示，对恒大俱乐部未履约赞助权益的行为，感到非常震惊和遗憾，他们要求恒大俱乐部给出解释，并保留进一步行动的权力。这份声明的发出时间，是 21 日赛后当晚的 22 时。有人质疑东风日产借恒大夺冠之机炒作，日产则解释道："更换胸前广告是比赛开始后才能确认的，赛前一切计划性举动均不构成违约事实，因此才选择赛后发布声明。"

公开声明的出现，标志着双方彻底撕破脸皮。同样作为知名企业的东风日产，无法接受公开"被恒大欺负"的事实，而他们的计划，就是提前抢占道德制高点。在中国社会，商业违约的情况其实并不罕见，就事论事予以赔偿解决，是许多公司的惯常做法。但这一次，涉事的恒大足球，一直被视作精神文化生活的正能量，甚至起到不少榜样作用。这也让恒大的违约，产生了更大的边际辐射。东风日产的反击，就是要将恒大从榜样的位置拉下来。

一石激起千层浪，在恒大夺冠次日，各大媒体的报道中除了盛赞恒大足球的成功之外，也都没有回避这起商业违约事件。只不过，亚冠冠军的光环，很大程度上冲淡了争议，对恒大的歌功颂德依然是主旋律。不肯善罢甘休的东风日产，于 23 日再次发表官方声明，详细说明了事件的前因后果，并表示已经启动法律程序，誓要与恒大对簿公堂。而在东风日产步步紧逼的这几天，自知理亏的恒大并未做出任何官方回应，他们所希望的是，按照违约条款进行赔偿即可，不要让负面影响扩大到恒大足球乃至整个集团。

然而，一篇至今未得到证实的"恒大公关文"在网络上的出现，让整个事件呈现了爆炸性的后果。在这篇所谓的"恒大通稿"里，不仅斥责东风日产借机炒作，甚至还曝光了其公司内部的种种腐败现象，并用"扮弱者"和"不光彩"等词汇描述对手。这篇文章对恒大形象的杀伤力之大，可谓前所未有。舆论声音开始一边倒地斥责恒大，新华社各地方分社更呈现出群起而攻之的态势，连续发出四篇檄文声讨恒大缺乏契约精神，几乎将恒大推到了悬崖边。

在这出公关博弈的闹剧中，利益决定了各大方阵的立场。恒大常年维护良好关系的体育媒体，对这一违约事件几乎没有报道，即便有新闻需求，也只是陈述事实，毫无添油加醋。而在东风日产这边，则同时汇集了财经和汽车领域的媒体阵营，各种文章层出不穷，大有花式吊打恒大之势。即便是新华社这样的官方媒体，也有着地域区分，广东分社坚持不偏不倚，但武汉、南京等分社则毫不手软。

事已至此，恒大发现已经完全无力掌控事态，他们选择了另一种危机公关的方式，那就是保持沉默。自 24 日开始，恒大方面不再对此事做出任何回应，舆论风暴也得以逐渐平息。随着世俱杯的临近，外界关注的焦点，也回到了球队本身。12 月 13 日，恒大在世俱杯首战逆转墨西哥美洲，打出了让国人振奋至极的完美一战，再次引发舆论追捧。但比赛次日，东风日产就公开了对恒大的正式诉状，要求赔偿金额超过 5000 万元。

成功者的商业逻辑

古语有云，一将功成万骨枯；亦有云，成大事者不拘小节。无论远古社会还是现代社会，但凡取得极致成功者，无一人不受非议。完成王朝一统的帝王将相们，谁的手上没有沾满鲜血；在当今财富榜上俾睨天下的大佬们，又有几人完美无瑕？

近十年，是房地产商被妖魔化的十年，日益高企的房价，让他们成为了带有"原罪"的企业。无论恒大还是万科、万达，都不可能做到让所有人满意。而不玩房地产的马云，即便成为了许多国人心中的偶像，也逃不过针对"淘宝卖假货"的质疑。

但争议再多，成功者们依然会按照自己的逻辑继续前行。当一家企业的规模发展到巨鳄级别，很多事情多少也有些身不由己。房地产行业近几年的式微，让很多大佬开始尝试轻资产化转型，开拓更多快速现金流的业务渠道，有助于公司母体的健康运转。2013 年亚冠决赛，恒大高调推出恒大冰泉，便是一次极为成功的尝试，这一从无到有的矿泉水品牌，短短两年时间已经家喻户晓。

在恒大的多元化发展战略中，有着太多需要推广的全新品牌，而足球俱乐部是他们最好的载体。两年多来，恒大集团结合恒大足球，推出过恒大冰泉、恒大音乐、恒大乳业、恒大粮油和恒大人寿等子品牌，这也是集团整体战略所决定的。2015 年中，恒大明确提出了冲击世界 500 强的目标，恒大人寿所代表的互联网金融领域，是他们未来极为重视的项目。为了这一战略目标，即便违约赔偿也在所不惜。

这就是恒大的商业逻辑，只要能带来效果，过程如何并不重要。2014 年 10 月，在恒大与国安的中超冠军之战上，恒大就曾在天河体育场打出不合中超规矩的奶粉宣传广告，并最终遭受高达 800 万元的经济处罚。但在恒大眼中，或许这些都是值得的。唯一的遗憾是，拼搏了一整年的球员们，也跟着俱乐部一起遭到质疑。新华社撰文说"违约让恒大冠军褪色"，央视也在年终风云人物的评选中，将恒大排除出了最佳团队候选。

2016 年 6 月初，东风日产状告恒大一案等来了一审判决，广州市花都区人民法院判定，广州恒大淘宝足球俱乐部违约属实，须赔偿东风日产 2477 万元人民币。不过，东风日产的另一项"不支付合同期内余款"的要求则未被通过。

毫无疑问，恒大集团在强行推出人寿的广告方式上，走出了一步错棋。在最需要讲究诚信的保险行业，恒大人寿自诞生之日起就饱受诟病，发展势头自然也未能达到预期。这段引发无数喧嚣的公案，也算是给一直顺风顺水的恒大上了一课——足球固然是最能煽动消费者情绪的营销工具，但绝非万能之匙。在一个基本价值观和道德观健全的社会里，公平、正义和诚信，才是服众的唯一根基。

天价球票真坑人吗？

2016 年 1 月 9 日，广州恒大淘宝足球俱乐部官网发布公告，确认了新赛季套票的价格和购买方式。人们惊讶地发现，这一次恒大套票的价格和档次区分，与一年前没有丝毫变化。作为亚冠新科冠军，又拥有中超顶级阵容，恒大选择"不涨价"让很多球迷大呼意外。显然，他们都是被两个月前的亚冠决赛天价球票给吓坏了。

恒大接手广州足球六年，向来以舍得花钱的形象示人。无论重金引进内外援，还是开出高额年薪与奖金，都展现了这家俱乐部的豪爽做派。绝大多数人都很难理解，恒大也有需要赚钱的时候。2013 年与 2015 年两次亚冠决赛，恒大都在票价这一环节上"放了卫星"，近乎天价的数字让外界瞠目结舌。有人说，做恒大的球迷很幸福，因为总有冠军收获；也有人说，做恒大的球迷很辛苦，因为钱包的负荷越来越大。

哲学巨擘黑格尔曾有名言，存在即合理。恒大三年两入亚冠决赛，是近十年来中国足球的最高峰，所带动的市场效应和眼球经济，直追 2001 年国足十强赛和 2004 年北京亚洲杯。在这样的大背景下，恒大连续五年提升赛季套票价格，并将两次亚冠决赛门票卖出天价，究竟是符合市场规律的正常行为，还是充满了资本家的贪婪色彩？

恒大王朝

从 180 元到 2500 元

2010 年 3 月 20 日上午，位于广州市越秀区的东方宾馆内人头攒动。在位于 8 楼的宴会大厅里，当时全称为"广州恒大足球俱乐部广州广汽足球队"的赛季套票首发仪式隆重召开。为了吸引球迷关注购买，刚刚接手俱乐部不到 20 天的恒大，派出了队中多名球员参与套票销售。其中既有本土名将李志海、冯俊彦和吴坪枫，也有刚刚高价挖来的明星国脚郜林。

当时的广州队，主场通常设在广州足球的龙脉越秀山体育场，这是一座容量不到 2 万人的传统球场。告别 20 世纪 90 年代的黄金岁月后，世纪之初的广州队，也曾长期蛰伏次级联赛。即便广药接手后成功冲超，也没能找回昔日的金牌球市。2010 赛季，由于参与假球，广州队遭中国足协降级重罚，不得不重回中甲。那年冬天，在恒大接手之前，广州队清洗了拉米雷斯、提亚哥等优秀外援，赶走了核心大将徐亮，只剩下小将与水货外援组成的残阵班底。

如果不是恒大的接手，以及火线挖来郜林，那个赛季广州足球的球市，其低迷惨淡已经可以预见。然而，恒大的高调出手，迅速重燃了球迷对广州足球的热情。在赛季套票首发仪式上，恒大推出了 2000 张套票，无论是 180元的成人票，还是 100 元的学生票，都很快被一扫而空。对于恒大集团承诺的美好未来，球迷们纷纷用实际行动投出了信任票。

由于恰逢广州亚运会，2010 赛季的恒大，是在颠沛流离中度过的。投入改造的越秀山体育场一度无法使用，恒大只能四处辗转打主场，佛山、增城都留下了他们的足迹。在二次转会期，恒大一口气拿下了郑智和孙祥两大留洋旗帜，并以创中超纪录的 350 万美元引进穆里奇，让球迷大呼票价超值。当然，随着恒大的迅速崛起，再想以场均 12 元的价格看一场恒大的比赛，逐渐成为了不可能完成的任务。

2011 赛季，恒大网罗五大国脚，同时引进克莱奥、保隆、雷纳托等知名球员，一跃成为了中超班底最强大的球队之一。饥渴了多年的广州球迷，自然会为这样的球队抢着埋单，即便套票的价格翻倍涨到了358元，也丝毫没有影响球迷的热情。套票发售当日，甚至有球迷凌晨5点就赶到越秀山牌坊下排队等候。这一次，恒大已不需要派出球员现场签售，因为他们的名气已经足够吸引观众。短短两个小时，恒大就疯狂售出了7000张套票，创造了越秀山体育场有史以来的巅峰。远在韩国马山冬训的恒大将帅，得知这一消息后也惊讶不已。

也正是在这一年，力求造势的恒大集团，承办了史上最豪华的中超开幕式。为了呈现更大的场面，他们临时将主场搬到了市中心的天河体育场。然

▼ 恒大球票销售火爆

而，这场造价 5000 万元的超豪华开幕式，却在不经意间终结了广州足球的"前恒大时代"。正是由于开幕式和揭幕战的成功，让恒大坚定了搬迁主场的想法，在得到各级领导同意之后，恒大抛弃了有着 60 多年历史的越秀山体育场，只是象征性地表示，会将足协杯赛事继续安排在此进行。而那些购买了越秀山套票的球迷，则可以无缝对接到天河继续观赛。

恒大与天河体育场交相辉映的时代，从这一刻正式开启。广州队抛弃了龙脉越秀山，反倒在天河捧起了历史上第一座顶级联赛冠军奖杯，更史无前例地获得了亚冠资格。恒大开始成为中国足球的现象级球队，千万美元先生孔卡的存在，让恒大的影响力再上一个台阶。2012 赛季，恒大的套票包含了三场亚冠小组赛，其价格也扶摇直上，350 元只能买到最低档次的学生票，而最高票价达到了 800 元。而且，相比于一年前"凭上季套票可减价 180 元"的巨大优惠，这一次恒大不再需要任何优惠举措，就足以让球迷们排着队疯抢，尽管套票总数翻倍达到了 15000 张，却依然供不应求。

到了 2013 赛季，恒大套票的火爆程度，已经不输任何一场巨星演唱会。最高票价涨到了 1300 元，也被视为超值的选择，一方面是因为亚冠的吸引，另一方面是由于世界冠军里皮的存在。也正是从这一年开始，恒大与中国电信合作推出了带有电子芯片的套票卡，采用积分制并可循环使用。这一举措进一步提升了死忠球迷的购买欲望，即使恒大再次加推套票到 20000 张，也无法满足所有球迷的需求。

从 2013 赛季至今，恒大凭借两座亚冠和三座中超冠军奖杯，彻底宣告建立王朝。如此成功的成绩背后，自然也意味着票价只可能继续水涨船高。三年来，恒大逐渐将套票总额稳定在 25000 张，但价格仍在步步高升。最高票价在 2014 年涨到 1800 元，2015 赛季更是飙升至 2500 元。六年前 180 元就能看全年联赛的好时光一去不复返，这个价格如今甚至看不了恒大的一场亚冠小组赛。

▲ 无处不在的著名远征军——十二卫球迷会

▲ 2015年亚冠决赛，由恒大球迷组成的红色海洋

两次决赛引争议

2013 年 10 月 13 日中午 12 点整，万众期待的恒大亚冠决赛票价方案正式出炉。在中国足球职业化历史长河中，写下了浓墨重彩的一笔。在这份方案里，将 11 月 9 日的亚冠决赛次回合最高票价定在 8000 元，瞬间成为了全民热议的话题。

其实，早在亚冠决赛到来之前，外界就已经预感到恒大有可能推出天价球票。1/4 决赛对阵莱赫维亚，最高票价 1000 元；半决赛对柏太阳神，单场最高价已经是和赛季套票持平的 1300 元。更普遍的推测，是恒大会把票价推向 2000 ～ 3000 元的峰值，谁也没有想到，最终会出现 8000 元这样震惊天下的数字。

各种对比与质疑，很快扑面而来。有人指出，2013 赛季欧冠决赛的最高票价不过 330 英镑（当时约合人民币 3223 元），难道恒大 VS 首尔的比赛会比拜仁 VS 多特蒙德水准更高？更有人说，2010 年南非世界杯的决赛最高票价也只要 900 美元（当时约合人民币 5508 元），还是比 8000 元差了一大截。一时间，质疑恒大贪婪的声音不断出现，甚至有人说，恒大在依托球迷取得成功之后，开始抛弃球迷。

这样的说法，显然让恒大有些冤枉。因为如果细看恒大公布的票价，最夺人眼球的 8000 元土豪票，其实只有 20 张；第二档次的 5000 元高价票，也只有 500 张。这两种被标为 VIP 级别的球票，即便全部原价出售，收入也不过 266 万元，它们更多只是起到噱头作用，而不是真正用来赚钱的手段。真正提供给广大死忠球迷的，仍是票源充足的 400 ～ 1500 元之间的中低档位。

当然，有人质疑恒大票价过高，也有人会视为合理。恒大杀进亚冠决赛，是中国足球职业化以来，开天辟地的头一回。就像北京首次承办夏季奥运会，除了比赛本身之外，其历史意义的附加值也要计算进去。市场的火爆，直接证明了恒大天价球票存在的合理性，在公开发售后不到一周时间，恒大就官方宣布球票售罄，而此时距离决赛开打，还有足足半个月的时间。最终，恒大承认仅此一战进账票房就超过 5000 万元，成就了那一年最疯狂的神话。

如果说 2013 年恒大炒作出的天价球票，是职业体育史上杰出的营销案例，那么两年后的第二次亚冠决赛，他们则多少有些栽了跟头。2013 年称雄亚冠，是恒大知名度与商业价值的巅峰，此后两年时间里，各项数据增速并没有想象中快。球迷的审美疲劳，决定了恒大的票房吸引力不可能一直维持在高位。2015 赛季，恒大即便在亚冠连战柏太阳神、大阪钢巴等日本球队，也无法再像两年前那样掀起全民狂潮。黄牛党将球票炒出几倍价格的日子不再，甚至经常以票面价甚至更低折扣兜售。

在这样的大环境下，恒大即便三年内第二度杀进了亚冠决赛，也很难再有本质的突破。首先，恒大球风不如里皮时代大开大阖，斯科拉里以守为主的指导思想，让恒大的比赛不再流光溢彩；其次，国人传统思维定式中，"第一次"永远具有极为特殊的意味和吸引力，而"第二次"和以后的很多次一样，更多被视为惯性；最后，恒大此番的对手是迪拜阿赫利，两队此前毫无渊源纠葛，这与当年大战首尔 FC，一战解决中韩足球多年夙愿，顺带教训猖狂的崔龙洙相比，自然又弱了许多。

尽管前景并不乐观，但向来敢为人先的恒大，依然决定逆势而上。而这一次，他们有了更多的经验，也加入了更多的营销手段。2013 年，恒大提前近一个月公布票价并开售，短短一周就宣告售罄；2015 年，他们以打击黄牛党炒票为由，将售票时间一再延后。在 11 月 10 日公布票价之后，又等了足足五天才开放网上售票平台，而此时距离决赛开打只剩下了不到一周的时间。有专家指出，恒大此番是使用了营销心理学，制造出时间紧张、万人哄抢的场景，使得一些犹豫不决的买家还来不及细想，就必须尽快加入抢购大军。

遗憾的是，即便做足了前期铺垫，这一次的亚冠决赛球票销售之路，依然远不如当年顺畅。归根结底，票价过高还是首要原因。与 2013 年一样，恒大将最高票价定为了极具噱头的 39000 元，再次引发炒作狂潮。但所谓票源充足的"中低价票"，依然需要三四千元。而恒大球迷则指出，从开放售票平台的第一天开始，就出现了 4000 元以下价位被"秒杀"的奇怪现象。而对于普通工薪一族甚至是学生群体而言，即便再怎样深爱，超过 6000 元的单场球票，也实在无力承担。

从 11 月 10 日公布票价，到 20 日深夜宣布球票售罄，短短十天时间，恒大官网先后发出了六次关于球票销售的公告。其中 15 日宣布首日销售 28000 张，17 日这一数字增加到了 35000 张，并称只剩少量高价票可供选择。然而，仅仅一天之后，官网突然表示，集团内部紧急调整部分 4000 ~ 6000 元球票来"回馈球迷"，让不少已被迫购买了高价票的球迷感到不满。

到了比赛当天，天河周边氛围依旧火爆，但再也无法像 2013 年那样，临场还能将球票炒出翻倍价格。一些早早囤积多张球票的黄牛党，只能以吐血价格打折出票。唯一庆幸的是，在比赛开场哨吹响前，天河体育场终于还是坐得满满当当，避免了出现尴尬一幕。而恒大最终再次问鼎冠军的欢庆结局，也掩盖了这一次球票销售过程中的种种争议。统计显示，恒大仅此决赛一战，票房收入就超过 1.2 亿元，创纪录数字的背后，也多少说明了天价球票"存在即合理"。

取之于民，用之于民

其实，作为职业化运作的俱乐部，恒大无论将球票价格定为多少，都只是自己的家事，与外人无关，更不用涉及争议。源自利益需求的出发点，也是正常合理的。如今的恒大淘宝俱乐部，不再是当年完全依赖集团输血的孩子，他们的目标是成为独立行走的成年人。就在恒大公布 2015 年亚冠决赛票价前几天，许家印和马云两位老板，刚刚在北京为这家俱乐部敲响了新三板的上市钟。在当时恒大公布的财报里，清晰显示从 2013 年至今共计亏损超过 13 亿元。因此，哪怕只是为了增加投资人的兴趣和信心，恒大推出天价球票，平衡账目的同时证明自身价值，也是情有可原。

在很多人看来，恒大即便在这次决赛扮演了一次"吸血鬼"，也不能抹杀这家俱乐部多年来为球迷所做的一切。仅以 2015 赛季为例，在这个赛季恒大出征的七次亚冠客场比赛中，恒大俱乐部都为当地华人球迷免费提供了比赛门票和助威服装。即便在亚冠票价并不高的日韩等国，恒大每次组织数千人的观赛团队，花费也在数十万人民币。而在年底的世俱杯，恒大俱乐部更是慷慨大度，与巴萨的巅峰之战，他们花费超过 200 万元购买球票免费赠予球迷，这或许是其他任何中超俱乐部都无法完成的壮举。

自 2010 年接手广州足球以来，在许家印的要求下，恒大自上至下对待球迷的态度都值得称赞。中甲时代前三个月，恒大数次组织球员球迷见面联欢会，体现出了极强的一家亲色彩。远程包机请球迷看球，近程安排大巴往返接送，都是恒大给球迷带来过的福利。2012 赛季开始有了亚冠，恒大也形成了购买客场球票赠送球迷的惯例，每年都要为此花费数百万元，在 2015 年这一数字可能逼近千万元。换句话说，恒大在球票上的收入，也算是取之于民，用之于民。

需要指出的是，恒大虽然看似球市火爆收入不菲，其实也是有苦难言。由于天河体育场归属政府，恒大每个比赛日都要付出高额场租，再加上安保和印制球票等费用，单场开支就接近百万元。以平均每个赛季 25 次主场比赛计算，成本就接近 2500 万元。正因如此，每当有恒大票价过高的声音传出时，就会有人予以辩驳："如果你希望恒大未来成功上市发展得更好，就请用实际行动支持他们，如果你真正深爱的话。"

后记

不悔梦归处

六年前的夏天，我刚结束半年的北漂实习，昏天黑地地写满一届世界杯后，选择南下广州。

那一年，我22岁。为了面试，我在学生时代写下的上百万字体育稿件里，挑选了最满意的一部分，找到中山大学里的一家打印店，制作了十本专属于我个人的"书"。这本书没有出版社，没有版权页，也没有责编和美编，封面上仅有的几个大字是——潘伟力作品集。

随后的几天里，这本书为我立下了汗马功劳，人生仅有的两次面试，都因为摆出这本作品集而顺利通过。我选择了3G门户网，也是我至今仍在供职的公司，理由很简单，因为在这里我可以做最喜欢也最擅长的事情——看球和写作。

故事的开始，我并不敢奢望太多。远远关注着欧洲足球，陪伴心仪的球星慢慢变老，是我初涉职场时，最单纯朴素的理想。但命运之玄妙，正在于其不可预知性。就在我南下羊城的这一年，一支巨无霸级的球队也正在这块土地上诞生了。谁也没有想到，在中国足球因反赌扫黑跌入谷底时，一家叫作恒大的地产集团会逆势而入，并以广州队之名强势崛起。

掀起惊涛骇浪的恒大，很快成为了中国足球的焦点。而采访和报道这支球队，也成为了我职业生涯的起点。六年来，我追随着这支球队走遍祖国大江南北，也曾多次远征日韩澳，直至走到摩洛哥阿加迪尔，登上世俱杯的中心舞台。这是我跟队的第一家俱乐部，也是迄今为止的唯一一家，我几乎能回忆起所有的经典瞬间和里程碑时刻。每一次的激动呐喊，每一次的沮丧失落，仿佛都化为了心头的朱砂痣，刻骨铭心地存在着。

到 2016 年 3 月 1 日，恒大王朝历时已达六年。在这段时间里，他们是当之无愧的中超霸主，也是亚洲足坛同期夺冠次数最多的球队。这样一家几乎从废墟上建立起来的俱乐部，必然有其过人之处，才能拥有今时今日之地位。作为一路陪伴恒大崛起的观察者，全景解读王朝密码，试图给出自己的理解和答案，作为这六年时光的最好纪念，便是我写下这本书的初衷。

2016 赛季，被很多人视为中超"资本元年"，近百亿元投资汹涌而来，金主球队层出不穷。正是在这样的时刻，愈发需要"恒大模式"起到榜样作用，来给后来者指明道路，少走弯路。当然，恒大的管理与经营之道，有许多参考学习的价值，但我们也必须承认，恒大在打造王朝的道路上，也曾犯过一些错误。这些引发过的争议，不应该湮没在恒大王朝的彪炳战绩之中，反而更应以正确的历史观加以看待。一个真正的强者，从来不会害怕正视过去。

值本书出版之际，千言万语最终都要化作感恩。感谢 2008 年夏天带我走进体坛网大家庭的李唯和林婧璇，一个 19 岁的少年从那时起开始明确了人生之路；感谢 2009 年底北漂时期的小伙伴杨柳、蒋娴和杜玺，是你们的陪伴，让北京的冬天显得没那么寒冷；感谢那些年与我对接过的所有网络编辑，我曾是个疯狂报选题的工作狂，是你们的耐心与指点，让我成为了门户网站衰落之前的通讯员之王。

感谢在广州接纳我的领导——李星和汤琨毅，你们创造了最好的工作环境，对我的关怀和支持永铭于心；感谢并肩作战多年的兄弟们——徐广科、汤会祥、罗哲纬、李毅、方锦鹏、梅跃翔、唐前尧、张海清……这是我们多年班表的排列顺序，能够纯凭记忆写出来，足以见得你们在我心中的位置。由于记者工作常年出差在外，我已经很多年没有名列班表之中，但我希望你们知道，不管未来身在何处，我永远会是你们当中的一员，一如当年。

　　感谢著名的恒大跟队媒体群"巴士团"，你们个个名声响亮，并不需要我一一道谢。当我还是个初出茅庐的新人时，是你们的认可与接纳，给予了我莫大的鼓励和信心。六年来，我们一同走遍了十几个国家，上百座城市，所有梦幻的景点，浪漫的事情，都和你们这群大老爷们一起看了，一起做了。在我看来，若是恒大能够青史留名，巴士团绝对功勋卓著，也当在史册中占据一席之地。

　　感谢一同成长、多年来一直支持我的高中同学们：龚骏、李梓锋、韩书立、陈凡、吴昊、查松、谢思妤、胡古月、汪偶然、王钧……我们曾是一起做梦的少年，对足球运动、对这个世界都充满无限好奇与期待。而我最终走上了这个行当，在每一次实现梦想的路途上，都能感受到你们在身后给予的力量。同时，也要感谢我的大学兄弟们：单琨、陆浩、李铎、隋鹏军、赵龙、张火，那些一起通宵看球赛、玩实况的岁月，是我们共同的青春记忆。

　　感谢成长道路上，教导过我的师长们：汤爱荣、李庐清、顾琼、樊仁、余绍群、江志凡、彭毓山、张安……我们生在三线小城，唯有学习才有机会改变命运。而能在成长的道路上遇到你们，是我备感珍惜的幸运。

　　最后，感谢我的父母亲人、兄弟姐妹。向天堂里的外公外婆、奶奶和大伯致意，希望你们也能看到。